Beiträge zum Strafrecht –
Contributions to Criminal Law

herausgegeben von

Band 15

Till Zimmermann (Hrsg.)

Korruptionsstrafrecht

Unerforschtes Terrain und neue Wege

Nomos

Onlineversion
Nomos eLibrary

Die Deutsche Nationalbibliothek verzeichnet diese Publikation in der Deutschen Nationalbibliografie; detaillierte bibliographische Daten sind im Internet über http://dnb.d-nb.de abrufbar.

1. Auflage 2023

Publiziert von
Nomos Verlagsgesellschaft mbH & Co. KG
Waldseestraße 3 – 5 | 76530 Baden-Baden
www.nomos.de

Gesamtherstellung:
Nomos Verlagsgesellschaft mbH & Co. KG
Waldseestraße 3 – 5 | 76530 Baden-Baden

ISBN 978-3-8487-8763-0 (Print)
ISBN 978-3-7489-3330-4 (ePDF)
DOI https://doi.org/doi.org/10.5771/9783748933304

Einleitung

Till Zimmermann

I. Die Trierer Tagung

Das deutsche Korruptionsstrafrecht ist in den vergangenen Jahren beständig ausgeweitet worden. Dabei ist der Gesetzgeber stets nach dem Muster verfahren, die althergebrachte Deliktsstruktur der Bestechung von Amtsträgern (§§ 332, 334 StGB) bzw. Angestellten in der Privatwirtschaft (§ 299 StGB) auf weitere Gruppen von Entscheidungsträgern – etwa Ärzte (§§ 299a/b StGB), Sportler (§§ 265c/d StGB) und ausländische Staatsbedienstete (§ 335a StGB) – zu übertragen.

In der deutschen Debatte kaum Beachtung gefunden haben demgegenüber Ansätze des ausländischen und internationalen Strafrechts, dem Unrecht der Korruption mit neuartigen – aus deutscher Perspektive: unbekannten – Regelungsmodellen zu begegnen. Im September 2021 hat daher eine vom Trierer Institut für Geldwäsche- und Korruptions-Strafrecht (TrIGeKo) organisierte Tagung stattgefunden, deren Ziel darin bestand, einige der hierzulande weitgehend unbekannten Instrumente aus dem Werkzeugkasten der strafrechtlichen Korruptionsbekämpfung vorzustellen, diese auf ihre Vor- und Nachteile hin zu analysieren und dadurch Denkanstöße auch für die deutsche Debatte zu gewinnen.[1] Der vorliegende Tagungsband dokumentiert die auf der Tagung gehaltenen Referate in erweiterter Form;[2] die Gliederung der Tagung in drei thematische Blöcke liegt dabei auch diesem Sammelband zugrunde.

---

1 Für einen Tagungsbericht s. *M.-L. Marstaller*, „Korruptionsstrafrecht: Unerforschtes Terrain und neue Wege" – Tagungsbericht zur Online-Tagung der FoKoS, KriPoZ 2021, 374.

2 Diese Publikation wurde finanziell unterstützt von der inneruniversitären Forschungsförderung der Universität Trier.

II. Generaltatbestände

In den drei Beiträgen des ersten Teils geht es um die Idee, als korruptiv empfundenes Verhalten mithilfe breit angelegter, aber einfach gehaltener Generaltatbestände möglichst umfassend und lückenlos zu kriminalisieren. Dieser Ansatz steht in grellem Kontrast zum derzeitigen deutschen Korruptionsstrafrecht, dessen Tatbestände durchweg kompliziert und speziell konstruiert sind. Allerdings hatte bereits der 61. Deutsche Juristentag im Jahr 1996 ernsthaft über die Einführung eines Einheitstatbestandes der Korruption debattiert;[3] bspw. einige afrikanische Staaten (u.a. Südafrika) haben diese Idee realisiert. Der Frage, ob es sich bei einem solchen Einheitstatbestand tatsächlich um ein sinnvolles Instrument vereinfachter Korruptionsbekämpfung handelt, oder doch eher bloß um ein gefährliches „Teufelsspielzeug“ (*Klaus Volk*),[4] geht *Kristina Peters* in ihrem Beitrag „Ein allgemeiner Korruptionstatbestand?“ nach (S. 15 ff.).

Zahlreiche Akteur:innen aus dem Bereich der Anti-Korruption – allen voran die NGO Transparency International (TI) – definieren Korruption in einem denkbar weiten Sinne als Missbrauch anvertrauter Macht zum privaten Vorteil.[5] Das deutsche Korruptionsstrafrecht kennt indes keinen Tatbestand, der ein an dieser Definition orientiertes Verhalten beschreibt. Allerdings verfügt bspw. das österreichische Strafgesetzbuch mit seinem als „Mißbrauch der Amtsgewalt“ betitelten § 302 über eine Art allgemeine Rechtsbeugungsvorschrift, die für sämtliche Amtsträger gilt. Diese – durchaus an die erwähnte TI-Definition von Korruption erinnernde – Vorschrift wird im österreichischen Schrifttum als eine „zentrale Bestimmung des Korruptionsstrafrechts“ bezeichnet,[6] im deutschen Schrifttum hingegen zumeist ignoriert oder beiläufig als „Karikatur eines vom Boulevard

3 Ein entsprechender Vorschlag von *Jähnke* wurde mit 22:78:19 Stimmen abgelehnt, s. Ständige Deputation des Deutschen Juristentages (Hrsg.), Verhandlungen des einundsechzigstens Deutschen Juristentages. Karlsruhe 1996, Bd. II/1 (Beschlüsse), L 55 (L 63 Nr. 18). Näher zur historischen Idee eines Korruptions-Einheitstatbestands *T. Zimmermann*, Das Unrecht der Korruption, 2018, S. 421 ff.

4 *K. Volk*, Die Merkmale der Korruption und die Fehler bei ihrer Bekämpfung, in: H. Gössel/O. Triffterer (Hrsg.), Gedächtnisschrift für Heinz Zipf, 1999, S. 419.

5 Grdl. *J. Pope*, TI Source Book 2000 – Confronting Corruption: The Elements of a National Integrity System, 2000, S. 1 Fn. 2; krit. zu diesem Korruptionsverständnis *Zimmermann* (Fn. 3), S. 93 f.; *H. Schweitzer*, Vom Geist der Korruption, 2009, S. 151 („entbehrt jeglicher wissenschaftlicher Brauchbarkeit“).

6 *E. Marek/R. Jerabek*, Korruption und Amtsmissbrauch, 14. Aufl. 2021, S. 5.

geforderten Tatbestands“ (*Thomas Fischer*) geschmäht.[7] In seinem Beitrag „Ergänzung der Bestechungsdelikte durch einen Tatbestand des Amtsmissbrauchs?“ untersucht *Frank Zimmermann*, ob es sich trotzdem lohnt, in Deutschland ernsthaft über die Ergänzung der Amtsträgerdelikte um eine derartigen Vorschrift nachzudenken (S. 31 ff.).

Andere Korruptionsforschende betonen, Korruption sei zuvörderst ein heimliches Geschäft, das qua Definition im Verborgenen stattfindet.[8] Über diese Annahme lässt sich streiten.[9] Sichtbar ist aber jedenfalls häufig das Ergebnis von Korruption, nämlich in Gestalt einer beträchtlichen, aber (für Außenstehende) unerklärbaren Zunahme des Vermögens einer Amtsperson. An dieser Stelle setzt der Modelltatbestand der „Unerlaubten Bereicherung“ an, welcher in Art. 20 der UN-Konvention gegen Korruption den Mitgliedstaaten zur Einführung empfohlen wird (und bspw. vom australischen Gesetzgeber auch umgesetzt worden ist).[10] Welche Voraussetzungen dieses Instrument hat und ob es sich dabei entweder – wie jüngst vom EGMR bekräftigt[11] – um ein effektives Mittel zur Korruptionsbekämpfung handelt, oder – wie der Bundestag meint[12] – um eine unzulässige Verdachtsstrafe, ist Gegenstand des (englischsprachigen) Beitrags von *Oliver Landwehr* mit dem Titel „Der Tatbestand der unerlaubten Bereicherung (illicit enrichment) in Art. 20 des UN Anti-Korruptionsübereinkommens“ (S. 57 ff.).

III. Spezialtatbestände

Im zweiten Kapitel geht es um – aus deutscher Sicht – neuartige Spezialtatbestände. Im Fokus steht dabei zunächst die Feststellung, dass korruptiv anmutende Manipulationen von staatlichen Beschaffungsentscheidungen

---

7 *T. Fischer*, Strafbarkeit beim Dealen mit dem Recht? – Über Lausbuben- und Staatsstreiche, HRRS 2014, 324 (327 Fn. 36).

8 Exemplarisch *W. Vahlenkamp/I. Knauß*, Korruption – hinnehmen oder handeln?, 1995, S. 20.

9 Näher zum Heimlichkeitserfordernis *Zimmermann* (Fn. 3), S. 99 f., 368 f.

10 Vgl. das Delikt „Dealing with property reasonably suspected of being proceeds of crime“ in Art. 400.9 Australian Criminal Code 1995.

11 Vgl. EGMR BeckRS 2021, 1290; näher dazu *T. Hoppe*, Money Talks – The ECtHR is Getting Rid of Corrupt Judges, VerfBlog v. 5.3.2021.

12 BT-Drs. 18/2138 v. 17.07.2014, Entwurf eines Gesetzes zu dem Übereinkommen der Vereinten Nationen vom 31. Oktober 2003 gegen Korruption, S. 82; ebenso *T.* Kliegel, Der Straftatbestand der Unerlaubten Bereicherung, 2013, S. 389; *Zimmermann* (Fn. 3), S. 83.

häufig über den Einsatz politisch einflussreicher Mittelspersonen erfolgen. Besonders die Freisprüche in der sog. Maskendeal-Affäre haben deutlich gemacht, dass in Deutschland insoweit eine empfindliche Strafbarkeitslücke klafft.[13] In anderen Rechtsordnungen wird dem Phänomen des Einflusshandels mit Spezialtatbeständen begegnet, etwa durch den seit langem im österreichischen Recht beheimateten Deliktstatbestand der Verbotenen Intervention (§ 308 öStGB) oder über den international anerkannten Straftatbestand der missbräuchlichen Einflussnahme (Art. 12 des Strafrechtsübereinkommens über Korruption des Europarates).[14] Ob es sich bei derartigen Tatbeständen lediglich um überflüssiges Symbolstrafrecht oder aber ein auch aus deutscher Perspektive verheißungsvolles Mittel zur Korruptionsbekämpfung handelt, untersucht *Martin Stricker* in seinem Beitrag „Strafbarkeit verbotener Intervention – notwendig oder entbehrlich?“ (S. 69 ff.).

Das Zahlen von Schmiergeld gleicht manchmal dem „Anfüttern von Haien“ (*Gunther Arzt*).[15] Werden Bürger:innen von Amtsträger:innen zur ungebührlichen Leistung gedrängt, verschwimmt mitunter die Grenze zwischen Bestechung und Erpressung – und auf der Geberseite die Grenze von Täter und Opfer. In der deutschen Strafrechtslandschaft gibt es für den Umgang mit diesem Phänomen bislang keine konsensfähige Lösung,[16] geschweige denn eine spezielle gesetzliche Regelung. Anders verhält es sich bspw. in Italien, wo der Besonderheit derartiger Konstellationen mit dem die Geberseite privilegierenden Spezialtatbestand der *Concussione* Rechnung zu tragen versucht wird. Ob es sich bei diesem Lösungsmodell tatsächlich um eine angemessene Entkriminalisierung von abgenötigten facilitation payments[17] oder doch eher bloß um eine willkommene

---

13 Vgl. BGH NJW 2022, 2856 m. Anm. *T. Zimmermann/F. Zimmermann*, NJW 2022, 2004 sowie *L. Kuhlen*, JR 2022, 648; s. dazu auch *M. Kubiciel*, Tatbestandslose Maskendeals?, VerfBlog v. 19.11.2021; *A. Bechtel*, Die Maskendeals vor dem Hintergrund des nationalen Korruptionsstrafrechts, LRZ 2023, Rn. 62.

14 Näher dazu *Zimmermann* (Fn. 3), S. 488 ff.

15 *G. Arzt*, Urteilsanm. zu BGE 6S. 669/1996 vom 20.5.2000 – Bestechung, Anfüttern von Haien, Jusletter 2000, 1.

16 Näher dazu *L. Kuhlen*, Drohen mit einem Übel und Versprechen eines Vorteils – Zum Verhältnis von Nötigung und Bestechungsdelikten, 2018; *Zimmermann* (Fn. 3), S. 111 f., 403 ff.

17 Zum Problem der facilitation payments allg. *M. Kubiciel*, Facilitation Payments: A Crime?, ZIS 2015, 473; ein verhaltenswissenschaftlich begründetes Plädoyer für eine Entkriminalisierung der Geberseite bei Bedrückungskorruption halten *M. Dufwenberg/G. Spagnolo*, Legalizing Bribe Giving, Economic Inquiry Vol. 53, No. 2 (April 2015), 836.

Ausrede für willfährige Schmiergeldzahler handelt, analysiert *Lothar Kuhlen* in seinem Beitrag über „Bedrückungskorruption (Concussion)" (S. 91 ff.).

IV. Bekämpfung der Grand Corruption

Der letzte Abschnitt des Sammelbandes behandelt die Frage, mithilfe welcher strafrechtlichen Instrumente Erscheinungsformen der sog. *grand corruption* beizukommen ist. Viele Entwicklungsländer, aber selbst europäische Staaten wie Malta und Rumänien, leiden in zunehmendem Maße unter einer von privaten (Wirtschafts-)Interessen gekaperten Staatsführung (*state capture*).[18] In solchermaßen hoffnungslosen Fällen erfordert das Durchbrechen des Teufelskreises endemischer Korruption ggf. eine abschreckende Sanktionsdrohung gegenüber dem korrupten Regierungsapparat.[19] Die jeweilige nationale Justiz ist dies aber naturgemäß kaum zu leisten imstande. Vor diesem Hintergrund stellt sich zunächst die Frage, ob internationalisierte Strafverfolgungsbehörden (wie etwa CICIG in Guatemala)[20] oder gar ein internationaler Strafgerichtshof[21] Abhilfe schaffen können. Den damit zusammenhängenden Herausforderungen widmet sich *Stefanie Bock* in ihrem Beitrag „Korruption als völkerrechtliches Verbrechen? – Eine Gedankenskizze" (S. 115 ff.).

Gegenstand des Schlusskapitels ist die kriminalpolitische Binsenwahrheit *Crime must not pay*! Diese gilt insbesondere auch für Korruptionsstraftaten, für die daher im deutschen Strafrecht einst das Instrument des Verfalls geschaffen wurde.[22] Die Einziehung von (mutmaßlichem) Bestechungslohn gilt heute als unverzichtbares Mittel im Kampf gegen die organisierte Korruptionskriminalität. Bei der *grand corruption* verschwindet die

---

18 Instruktiv zu dieser sich selbst erhaltenden Korruptionsform *J. February*, State capture – An entirely new type of corruption, 2019.

19 Vgl. *M. Kubiciel*, Beyond Impunity – Transnationalizing the Fight Against Corruption, VerfBlog v. 9.12.2021.

20 Vgl. *K Henkel*, UN-Kommission kämpft erfolgreich gegen Straflosigkeit, DRiZ 2016, 12.

21 Zur Idee der Einrichtung eines speziellen Internationalen Antikorruptions-Strafgerichtshofes s. *M. L. Wolf/R. Goldstone/R. I. Rotberg*, The Progressing Proposal for An International Anti-Corruption Court, 2022; *E. Hoven*, Auslandsbestechung, 2018, S. 552–557.

22 Vgl. § 335 RStGB und § 12 Abs. 3 UWG i.d.F. von 1909; näher dazu *G. Sotiriadis*, Die Entwicklung der Gesetzgebung über Gewinnabschöpfung und Geldwäsche, 2010, S. 63 ff.

Tatbeute allerdings nicht selten auf vermeintlich sicheren Auslandskonten. An dieser Stelle setzt bspw. das schweizerische Bundesgesetz über die Sperrung und Rückerstattung unrechtmässig erworbener Vermögenswerte ausländischer politisch exponierter Personen (SRVG) an, das in bestimmten Fällen (ähnlich wie der 2017 geschaffene § 76a Abs. 4 StGB) eine Einziehung verdächtiger Vermögenswerte ohne den strafprozessualen Vollbeweis ihres deliktischen Herrührens zulässt.[23] Die Frage, ob sich die Nachahmung dieses Ansatzes zur internationalisierten Korruptionsbekämpfung eignet, untersucht *Frank Meyer* in seinem Beitrag „Non-conviction-based confiscations – Wundermittel gegen Grand Corruption?“ (S. 139 ff.).

---

23 Ein Gesetzgebungsvorschlag für eine konsequente Umsetzung dieses Gedankens in das nationale Recht ist unlängst unterbreitet worden von *K. Wegner/C. Ladwig/T. Zimmermann/M. El-Ghazi*, Vorschlag zur Einführung eines Gesetzes über das Aufspüren verdächtiger Vermögensgegenstände und über die selbständige Einziehung (Vermögenseinziehungsgesetz), KriPoZ 2022, 428.

Inhalt

1. Kapitel – Generaltatbestände

Ein allgemeiner Korruptionstatbestand?

Kristina Peters

A. *Warum ein Einheitstatbestand?*

Wieso ist die Frage nach einem allgemeinen Korruptionstatbestand überhaupt interessant? Erste Vorschläge zu einem solchen Tatbestand stammen noch vom Beginn des 20. Jahrhunderts.[1] 1996 lehnte der Deutsche Juristentag jedoch einen entsprechenden Vorschlag *Burkhard Jähnkes*[2] mit großer Mehrheit ab.[3] Gleichwohl schwebt die Idee eines solchen Einheitstatbestands bis heute durch den Raum und fasziniert – auch weil im internationalen Vergleich immer wieder Beispiele für einen solchen auftauchen. So kennt etwa Südafrika seit 2014 ein „general offence of corruption"[4] und *Karin Cornils* legte schon 1997 eine detaillierte Untersuchung zu einem entsprechenden Einheitstatbestand aus Schweden vor, der dort bereits seit 1978 existierte[5].

Die Vorteile eines solchen Tatbestands scheinen auf der Hand zu liegen: Die bestehenden Tatbestände würden vereinheitlicht, in eine gemeinsame Ordnung gebracht. Dies würde, so könnte man meinen, einen langen Prozess der Vereinheitlichung abschließen, im Rahmen dessen maßgebliche Stationen etwa die zahlreichen Bestechungsdelikte für Amtsträger im Allgemeinen Landrecht für die Preußischen Staaten von 1794[6] oder die Überführung der Richterbestechung in die Tatbestandsstruktur der Amts-

1 Überblick bei *T. Zimmermann*, Das Unrecht der Korruption. Eine strafrechtliche Theorie, Baden-Baden 2018, S. 421 f.

2 *B. Jähnke*, in: 61. DJT, Bd. II/2, S. L 87 f.

3 61. DJT, Bd. II/1, S. L 55, L 63 Nr. 18.

4 Prevention And Combating of Corrupt Activities Act 12 of 2004, Section 3.

5 *K. Cornils*, Landesbericht Schweden, in: A. Eser/ M. Überhofen/ B. Huber (Hrsg.), Korruptionsbekämpfung durch Strafrecht. Ein rechtsvergleichendes Gutachten zu den Bestechungsdelikten im Auftrag des Bayerischen Staatsministeriums der Justiz, Freiburg 1997, S. 501.

6 Zu nennen sind hier beispielhaft – und keineswegs abschließend – §§ 325, 331, 360, 366, 367, 368, 458, 459 ALR II 20; Überblick zu den historischen Vorläufern der Abgeordnetenbestechung bei *K. Peters*, Das Volkswahlrecht und der Umgang mit parlamentarischer Korruption in Deutschland, Der Staat 59 (2020), S. 513.

trägerbestechung durch das EGStGB 1974[7] waren. Des Weiteren würde das Schutzniveau gegenüber Handlungen von vergleichbarem Unrechtsgehalt angeglichen[8] und schließlich würde Korruption umfassend kriminalisiert. Ein Einheitstatbestand würde, in den Worten *Klaus Volks* – „manifestieren, daß Korruption ‚an sich' verwerflich und schädlich ist, in welcher Form und in welchem Bereich auch immer"[9]. Zusammenfassend können also sowohl pragmatische als auch normative Argumente für dieses Anliegen angeführt werden.

Im Folgenden soll der Frage, ob ein solcher einheitlicher Korruptionstatbestand zu befürworten oder abzulehnen ist, nachgegangen werden. Im Einzelnen wird es um die folgenden drei Fragen gehen: Erstens, was genau ist eigentlich mit „Korruption" gemeint, die hier allgemein kriminalisiert werden soll? Zweitens, was wird momentan im Strafgesetzbuch als Korruption bestraft? Inwieweit bestehen zwischen den einzelnen Tatbeständen Gemeinsamkeiten und Unterschiede? Und drittens, wie sind die bestehenden Unterschiede zu bewerten: Sprechen sie gegen die Einführung eines Einheitstatbestands oder sind sie als Wertungswidersprüche einzuordnen, die ein Einheitstatbestand möglicherweise überwinden könnte?

B. *Was ist Korruption?*

Wenn von einem „einheitlichen Korruptionstatbestand" die Rede ist, so provoziert dies zunächst die naheliegende Frage: Was ist Korruption überhaupt – was würde geregelt, was kriminalisiert werden? Diese Frage führt nun sogleich zu dem definitorischen Problem, das die Korruptionsforschung seit nunmehr mehreren Jahrzehnten beschäftigt. Denn der Begriff der Korruption findet sich im Strafgesetzbuch nicht. Er ist dem deutschen Strafrecht jedoch spätestens seit der Unterzeichnung zahlreicher völkerrechtlicher Vereinbarungen zu ihrer Bekämpfung[10] sowie seit dem ersten Korruptionsbekämpfungsgesetz im Jahre 1997[11] durchaus bekannt. Inzwischen sprechen eine ganze Reihe von Gesetzesmaterialien zu Tatbeständen des Kernstrafrechts davon, „strafwürdige korruptive Verhaltensweisen" er-

---

7 BGBl. 1974 I, S. 469 ff.

8 Hierfür etwa *Jähnke*, 61. DJT (Fn. 2), S. L 87 f.

9 *K. Volk*, 61. DJT, Bd. II/1, Referat S. L 44.

10 Siehe etwa Strafrechtsübereinkommen über Korruption des Europarats vom 27.1.1999, SEV-Nr. 173; Konvention der Vereinten Nationen gegen Korruption vom 31.10.2003, A/RES/58/4.

11 BGBl. 1997 I, S. 2038.

fassen zu wollen.[12] Zu der klassischen Amtsträgerkorruption sind im Laufe der Zeit die Wirtschaftskorruption, die Wähler- und Mandatsträgerkorruption, die Ärztekorruption und schließlich die Sportkorruption hinzugekommen. Man kann also hinsichtlich der Korruption im Strafrecht zwar nicht von einem Rechtsbegriff im engen Sinne, wohl aber von einem Rechtsbegriff im weiten Sinne sprechen.

Ein konsensfähiges Verständnis, was Korruption ist, existiert jedoch bislang nicht. In der Vergangenheit haben sich zahlreiche Autorinnen und Autoren in teilweise überaus umfangreichen Sammelbänden dieser Frage gewidmet[13] und *Till Zimmermann* geht ihr in seiner Monographie „Das Unrecht der Korruption" auf mehr als 800 Seiten nach[14]. Es wäre daher vermessen, an dieser Stelle „mal eben" eine Korruptionsdefinition vorlegen zu wollen. Stattdessen soll sich hier auf ein paar weitgehend konsentierte Aspekte konzentriert werden, ohne dass es für die hiesigen Zwecke auf die Details ankommt.

Der Begriff der Korruption geht auf das lateinische „corrumpere" zurück, was „Bestechlichkeit, Verderbtheit, Sittenverfall" meint. Zwei Dinge sind dem Begriff mithin tief eingeschrieben: Die Nähe zu – manche meinen: Austauschbarkeit mit – dem Begriff der Bestechung und die normative Dimension des Begriffs. Infolge dieser Normativität, die sich in dem Bezug auf eine Regelwidrigkeit (manifestiert in dem Begriff des „Sittenverfalls") ausdrückt,[15] hat der Begriff keinen fixierbaren Gehalt, sondern ist in einem hohen Maße von den jeweils geltenden Regeln abhängig.[16] Der Politikwissenschaftler *von Alemann* konstatiert dementsprechend: „Korrupti-

12 Siehe etwa BT-Drs. 18/476 (§ 108e StGB), 18/4350; 18/6446 (§§ 299a, b); 18/8831 (§§ 265c f.).

13 Beispielhaft sei auf einen Sammelband verwiesen, der aus dem auf Initiative von Transparency International gegründeten Arbeitskreis Korruptionsforschung hervorging und in dem sich Vertreterinnen und Vertreter unterschiedlichster Disziplinen um eine Beschreibung bemühen, P. Graeff/ T. Rabl (Hrsg.), Was ist Korruption? 2. Aufl., Baden-Baden 2019.

14 *Zimmermann*, Korruption (Fn. 1).

15 Vgl. etwa *Volk*, DJT (Fn. 9), S. L37 f.; *ders.*, Die Merkmale der Korruption und die Fehler bei ihrer Bekämpfung, in: K. Gössel/ O. Triffterer (Hrsg.), Gedächtnisschrift für Heinz Zipf, Heidelberg 1999, S. 419 (421 f.); *U. Kindhäuser*, Voraussetzungen strafbarer Korruption in Staat, Wirtschaft und Gesellschaft, ZIS 2011, 461; *F. Saliger*, Das Unrecht der Korruption, in: P. Albrecht/ S. Kirsch/ U. Neumann/ S. Sinner (Hrsg.), Festschrift für Walter Kargl zum 70. Geburtstag, Berlin 2015, S. 493 (495).

16 *Volk*, Merkmale (Fn. 15), S. 419 (424 f.).

on ist so alt und so vielfältig wie die Menschheit"[17]. Es handelt sich um ein menschlich allzu natürliches Verhalten, welches zu dem regelmäßigen Kanon zwischenmenschlicher Kommunikations- und Interaktionsinstrumente zählt: „Ich gebe dir etwas, wenn du mir etwas gibst" – dieses Prinzip kennt der Mensch seit seinen ersten zwischenmenschlichen Kontakten im Sandkasten. Erst dort, wo dieser Austausch aufgrund der aktuell herrschenden Normen als nicht wünschenswert klassifiziert wird, beginnt die Korruption. Das Recht agiert hier – mehr noch als sonst – als Deutungsschema für ein zwischenmenschliches Verhalten, das per se – also von außen betrachtet, phänotypisch – nicht als kriminalisierungsgeeignet identifiziert werden kann. Die Definition von Korruption ist damit unmittelbar abhängig von dem jeweils geltenden normativen System und weist damit stets eine Leerstelle auf, die ein großes Loch in jeden Definitionsversuch reißt. Wollte man eine solche allgemeine Umschreibung zu einem Straftatbestand erheben, bestünden mithin schon aus diesem Grund erhebliche Bedenken mit Blick auf das Bestimmtheitsgebot des Art. 103 Absatz 2 GG.[18]

Ungeachtet dieses – bereits für sich genommen gravierenden – Gegenarguments soll der Frage nach einem Einheitstatbestand hier gleichwohl noch etwas weiter nachgegangen werden. Wenn über einen solchen Einheitstatbestand gesprochen wird, entzündet sich die Diskussion meist an dem Entwurf und der Bewertung von Formulierungsvorschlägen für eben ein solches Delikt,[19] die naturgemäß eng mit dem eigenen Korruptionsverständnis zusammenhängen. Doch will sich dieser Beitrag dem Thema im Folgenden einmal aus einer anderen Richtung nähern: Nicht über die Auseinandersetzung mit entsprechenden Formulierungsvorschlägen, sondern über eine Analyse des gegenwärtigen Kriminalisierungsniveaus. Dieses ist als Ausdruck maßgeblicher Wertentscheidungen der Gesetzgebung Indikator dafür, wie realistisch und – unter der Prämisse eben jener Wertentscheidungen – wünschenswert ein solcher Einheitstatbestand gegenwärtig ist. Weil sich die Kriminalisierungen des Strafgesetzbuchs gegenwärtig auf Bestechungen und Bestechlichkeiten beschränken, soll sich im Folgenden auch die Frage nach einem Einheitstatbestand auf diese Deliktstypen konzentrieren.

---

17 *U. von Alemann*, in: ders. (Hrsg.), Dimensionen politischer Korruption, Wiesbaden 2005, S. 13 (16).

18 Zweifel an der Bestimmtheit eines etwaigen allgemeinen Tatbestands machen etwa auch *D. Dölling*, 61. DJT, Bd. 1, Gutachten, S. C 53; *Volk*, DJT (Fn. 9), S. L 49; *ders.*, Merkmale (Fn. 15), S. 419 (424 f.) geltend.

19 Überblick zu den verschiedenen Entwürfen bei *Zimmermann*, Korruption (Fn. 1), S. 425 f.

C. Gemeinsamkeiten und Unterschiede der Korruptionstatbestände im Kernstrafrecht

Was ist also der *status quo*? Wieviel Einheitlichkeit lässt sich in den geltenden Tatbeständen identifizieren, die sich möglicherweise in einen gemeinsamen Tatbestand überführen ließe? Welche Unterschiede fallen demgegenüber auf, die einem solchen Ansinnen im Wege stünden? Ziel ist es im Folgenden, das positivrechtliche Korruptionsverständnis der Gesetzgebung explizit zu machen, auf seine Verallgemeinerungsfähigkeit hin zu überprüfen und von dieser Warte aus die Frage nach einem Einheitstatbestand zu beantworten. Von diesem Unterfangen sind rechtspolitische Forderungen nach einem hiervon abweichenden Korruptionsverständnis, das möglicherweise einen andersgearteten Einheitstatbestand erfordern könnte, zu unterscheiden.

Im Kern soll es hier um die „Bauanleitung" der Bestechungstatbestände des Strafgesetzbuchs, um die Strukturelemente in ihrem jeweiligen Kerngehalt gehen. Hierzu kann man die Bestechungstatbestände des Kernstrafrechts miteinander vergleichen und gewissermaßen nach deren gemeinsamen „Nennern" suchen. Ausgangspunkt sind dabei die Tatbestände der passiven Bestechung.

I. Die Grundformel der Bestechungstatbestände

Hierüber lässt sich die geltende Bestechungsdogmatik auf die folgende Grundformel bringen: Es gibt eine Person, der eine bestimmte Funktion übertragen ist (F – Funktionsträger), die eine Tathandlung (T) vornimmt, welche sich aus der Handlungsmodalität (H) – dem Fordern, Sich-Versprechen-Lassen oder Annehmen – und dem Vereinbarungsinhalt (V) zusammensetzt. Zum Teil existiert zudem eine Genehmigungsfähigkeit des Verhaltens (eG – etwaige Genehmigungsfähigkeit).

F + T (H + V) + eG

Der Vereinbarungsinhalt weist wiederum folgende Grundstruktur auf: Einen Vorteil (V), eine Bezugshandlung (B) sowie eine die beiden verbindende Kopula (K). Hieraus ergibt sich:

F + T [H + V(V+B+K)] + eG

Diese „Formel" macht zunächst einen recht übersichtlichen und – ganz im Sinne des oben geschilderten Grundanliegens – sehr ordentlichen Eindruck. Auf den ersten Blick sind sich die verschiedenen Bestechungstatbestände in der Tat sehr ähnlich: dieselben Tatmodalitäten, derselbe Vorteilsbegriff, unterschiedliche Funktionsträger. Tatsächlich ist diese „Oberflächenstruktur" bei den verschiedenen Korruptionstatbeständen bis auf die Frage der Genehmigungsfähigkeit stets dieselbe. Doch verlangt einem das geltende Recht ein weit höheres Differenzierungsniveau ab, sobald der Vereinbarungsinhalt einer näheren Untersuchung unterzogen wird.

II. Die Differenzierungsmomente

Der Vorteilsbegriff findet sich zunächst in allen Tatbeständen. Die einzige Variation stellt hier die Wählerbestechlichkeit in § 108b II dar, die auf „Geschenke oder andere Vorteile" abstellt. Hierbei handelt es sich um eine Formulierung, die in älteren Bestechungstatbeständen häufiger vorkam.[20] Die Vorteilszuordnung „für sich oder einen Dritten" findet sich ebenfalls überall, mit Ausnahme des § 108b. Inhaltlich hat dies jedoch keinerlei Konsequenzen; vielmehr ist der Vorteilsbegriff des § 108b nach der herrschenden Meinung identisch mit dem der übrigen Bestechungsdelikte.[21] Der verhältnismäßig neue § 108e, die 2014 eingeführte Mandatsträgerbestechung, beinhaltet hingegen mit dem Zusatz, dass der Vorteil „ungerechtfertigt" sein muss, ein Novum im Strafgesetzbuch, das aus völkerrechtlichen Vereinbarungen übernommen wurde.[22] Hier findet mithin – anders als im Rahmen des § 108b – eine „echte" Differenzierung gegenüber den übrigen Tatbeständen statt.

Vielfältigere Unterschiede finden sich bei den Bezugshandlungen: Hier sind insgesamt fünf Differenzierungsmomente zu identifizieren.

Erstens werden teilweise sämtliche Handlungen, die der adressierten Person übertragen oder zumindest in ihrer Position möglich sind, einbezogen, während andere Tatbestände inhaltliche Grenzen ziehen. Während etwa in § 331 die „Dienstausübung" und § 332 die „Diensthandlung" oder in § 108b II über das „nicht oder in einem bestimmten Sinne wählen" allge-

20 Hierzu *Peters*, Parlamentarische Korruption, (Fn. 6), 513.

21 BGH NJW 1986, 859; *W. Kargl* in: U. Kindhäuser/ U. Neumann/ H.-U. Paeffgen/ F. Saliger (Hrsg.), Nomos Kommentar StGB, 6. Aufl. 2023, § 108b Rn. 2; *A. Eser*, in: Schönke/Schröder StGB, 30. Aufl. 2019, § 108b Rn. 2.

22 Ausführlich hierzu *K. Peters*, Korruption in Volksvertretungen, Baden-Baden 2018, S. 310 f.

mein alle Tätigkeiten in den Blick genommen werden, die der Person übertragen wurden beziehungsweise möglich sind, findet etwa im Rahmen des § 299 I Nr. 1 eine Eingrenzung auf Bevorzugungshandlungen „im geschäftlichen Verkehr" bei dem „Bezug von Waren oder Dienstleistungen" im Wettbewerb statt.

Des Weiteren wird zum Teil verlangt, dass die Bezugshandlung konkretisiert ist – so zum Beispiel in § 332 –, während etwa § 331 eine allgemeine Beziehung zu einem dienstlichen Verhalten ausreichen lässt.[23]

Eine dritte Differenzierung unterscheidet danach, ob allein vergangene oder auch künftige Bezugshandlungen erfasst sind. Während etwa § 332 eine Vereinbarung darüber verlangt, dass der „Amtsträger (...) eine Diensthandlung vorgenommen hat oder künftig vornehme", spricht etwa § 299 I Nr. 1 davon, dass die bestochene Person das Gegenüber „bevorzuge", und § 108e davon, dass ein „Mitglied einer Volksvertretung des Bundes oder der Länder (...) eine Handlung vornehme oder unterlasse", was jeweils sprachlich sowie nach anerkannter Ansicht allein künftige Bevorzugungen meint.[24]

Eine vierte Differenzierung liegt schließlich in der Einbeziehung eines bestimmten Erfolgs, den die Bezugshandlung auslösen soll: § 265c spricht davon, dass „infolgedessen ein rechtswidriger Vermögensvorteil durch eine auf diesen Wettbewerb bezogene öffentliche Sportwette erlangt werde". Bezogen auf die §§ 265c, 265d ist zwar streitig, ob diese überhaupt als „Korruption" anzusehen sind,[25] doch nennen die Gesetzesmaterialien explizit die Korruptionsbekämpfung als Ziel und sehen das Rechtsgut in der „Integrität des Sports"[26].

Ein fünfter Unterschied wurzelt schließlich in dem Umstand, ob die Bezugshandlung als Regelverstoß konzipiert wird. Dies setzt insbesondere § 331 seinem Wortlaut nach nicht voraus. Demgegenüber verlangt etwa § 299 I Nr. 1 eine Bevorzugung „in unlauterer Weise", § 332 eine Dienstpflichtverletzung und § 265d I eine Beeinflussung eines berufssportlichen Wettbewerbs „in wettbewerbswidriger Weise". § 108b und § 108e kommen nur scheinbar ohne eine solche Umschreibung aus. Bei genauerem Hinsehen beinhaltet § 108e durchaus einen Regelbezug, auch wenn er in ver-

---

23 Statt vieler *L. Kuhlen/T. Zimmermann*, NK-StGB (Fn. 21), § 331 Rn. 44 f.

24 *Eser*, Schönke/Schröder-StGB (Fn. 21), § 108e Rn. 22; *G. Dannecker*, NK-StGB (Fn. 21), § 299 Rn. 66, 73 f.; *J. Eisele*, Schönke/Schröder-StGB (Fn. 21), § 299 Rn. 32.

25 Grundlegend *S. Jansen*, Der Schutz der „Integrität des Sports" durch das Strafrecht?, GA 2017, 600 (600 f.).

26 BT-Drs. 18/8831.

schleierter Form auftritt: Die Bezugshandlung muss „im Auftrag oder auf Weisung" vorgenommen werden. Diese Tautologie[27] entstammt unmittelbar dem Art. 38 I 2 GG und umschreibt die wesentliche Pflichtenbindung für Bundestagsabgeordnete: „Handle nicht im Auftrag oder auf Weisung".[28] Ähnliches lässt sich auch für die von § 108b kriminalisierten Wählerinnen und Wähler annehmen: Ihre Pflicht erschöpft sich darin, ihr Wahlrecht nach ihren eigenen Überzeugungen auszuüben und ihre Stimme nicht zu „verkaufen".

Neben diesen Differenzierungen hinsichtlich des Vorteils und der Bezugshandlung unterscheiden sich auch die Kopula – und dies möglicherweise, auch wenn dies streitig ist, in ihrer Anzahl. Typischerweise wird allein der Vorteil motivational an die Unrechtsvereinbarung gebunden: Dieser muss zumeist „als Gegenleistung dafür" gefordert usw. werden, dass eine Bezugshandlung vorgenommen wird. § 108b II und § 331 verlangen, dass der Vorteil „dafür" beziehungsweise „für" die Bezugshandlungen erfolge, was jedoch nach allgemeiner Ansicht inhaltlich keine abweichende Bedeutung hat.[29] Die – zumindest angestrebte – Unrechtsvereinbarung muss mithin zum Inhalt haben, dass der Grund für die Vorteilszuwendung gerade in der versprochenen Bezugshandlung liegt.[30]

Ein motivationaler Antrieb für die Vornahme der Bezugshandlung wird hingegen zumeist nicht umschrieben. Eine Ausnahme stellt § 108e dar, wo es heißt, dass die Bezugshandlung „im Auftrag oder auf Weisung" des Vorteilsgebers ausgeführt wird. Der Gehalt dieses Merkmals ist allerdings sehr streitig; zum Teil wird davon ausgegangen, dass auch § 108e dasselbe Äquivalenzverhältnis wie die übrigen Bestechungstatbestände besitze.[31] Doch auch eine andere Lesart ist tragfähig, wonach hierin eine motivationale

---

27 *M. Morlok*, in: H. Dreier (Hrsg.), Grundgesetz-Kommentar, Bd. 2, 3. Aufl., Tübingen 2015, Art. 38 Rn. 153; *L. Jarass*, in: L. Jarass/ B. Pieroth (Hrsg.), Grundgesetz-Kommentar, 16. Aufl., München 2020, Art. 38 Rn. 45; *H. Klein/ K. Schwarz*, in: Dürig/Herzog/Scholz (Hrsg.), Grundgesetz-Kommentar, 95. EL, München 2021, Art. 38 Rn. 219; *H. Trute*, in: von Münch/Kunig, Grundgesetz-Kommentar, Bd. 1, 7. Aufl., München 2021, Art. 38 Rn. 118.

28 Vgl. auch BT-Drs. 18/476, S. 5f.

29 BGH NJW 1986, 859f.; *Kargl*, NK-StGB (Fn. 21), § 108b Rn. 2; *Eser*, Schönke/ Schröder-StGB (Fn. 21), § 108b Rn. 2; *Kuhlen/Zimmermann*, NK-StGB (Fn. 21), § 331 Rn. 62.

30 *Kuhlen/Zimmermann*, NK-StGB (Fn. 21), § 331 Rn. 65; *Heine/Eisele*, Schönke/ Schröder-StGB (Fn. 21), § 331, Rn. 37.

31 *Kargl*, NK-StGB (Fn. 21), § 108e Rn. 23; *M. Heger*, in: Lackner/Kühl/Heger-StGB, 30. Aufl. 2023, § 108e Rn. 4.

Bindung zu sehen ist.[32] In der Folge würde hier die intensivste Form der Bestechung umschrieben –ihr Kerntyp, das, worauf die Normen gegen Bestechung am Ende des Tages abzielen: Dass eine geschützte, privilegierte Handlung so vorgenommen wird, wie der „Käufer“ beziehungsweise die „Käuferin“ es sich wünscht, und zwar weil (!) gezahlt wird. Schon weil diese Eingrenzung erhebliche Beweisschwierigkeiten mit sich bringt, wird meist auf sie verzichtet – doch handelt es sich hierbei um den Kern des Unrechts der Bestechung.

Dieses Unrecht der Bestechung wird mithin mitnichten überall gleichermaßen umschrieben, sondern ihm wird sich schrittweise angenähert und diese Annäherung im Bereich der Gefährdungen danach ausgerichtet, wie gefährlich und hinnehmbar Beweisschwierigkeiten erscheinen, als wie schützenswert die von dem Straftatbestand adressierten Personen erachtet werden und wie wichtig das Ziel einer „Reinheit“ ihrer Tätigkeit ist. Je nach Rechtsgutbestimmung, die bekanntermaßen sehr streitig ist,[33] verschiebt sich freilich die Abgrenzung von Gefährdungen und Verletzungen. Es dürfte aber unstreitig sein, dass der „Kauf“ einer inhaltlich beeinflussten Entscheidung als intensivste und damit strafwürdigste Form der Bestechung gelten darf.[34] Bezogen auf Amtsträgerinnen und Amtsträger ist die „Reinheitsforderung“ am intensivsten, weshalb im Zuge einer weiten Vorverlagerung bereits vergangene und regelkonforme Bezugshandlungen in die Kriminalisierung einbezogen werden.[35] Im Bereich des Wettbewerbs ist die Reinheitsanforderung geringer und es werden allein künftige Bezugshandlungen erfasst. Bezogen auf § 108e wird schließlich ein großes Zugeständnis an die sogenannten „Besonderheiten des politischen Betriebs“ gemacht, weshalb Beweisprobleme hingenommen werden und die Kriminalisierung eng am Kern des Unrechts bleibt. Die Steigerung der Strafbarkeitsvoraussetzungen erfolgt mithin über die Einbeziehung auch vergangener und regelkonformer Bezugshandlungen hin zu einer Einschränkung auf künftige Bezugshandlungen und mündet – jedenfalls nach

---

32 Siehe hierzu etwa die Gesetzesmaterialien, die von einer „qualifizierten Unrechtsvereinbarung“ sprechen und in diesem Zusammenhang neben dem Gegenleistungsverhältnis auf die Forderung nach einem Handeln „im Auftrag oder auf Weisung“ verweisen, BT-Drs. 18/476, S. 7; ausführlich *Peters*, Volksvertretungen (Fn. 22), S. 338 f.

33 Siehe statt vieler etwa für die §§ 331 f. *Kuhlen/Zimmermann*, NK-StGB (Fn. 21), § 331 Rn. 8 f.

34 Siehe auch *Volk*, DJT (Fn. 9), S. L36.

35 Zum Charakter der Belohnungen als „Vorbereitungsstadium“ siehe etwa *Kindhäuser*, Voraussetzungen (Fn. 15), 464.

einer Lesart – in die Kriminalisierung allein künftiger Bezugshandlungen, die durch die Unrechtsvereinbarung inhaltlich bestimmt werden.

Das Strafmaß der verschiedenen Tatbestände unterscheidet sich schließlich nicht gravierend und beginnt üblicherweise bei Geldstrafe oder Freiheitsstrafe bis 3 Jahre; eine Ausnahme bilden §§ 108b, 108e und § 332, die eine Freiheitsstrafe bis zu 5 Jahre verlangen. § 108e wurde zudem kürzlich in Reaktion auf die sogenannten Maskenaffäre zu einem Verbrechen hinaufgestuft.[36]

III. Modifizierte Grundformel

Passt man nun die oben genannte Grundformel der Bestechungsdelikte an die identifizierten Unterschiede an, sieht sie gleich um einiges komplizierter aus: Im Vereinbarungsinhalt tritt bezogen auf den Vorteil ein etwaiger Regelbezug (R) hinzu, wie er in § 108e („ungerechtfertigter Vorteil“) vorgesehen ist. Es folgt die Kopula (K), die den Vorteil an die Unrechtsvereinbarung bindet. Die Bezugshandlung (B) weist die fünf genannten Variablen auf: Sie kann auf eine bestimmte Art von Handlungen begrenzt sein (b), eine konkrete Bezugshandlung voraussetzen (k), in die Vergangenheit gerichtet oder allein auf künftige Bezugshandlungen bezogen sein (t – temporaler Bezug), einen Erfolgsbezug (E) und schließlich einen Regelbezug (R) aufweisen. Es folgt unter Umständen – so nach der hier vertretenen Lesart im Rahmen des § 108e – eine weitere Kopula (K), welche die Bezugshandlung motivational an die Unrechtsvereinbarung bindet.

$$F + T\,[H + V\,(V\,(R) + K + B\,(b; k; t; E; R) + eK)] + eG$$

Von der zunächst identifizierten Einheitlichkeit bleibt also bei genauer Betrachtung nicht allzu viel übrig.

D. Bewertung

Was folgt nun aus diesen Überlegungen? Sind sie ein Beleg für den eingangs proklamierten vermeintlichen Vorteil eines allgemeinen Korrupti-

36 BT-Drs. 19/28784; 19/30492; BT-Protokoll 19/234, S. 30352 f.; siehe hierzu auch *K. Peters*, Ein stumpfes Schwert, VerfBlog 2021/06/22, abrufbar auf https://verfassungsblog.de/ein-stumpfes-schwert/ (zuletzt abgerufen am 4.5.2022).

onstatbestands: Sollte durch die Schaffung eines einheitlichen Tatbestands Ordnung in diese „Unordnung“ gebracht werden? Die Antwort auf diese Frage erfordert eine Evaluation der identifizierten Unterschiede. Diese sind zum Teil einer mangelhaften Gesetzestechnik geschuldet, zum Teil können jedoch sachliche Argumente für sie angeführt werden. Aus Platzgründen wird hier nicht auf alle soeben identifizierten Unterschiede eingegangen, doch sollen im Folgenden einige Beispiele herausgegriffen werden.

Ein Beispiel für eine mangelhafte Gesetzgebungstechnik stellen die Abweichungen bei der Umschreibung des Vorteils in § 108b dar – hier wäre es wünschenswert, wenn einheitlich von einem „Vorteil für sich oder einen Dritten“ gesprochen würde. Einer der wichtigsten Unterschiede, die demgegenüber einer inhaltlichen Argumentation zugänglich sind, ist die Differenzierung danach, ob allein künftige oder auch vergangene Bezugshandlungen einbezogen werden.[37] Hierbei handelt es sich wie erwähnt um die Frage nach einer Vorverlagerung der Strafbarkeit. Nun ist bei den Bestechungsdelikten infolge der Kriminalisierung der Unrechtsvereinbarung ohnehin der gesamte Bereich der Strafbarkeit in den Bereich der Gefährdungen vorverlagert: Zu der Gewährung des Vorteils und zu der Vornahme der Bezugshandlung muss es nicht kommen. Doch bei einer Bezugshandlung, die bereits vor dem Abschluss beziehungsweise Anstreben einer Unrechtsvereinbarung vorgenommen wurde, liegt es in der Natur der Sache, dass diese durch die betreffende Unrechtsvereinbarung gar nicht beeinflusst werden *kann*. Es besteht jedoch die Gefahr, dass die betreffende Person diese Handlung gleichwohl in dem Hoffen, in dem Spekulieren auf eine spätere Belohnung, auf eine noch zu schließende Unrechtsvereinbarung vorgenommen hat. Dies ist die Gefahr, die mit Blick in die Vergangenheit besteht. Darüber hinaus ist zu befürchten, dass sie – durch eine Belohnung angestachelt – künftig Handlungen in der Hoffnung vornimmt, eine weitere Unrechtsvereinbarung abschließen zu können. Das ist die Gefahr, die mit Blick in die Zukunft besteht.[38] Im Falle der Amtsträgerdelikte wird der Zusammenhang zwischen der konkreten Unrechtsvereinbarung und einer tatsächlichen Beeinträchtigung des öffentlichen Dienstes durch

---

37 Zur Diskussion um eine Einbeziehung vergangener Bezugshandlungen in § 108e StGB siehe etwa Schleswig-Holsteinischer Landtag, Drs. 19/3037.

38 Zu alternativen Erklärungsansätzen etwa hinsichtlich von Beweisproblemen und dem „Anschein der Käuflichkeit“ vgl. etwa *M. Korte*, in: Münchener Kommentar StGB, Bd. 6, 4. Aufl., München 2022, § 331 Rn. 8; *Kuhlen/Zimmermann*, NK-StGB (Fn. 21), § 331, Rn. 11 f; das Schutzgut der §§ 331 f. ist – auch aufgrund der Einbeziehung vergangener Bezugshandlungen – nicht abschließend geklärt.

Vornahme einer „gekauften" Diensthandlung also noch weiter gelockert, als es durch den Verzicht auf die tatsächliche Vornahme einer solchen Handlung in Umsetzung der Unrechtsvereinbarung ohnehin schon der Fall war.

Nun können Vorverlagerungen der Strafbarkeit stets kritisiert werden, doch ist es letztlich eine Entscheidung der Gesetzgebung, für wie wichtig das betreffende Rechtsgut erachtet und wie weit der Rechtsgüterschutz in den Bereich der Gefährdungen vorverlagert wird. Es wäre jedenfalls kaum zu erwarten, dass diese Entscheidung im Falle der Einführung eines Einheitstatbestands *rückgängig* gemacht würde. Immerhin sprechen gute Gründe dafür, den Bereich des öffentlichen Dienstes von Belohnungen dieser Art völlig frei zu halten, um eben keinerlei motivationalen Anlass, keine Anreize für Pflichtverletzungen zu schaffen.[39] Ein Einheitstatbestand würde dieses Prinzip wohl radikal ausweiten – auf andere Bereiche, die bereits kriminalisiert sind, in denen es jedoch momentan nicht gilt, wie etwa den Wettbewerb, sowie auf sämtliche Bereiche, die durch einen solchen Einheitstatbestand gegebenenfalls in die Kriminalisierung einbezogen würden. Hiermit würde eine erhebliche Ausweitung des Kriminalisierungsniveaus auch bezogen auf Bereiche, in denen Bestechungen schon jetzt strafbar sind, einhergehen. Der Verlust dieses Differenzierungsmoments zwischen vergangenen und künftigen Bezugshandlungen, seine Einebnung in einem Einheitstatbestand, ist daher nicht wünschenswert.

Die Unterschiede zwischen den bestehenden Bestechungstatbeständen, das veranschaulicht dieses Beispiel, sind also durchaus gravierend. Sie sind nicht bloß einer schrittweisen Kriminalisierung und infolgedessen uneinheitlichen Gesetzestechnik geschuldet, sondern Ausdruck wesentlicher Wertentscheidungen der Gesetzgebung. Zwar könnte man diese Unterschiede durch Sondertatbestände innerhalb eines Einheitstatbestands abbilden. Genau solche Sondertatbestände werden im Übrigen auch von den – überschaubaren – Stimmen, die einen solchen Einheitstatbestand befürworten, regelmäßig angeregt[40] und finden sich auch in ausländischen Beispielen eines solches Tatbestands[41]. Freilich drängt sich insoweit jedoch die Frage auf: Wo wäre dann noch der Vorteil eines solchen „Einheitstatbestands"? Eine solche Vorgehensweise würde vielmehr hervorheben, dass unterschiedliche Rechtsgüter und infolgedessen unterschiedliche Schutz-

39 Vgl. auch *Heine/Eisele*, Schönke/Schröder-StGB (Fn. 21), § 331, Rn. 7, mwN.
40 So etwa *Jähnke*, DJT (Fn. 2) S. L 89.
41 Siehe etwa Prevention And Combating of Corrupt Activities Act 12 of 2004, Section 4 f.; *Cornils*, Schweden (Fn. 5), S. 501 (507 f.).

niveaus betroffen sind. Der Gewinn wäre beschränkt auf das, was auch ohne eine Zusammenfassung in einem Tatbestand erreichbar ist: Die Vereinheitlichung der Strukturmerkmale.

In diesen Überlegungen steckt noch ein weiteres Gegenargument gegen einen Einheitstatbestand: Der Umstand, dass im Strafgesetzbuch, wie schon *Karl Binding* im Zuge der Erarbeitung seines gesetzespositivistischen Rechtsgutsbegriffs dargelegt hat,[42] das Rechtsgut als leitendendes Ordnungsprinzip verwirklicht ist. Daher wäre schon unklar, wo etwa ein Tatbestand, der jedenfalls die §§ 299, 299a, 331 ff. sowie die §§ 108b, 108e fusioniert, zu verorten wäre.[43] Die Idee eines Einheitstatbestands passt eher zu thematisch orientierten Einzelfallgesetzen statt zu dem Anliegen einer einheitlichen, normativ strukturierten Kodifikation. Bei genauerem Hinsehen wäre ein Einheitstatbestand mithin der Ordnung eher hinderlich, statt wie Anfangs vermutet förderlich.

Auch das Argument eines einheitlichen Schutzniveaus entpuppt sich damit bei näherem Hinsehen als nicht überzeugend: Es ist kein sachlicher Grund ersichtlich, weshalb man ein solches wollen sollte. Das Schutzbedürfnis resultiert bezogen auf Bestechungen nicht aus der Qualität der Handlung an sich – so wie etwa bei der Körperverletzung ein mit einer gewissen Kraft ausgeführter Faustschlag ähnlich strafwürdig erscheint, unabhängig davon, gegen wen er sich richtet. Stattdessen speist es sich aus dem – metaphorisch gesprochen – betroffenen „Körperteil" der Gesellschaft, gegen das sich die Handlung richtet: Aus dem Angriffsziel. Korruption ist mithin kein eigenständiger Unrechtstyp, anders als etwa der Faustschlag. In den Worten *Kindhäusers*: Korruption ist „kein genuines Unrecht, sondern nur eine Angriffsform"[44], „durch die ganz unterschiedliche strafrechtlich geschützte Interessen verletzt werden können"[45]. Konsequenz der Normativität des Korruptionsbegriffes ist, dass erst die Regeln, die für einen bestimmten Bereich existieren, das Handeln zu korruptem Handeln und damit verwerflich machen. Die bloße äußerliche Betrachtung ist mithin nicht aussagekräftig, erst die normative Bedeutung des Handelns verleiht ihm seinen Unrechtsgehalt. Dieser speist sich folglich erst aus dem Angriffsziel, der Angriffsrichtung, weshalb eine Konzentration auf eben jenes Angriffsziel und die diesbezüglich existierenden Regeln geboten ist.

---

42 *K. Binding*, Die Normen und ihre Übertretung, Bd. 1, 4. Aufl., Aalen 1922, S. 329 f.

43 Zu den entsprechenden Schwierigkeiten bzgl. des schwedischen Einheitstatbestands siehe *Cornils*, Schweden, (Fn. 5), S. 501 (507 f.).

44 *Kindhäuser*, Voraussetzungen (Fn. 15), 464.

45 *Kindhäuser*, Voraussetzungen (Fn. 15), 461; ähnlich *Volk*, DJT (Fn. 9), S. L 50.

Diese Betrachtung führt einen jedoch zwangsläufig zu dem betroffenen Rechtsgut[46] und damit in die bestehende Ordnungsstruktur des Strafgesetzbuchs.

Man kann den Gedanken einmal zu Ende denken, was es bedeuten würde, Korruption beziehungsweise Bestechungen als eigenständigen Unrechtstypus im Strafgesetzbuch zu etablieren. Die „gekauften" Entscheidungen sind im Kernbereich des Bestechungsunrechts in einem gewissen Maße „falschen Urkunden" vergleichbar: Sie rühren in einem übertragenen (freilich nicht wörtlichen) Sinne nicht von der Person her, die vorgibt, ihre Ausstellerin zu sein. Betroffen ist demnach die prozedurale Richtigkeit: Welche Person ist die „wahre" Entscheidungsurheberin? Die bestechende Person zahlt dafür, dass sie ihre Entscheidung an die Stelle derjenigen der hierzu eigentlich berufenen Person setzen darf. Während jedoch den Urkunden innerhalb des Rechtsverkehrs allgemein eine besondere Bedeutung zukommt, haben Entscheidungen von Personen diese allgemeine Bedeutung nicht. Sie haben sie stattdessen erst in bestimmten Zusammenhängen – im öffentlichen Dienst, im Wettbewerb, bei Wahlen usw. – und je nach dem betroffenen Bereich variiert ihre Sensibilität.

Was würde es nun bedeuten, den zwischenmenschlichen Entscheidungen eine solche allgemeine Wichtigkeit zu verleihen? Um innerhalb der Ordnungsstruktur des Strafgesetzbuchs einen solchen Tatbestand zu schaffen, müsste wohl ein neuer Abschnitt geschaffen werden. Dieser könnte etwa mit „Straftaten gegen die Integrität" überschrieben werden. Der Begriff der Integrität geht auf das lateinische „integritas" zurück, womit insbesondere die körperliche Unversehrtheit, aber auch die Reinheit und die Redlichkeit gemeint sind. In der Philosophie wird mit der Integrität die Übereinstimmung des persönlichen Wertesystems mit dem eigenen Handeln bezeichnet.[47] Es wird also gewissermaßen auf die „Unversehrtheit des menschlichen Geistes" abgestellt, der nicht durch eine Diskrepanz zwischen inneren Überzeugungen und äußeren Handlungen entzweit werden, sondern durch die Übereinstimmung beider ein einheitliches Ganzes bilden soll. Ohne hier in die Diskussion über einen etwaigen gesetzgebungskritischen Rechtsgutsbegriff einsteigen zu wollen oder auch nur zu müssen, drängt sich damit ein weiteres Gegenargument auf: Wird das Angriffsziel der Bestechungen lediglich in dem Bestand „unverletzter" Ent-

46 *Kindhäuser*, Voraussetzungen (Fn. 15), 464; vgl. auch *Dannecker*, NK-StGB (Fn. 21), § 299 Rn. 11.

47 Siehe etwa *A. Pollmann*, Integrität. Aufnahme einer sozialphilosophischen Personalie, 2. Aufl., Bielefeld 2018, S. 12 f.

scheidungen identifiziert, darin, dass diese nicht kommerzialisiert werden dürfen, „rein" sein sollen, so droht ein strafrechtlicher Totalitarismus, der mit einem verfehlen, psychologisch geradezu absurd anmutenden „Reinheitsideal" weit in das Private hineingreifen würde.[48]

Daher verdient die Ansicht Zuspruch, wonach es sich bei Korruption nicht um einen selbstständigen Unrechtstypus handelt, sondern um eine bloße Angriffsform. Geschützt werden nur solche Entscheidungsprozesse, die für den Bestand der Gesellschaft elementar sind. Dieser Auffassung hängt ersichtlich auch die Gesetzgebung an und es besteht kein Anlass dazu, sie insoweit zu kritisieren. Die hier vertretene Auffassung, wonach ein Einheitstatbestand im Ergebnis abzulehnen ist, wird im Übrigen von den meisten geteilt.[49] Überlegungen, wie ein solcher Tatbestand aussehen könnte, dienen vielfach – als Beispiele seien hier der Beitrag von *Klaus Volk* beim 61. Deutschen Juristentag[50] sowie Überlegungen von *Till Zimmermann* in seiner Habilitationsschrift[51] genannt – lediglich als Mittel, um das eigene Korruptionsverständnis explizit zu machen und als kritischen Maßstab an bestehende (oder geplante) Tatbestände anzulegen. Als ein solches methodisches Werkzeug mag ein Einheitstatbestand hilfreich sein, doch bleibt zu hoffen, dass dieses „Teufelsspielzeug"[52], wie *Klaus Volk* es nannte, niemals Wirklichkeit werden wird.

E. Fazit und Ausblick

Schon aus Platzgründen konnte hier nicht auf alle Einwände eingegangen werden, die im Laufe der Jahre gegen die Einführung eines Einheitstatbestands erhoben wurden. Eine Konzentration auf das positivierte Korruptionsverständnis und die daraus abzuleitenden Erwägungen bietet jedoch ein besonders schneidiges Schwert, sollten entsprechende Überlegungen doch einmal rechtspolitischen Aufschwung erhalten. Dieses positivierte

---

48 Zu Zweifeln im Hinblick auf die Rechtsgutsbestimmung eines solchen Tatbestands siehe auch *Volk*, DJT (Fn. 9), S. L 50.

49 Gegen einen Einheitstatbestand und für selbstständige Tatbestände etwa auch *Dölling*, DJT (Fn. 18), Gutachten, S. C 53; *Volk*, DJT (Fn. 9), S. L 38 f.; *ders.*, Merkmale (Fn. 15), S. 419; *D. Dölling*, Die Neuregelung der Strafvorschriften gegen Korruption, ZStW 112 (2000), 334 (336); *Kindhäuser*, Voraussetzungen (Fn. 15), 461; *Saliger*, Unrecht (Fn. 15) S. 493 (498).

50 *Volk*, DJT (Fn. 9), S. L 38 f.

51 *Zimmermann*, Korruption (Fn. 1), S. 420 ff.

52 *Volk*, Merkmale (Fn. 15), S. 419 (424 f.).

Korruptionskonzept der Gesetzgebung spricht deutlich gegen einen Einheitstatbestand. Was Korruption ist, kann und wird nur bereichsspezifisch nach den jeweiligen Regeln bestimmt. Die Frage, wie sie bestraft werden soll und insbesondere in welchem Maße die Bestrafung in den Bereich der Gefährdungen vorverlagert wird, verlangt eine Wertentscheidung der Gesetzgebung, für wie wichtig, wie sensibel der jeweils betroffene Bereich gehalten wird.

Die angestrebte beziehungsweise anstrebungswürdige Vereinheitlichung der Bestechungstatbestände ist im Übrigen auch ohne einen solchen Einheitstatbestand zu erreichen, nämlich über eine einheitliche und noch weiter zu vereinheitlichende Bestechungssystematik, die man vielleicht als „Langstreckensystematik" bezeichnen kann. So kann erreicht werden, dass Divergenzen in Gänze das Resultat einer sachlichen Entscheidung und nicht einem mangelnden Fingerspitzengefühl bei der Architektur des Tatbestands geschuldet sind. Hier sollte insbesondere auf eine einheitliche Umschreibung des Vorteils hingewirkt werden.

Die Vergleichbarkeit der Korruptionstatbestände beschränkt sich auf die gesetzgebungstechnische Perspektive und erfasst nur in begrenztem Umfang auch die normative Sphäre. Diese ist mit dem zu vereinheitlichenden Werkzeug in jeweils unterschiedlichem, nämlich bereichsspezifischem Maße zu bearbeiten. Ziel kann und sollte daher allein eine „Langstreckensystematik" im Sinne einer Vereinheitlichung des gesetzgeberischen „Werkzeugkoffers" sein.

Ergänzung der Bestechungsdelikte durch einen Tatbestand des Amtsmissbrauchs?

Frank Zimmermann

A. Einleitung

Die §§ 332, 334 StGB stellen, stark vereinfacht gesagt, den Verkauf und den Kauf pflichtwidriger Diensthandlungen unter Strafe. Die Vornahme einer pflichtwidrigen Diensthandlung – gewissermaßen also die Erfüllung des Bestechungsgeschäfts – ist als solche hingegen in Deutschland grundsätzlich nicht mit Strafe bedroht. Dieser Befund gibt Anlass zu der Frage, ob es ratsam wäre, im deutschen Recht einen Straftatbestand einzuführen, der unter bestimmten Voraussetzungen die Vornahme rechtswidriger Diensthandlungen pönalisiert und der mit dem Begriff des Amtsmissbrauchs betitelt werden könnte. Der Blick zurück in das frühere deutsche RStGB zeigt, dass ein solches Delikt dem deutschen Strafrecht jedenfalls nicht wesensfremd ist (unten B.). Heute gehen Impulse für eine Neuregelung auf überstaatlicher Ebene von Art. 19 der UN-Konvention zur Bekämpfung der Korruption aus (unten C.). Im Mittelpunkt des Beitrags wird aber eine rechtsvergleichende Analyse von verschiedenen Strafvorschriften des Amtsmissbrauchs in gefestigten europäischen Demokratien stehen (unten D.). Auf deren kritischer Bewertung wird abschließend eine kriminalpolitische Einordnung aufbauen (unten E.).

B. Ein Blick zurück: § 339 Reichsstrafgesetzbuch 1871

Es gab im deutschen Strafrecht schon einmal einen Tatbestand, der auf den Missbrauch der Amtsgewalt abstellte. Der 1942 unter der NS-Diktatur gestrichene § 339 des Reichsstrafgesetzbuches 1871 (RStGB) sah folgende Regelung vor:

> *(1) Ein Beamter, welcher durch Mißbrauch seiner Amtsgewalt oder durch Androhung eines bestimmten Mißbrauchs derselben jemand zu einer Handlung, Duldung oder Unterlassung widerrechtlich nöthigt, wird mit Gefängniß bestraft.*
> *(2) Der Versuch ist strafbar.*

> *(3) In den Fällen der §§. 106. 107. 167. und 253. tritt die daselbst angedrohte Strafe ein, wenn die Handlung von einem Beamten, wenn auch ohne Gewalt oder Drohung, aber durch Mißbrauch seiner Amtsgewalt oder Androhung eines bestimmten Mißbrauchs derselben begangen ist.*

Eine genaue Betrachtung dieser Vorschrift zeigt, dass der Amtsmissbrauch in der Vergangenheit gewissermaßen als Nötigung im Amt konstruiert war. Im Ausgangspunkt ist § 339 RStGB daher vergleichbar mit dem heutigen Regelbeispiel der Nötigung im Amt nach § 240 Abs. 4 S. 2 Nr. 2 StGB. Allerdings trat im früheren § 339 RStGB der Missbrauch der Amtsgewalt bzw. dessen Androhung an die Stelle der klassischen Nötigungsmittel „Gewalt" und „Drohung mit einem empfindlichen Übel". Das Merkmal der Amtsgewalt wurde dabei verstanden als der Inbegriff der mit einem Amt verbundenen Befugnisse, die einen Amtsträger berechtigen, zum Vor- oder zum Nachteil einer Person zu handeln; die Ausübung von Zwangsgewalt sollte jedoch nicht erforderlich sein.[1] Ein Missbrauch der Amtsgewalt setzte deren Gebrauch voraus, ohne dass die gesetzlichen Voraussetzungen vorliegen; auch das Unterlassen eines Tätigwerdens wurde als Ge- bzw. Missbrauch der Amtsgewalt verstanden.[2] Nach heutigem Recht muss im Rahmen des § 240 Abs. 4 S. 2 Nr. 2 StGB hingegen zu mindestens einem der auf Tatbestandsebene vorliegenden Nötigungsmittel kumulativ der Missbrauch der Amtsgewalt hinzutreten. Aber auch mit seinem deshalb etwas weiteren Anwendungsbereich deckte § 339 RStGB nur einen Teil derjenigen Fälle ab, die heute (bspw. nach Art. 19 UNCAC)[3] als Amtsmissbrauch verstanden werden könnten. Insbesondere erfasste die historische Regelung nicht den „klassischen" Fall der Korruption, in dem der Täter im Einvernehmen mit einem Vorteilsgeber eine widerrechtliche Amtshandlung für eine Gegenleistung vornimmt.

C. Die UNCAC als möglicher Impuls für eine Neuregelung

Die United Nations Convention Against Corruption (UNCAC) bietet einen passenden Ausgangspunkt für den im Folgenden angestellten Rechtsvergleich, denn alle hier erwähnten Staaten haben diesen völkerrechtlichen Vertrag ratifiziert. Insbesondere kann (und soll) Art. 19 UN-

---

1 *R. Frank*, Das Strafgesetzbuch für das Deutsche Reich, 18. Aufl., 1931, § 339 Erl. II (m.w.N. auch zur Gegenansicht).
2 *Frank*, Strafgesetzbuch (Fn. 1), § 339 Erl. II.
3 S. nächster Abschnitt.

CAC als Impulsgeber für rechtspolitische Erwägungen im Zusammenhang mit dem Delikt des Amtsmissbrauchs fungieren.

> *Art. 19*
> *Each State Party shall consider adopting such legislative and other measures as may be necessary to establish as a criminal offence, when committed intentionally, the abuse of functions or position, that is, the performance of or failure to perform an act, in violation of laws, by a public official in the discharge of his or her functions, for the purpose of obtaining an undue advantage for himself or herself or for another person or entity.*

Diese Regelung empfiehlt es den Vertragsstaaten, einen Tatbestand des „abuse of functions or position" mit dem objektiven Erfordernis der gesetzeswidrigen Amtsausübung einzuführen. Auf subjektiver Seite sieht diese Modellregelung eine überschießende Innentendenz in Gestalt der Absicht der Vorteilserlangung vor. Ausdrücklich erfasst werden Pflichtverletzungen durch Unterlassen. Damit bestehen grundlegende Unterschiede zwischen dem Regelungsvorschlag der UNCAC und den §§ 332, 334 StGB im deutschen Recht. Die deutschen Regelungen stellen nämlich, wie eingangs erwähnt, nicht die eigentliche Vornahme der pflichtwidrigen Handlung unter Strafe, sondern vielmehr deren vorherigen „Verkauf" bzw. „Kauf". Ein „abuse of functions", wie in der UNCAC vorgesehen, existiert im deutschen Strafrecht nicht.

Betont werden muss jedoch, dass die Vertragsstaaten nicht verpflichtet sind, einen solchen Tatbestand tatsächlich einzuführen. Artikel 19 UNCAC schreibt den Staaten nur vor, dies in Erwägung zu ziehen. Wenn sich ein Vertragsstaat – wie Deutschland – entscheidet, auf eine gesonderte Kriminalisierung des so umschriebenen Verhaltens zu verzichten, ist dies also keineswegs per se konventionswidrig, sofern der Gesetzgeber sich bei dieser Entscheidung von nachvollziehbaren Gründen leiten ließ.

D. Rechtsvergleichende Betrachtungen

Aber welchen Weg haben andere Vertragsstaaten der UNCAC gewählt? Der nachfolgende Rechtsvergleich kann natürlich nur einen kleinen Teil der möglichen Referenz-Rechtsordnungen abbilden. Die untersuchten Rechtsordnungen wurden deshalb ausgewählt, weil sich anhand von ihnen einige unterschiedliche Regelungsmodelle veranschaulichen lassen. Nicht näher betrachtet wurden demgegenüber Staaten, die einen Tatbestand des Amtsmissbrauchs in dieser Form nicht kennen (z.B. Belgien,

Frankreich), wo er in der Praxis keine Rolle spielt (Niederlande)[4] und wo ein Tatbestand existiert, der weitgehend deckungsgleich mit den hier aufgeführten ist (Griechenland: ähnelt stark dem Modell der Schweiz).

I. Österreich

Aus deutscher Sicht besonders naheliegend ist sicherlich ein Vergleich mit der Rechtslage in Österreich. Tatsächlich existiert dort eine auf den Amtsmissbrauch abstellende Strafvorschrift, die eine nicht unerhebliche Relevanz in der Praxis besitzt:

> *§ 302 öStGB: Mißbrauch der Amtsgewalt*
> *(1) Ein Beamter, der mit dem Vorsatz, dadurch einen anderen an seinen Rechten zu schädigen, seine Befugnis, im Namen des Bundes, eines Landes, eines Gemeindeverbandes, einer Gemeinde oder einer anderen Person des öffentlichen Rechtes als deren Organ in Vollziehung der Gesetze Amtsgeschäfte vorzunehmen, wissentlich mißbraucht, ist mit Freiheitsstrafe von sechs Monaten bis zu fünf Jahren zu bestrafen.*
> *(2) [Qualifikationen]*

Objektiv setzt diese Vorschrift einen Missbrauch von Befugnissen im Zusammenhang mit der Vollziehung der Gesetze voraus. Subjektiv wird die Kenntnis des Missbrauchs der Befugnis und ein Schädigungsvorsatz verlangt, wobei letzterer nach wohl einhelliger Ansicht auch in Form eines bedingten Vorsatzes vorliegen kann.

1. Vornahme eines Amtsgeschäfts in Vollziehung der Gesetze

Zentral für die Reichweite dieses Tatbestandes ist das Merkmal, dass ein Amtsgeschäft „in Vollziehung der Gesetze" vorgenommen werden muss. Nach heute wohl einhelliger Ansicht ist damit ausschließlich der Bereich der Hoheitsverwaltung angesprochen, bei welcher der Staat dem Bürger in einem Über-Unterordnungs-Verhältnis gegenüber tritt.[5] Demgegenüber

---

4 *W. Geelhoed*, Criminal Liability of Political Decision-Makers in the Netherlands, in: F. Zimmermann (Hrsg.), Criminal Liability of Political Decision-Makers – A Comparative Perspective, Berlin u.a. 2017, S. 167 (179 ff.).

5 *W. Zagler*, in: O. Triffterer/C. Rosbaud/H. Hinterhofer (Hrsg.), Salzburger Kommentar zum Strafgesetzbuch, Bd. VIII, 7. Lfg., Wien 2008, § 302 Rn. 78; *E. Marek/ R. Jerabek*, Korruption und Amtsmissbrauch, 13. Aufl., Wien 2020, II/25.

erfolgt jedenfalls die sog. Privatwirtschaftsverwaltung nicht „in Vollziehung der Gesetze“, ebenso wenig die Wahrnehmung subjektiver Rechte einer staatlichen Körperschaft in Verwaltungsverfahren.[6] Dementsprechend werden die gesamte fiskalische Beschaffungsverwaltung einschließlich des Abschlusses von Verträgen zum Bau von Straßen oder Gebäuden sowie zur Darlehensaufnahme, aber auch Sponsoringvereinbarungen und selbst die (nicht-hoheitliche) Vergabe von Subventionen nicht vom Anwendungsbereich des § 302 erfasst.[7] An diesem Zuschnitt des § 302 zeigt sich, dass dieses Delikt doch eine deutlich andere Zielrichtung hat als die österreichischen Bestechungsdelikte, welche gerade auch im Bereich der Fiskalverwaltung gelten. Wegen dieser unterschiedlichen Anwendungsbereiche erscheint es stimmig, dass insbesondere der Tatbestand der Bestechlichkeit nicht subsidiär ist, sondern tateinheitlich mit § 302 öStGB verwirklicht werden kann.[8]

Die Beschränkung auf Amtsgeschäfte im Bereich der Hoheitsverwaltung führt allerdings – aus der Perspektive eines nicht-österreichischen Juristen – auch nicht in jedem Einzelfall zu eindeutigen Ergebnissen. Das zeigt sich zum einen, wenn es heißt, dass Verhaltensweisen, die sich schon äußerlich nicht als Amtshandlung darstellten, den Tatbestand nicht erfüllen könnten. Gemeint sind damit insbesondere Allgemeindelikte, die bei Gelegenheit der Amtsausübung, aber auch unter Ausnutzung einer Amtsstellung begangen werden, wie beispielsweise ein Diebstahl oder eine Körperverletzung.[9] Demgegenüber sei § 302 öStGB erfüllt, wenn sich das Verhalten zumindest phasenweise als Ausübung einer hoheitlichen Befugnis darstellt.[10] Das führt zu höchst diffizilen Differenzierungen: Schlägt ein Polizist einen bereits Festgenommenen, um ihn für unliebsames Verhalten zu maßregeln, handele es sich nicht um einen Amtsmissbrauch;[11] diene dagegen der Schlag noch der Durchsetzung der Festnahme, sei § 302 öStGB einschlägig.[12] Auch dass auf dieser Grundlage die Abpressung eines Geständnisses keinen Amtsmissbrauch darstellen soll,[13] erscheint wenig einleuchtend.[14]

6 *H. Nordmeyer*, in: F. Höpfel/E. Ratz (Hrsg.), Wiener Kommentar zum Strafgesetzbuch, 2. Aufl., Wien, Stand 01.11.2019, § 302 Rn. 99.
7 *Nordmeyer* (Fn. 6), § 302 Rn. 99.
8 *Nordmeyer* (Fn. 6), § 302 Rn. 200; *Marek/Jerabek* (Fn. 5), II/63.
9 Grundlegend OGH 13 Os 138/81 v. 29.04.1982.
10 *Marek/Jerabek* (Fn. 5), II/14.
11 OGH 14 Os 129/09s v. 02.03.2010.
12 OGH 14 Os 191/19w v. 14.04.2020.
13 So OGH 13 Os 138/81 v. 29.04.1982.
14 Einen Befugnisfehlgebrauch bejahen deshalb *Marek/Jerabek* (Fn. 5), II/14.

Nicht erfasst sind außerdem zunächst behördeninterne Handlungen, die – anders als etwa das Vorbereiten eines Bescheids – nicht darauf abzielen, später Wirkung gegenüber einem Bürger zu entfalten.[15] Aus vergleichbaren Gründen sind behördeninterne Buchungsvorgänge nur dann erfasst, wenn sie einen näheren Bezug zu Maßnahmen der Hoheitsverwaltung aufweisen.[16]

2. *Befugnismissbrauch*

Ein Befugnismissbrauch i.S.d. § 302 öStGB setzt voraus, dass ein Beamter eine ihm im Sinne einer sachlichen Zuständigkeit abstrakt zustehende[17] Befugnis im konkreten Fall pflichtwidrig ausübt.[18] Der Beamte muss also ihn konkret treffende Vorschriften verletzen.[19] Der Missbrauch der Befugnis setzt voraus, dass der gesetzte Rechtsakt Wirksamkeit im Außenverhältnis entfaltet (oder entfalten kann), also nicht von vornherein nichtig ist; eine Anfechtbarkeit des Verwaltungshandelns ist hierbei jedoch unschädlich, denn sie berührt nicht die vorläufige Wirksamkeit des Aktes.[20] Im Zusammenhang mit Ermessensvorschriften wird von einem Missbrauch ausgegangen bei einer Überschreitung des Ermessenspielraums oder bei einem Fehlgebrauch des Ermessens, mit anderen Worten: bei Ermessensfehlern.[21] Die Ausfüllung unbestimmter Rechtsbegriffe auf Tatbestandsseite hingegen ist (wie nach deutschem Verständnis) voll überprüfbar; wird eine solche Entscheidung z.B. ohne Konsultation von Fachliteratur getroffen, kann hierin daher schon ein Amtsmissbrauch nach § 302 öStGB liegen.[22] Heute ist in Österreich unstreitig, dass auch pflichtwidriges Unterlassen erfasst ist.[23]

---

15 *Nordmeyer* (Fn. 6), § 302 Rn. 74 f.; *Marek/Jerabek* (Fn. 5), II/25d; a.A. noch *Zagler* (Fn. 5), § 302 Rn. 85.

16 *Nordmeyer* (Fn. 6), § 302 Rn. 93.

17 *Nordmeyer* (Fn. 6), § 302 Rn. 23, 32 ff.

18 *Zagler* (Fn. 5), § 302 Rn. 94, 96; *Nordmeyer* (Fn. 6), § 302 Rn. 113.

19 *Nordmeyer* (Fn. 6), § 302 Rn. 116.

20 *Nordmeyer* (Fn. 6), § 302 Rn. 24 ff.

21 *Nordmeyer* (Fn. 6), § 302 Rn. 118.

22 *Marek/Jerabek* (Fn. 5), II/37.

23 *Nordmeyer* (Fn. 6), § 302 Rn. 10; *Zagler* (Fn. 5), § 302 Rn. 95.

3. Subjektive Anforderungen

Auf subjektiver Seite wird Wissentlichkeit bzgl. des Befugnismissbrauchs vorausgesetzt. Dies erfordert sicheres Wissen bzgl. der Rechtswidrigkeit des Handelns.[24] Zudem sieht § 302 öStGB im Sinne einer überschießenden Innentendenz Vorsatz bezogen auf die Schädigung eines anderen vor, wobei ein tatsächlicher Schaden nicht eintreten muss.[25] Allgemein wird hier ein bedingter Vorsatz als ausreichend angesehen.[26] „Anderer" im Sinne dieses spezifischen Vorsatzerfordernisses können auch juristische Personen des öffentlichen Rechts sein, mithin auch der Staat selbst.[27]

In diesem Zusammenhang wurde in älteren Stellungnahmen vertreten, es genüge grundsätzlich nicht eine Schädigung des allgemeinen Staatsinteresses an ordnungsgemäßer Dienstausübung, sondern es sei nur eine Schädigung an konkreten Rechten gemeint.[28] An diesem Ansatz wird zurecht kritisiert, dass eine Unterscheidung zwischen abstrakten und konkreten staatlichen Interessen letztlich nicht möglich ist.[29] In der neueren Judikatur wird deshalb – im Ausgangspunkt überzeugend und vergleichbar mit dem vom deutschen BVerfG bemühten „Verschleifungsverbot"[30] – sehr viel stärker betont, dass das geschädigte Recht des Staates nicht mit der Verletzung der Befugnisnorm zusammenfallen dürfe.[31] Es wird aber weiterhin für ausreichend gehalten, dass das hinter einer verletzten Befugnisnorm stehende staatliche Interesse beeinträchtigt wird, etwa das Interesse der Allgemeinheit an der Einhaltung der gesetzlichen Lenk- und Ruhezeiten,[32] das Recht des Staates auf Ausschluss nicht verkehrs- bzw. betriebssicherer und umweltverträglicher Fahrzeuge von der Teilnahme am Straßenverkehr[33] oder das Recht des Staates auf die Erhebung einer Abgabe.[34] Auf dieser Grundlage dürften auch die älteren Entscheidungen, wonach z.B. eine Schädigung des staatlichen Strafvollzugsinteresses bei

---

24 *Nordmeyer* (Fn. 6), § 302 Rn. 134.
25 *Zagler* (Fn. 5), § 302 Rn. 112; *Nordmeyer* (Fn. 6), § 302 Rn. 140.
26 *Zagler* (Fn. 5), § 302 Rn. 111; *Marek/Jerabek* (Fn. 5), II/48.
27 *Nordmeyer* (Fn. 6), § 302 Rn. 150; s. auch *Marek/Jerabek* (Fn. 5), II/46.
28 *Zagler* (Fn. 5), § 302 Rn. 116 f.
29 Zutr. *Nordmeyer* (Fn. 6), § 302 Rn. 149.
30 S. z.B. BVerfG NJW 2013, 365.
31 OGH 17 Os 6/13f v. 27.05.2013; OGH 17 Os 6/15h v. 08.06.2015; *Nordmeyer* (Fn. 6), § 302 Rn. 161 m.w.N.
32 *Nordmeyer* (Fn. 6), § 302 Rn. 163 f.
33 OGH 17 Os 6/15h v. 08.06.2015.
34 OGH 17 Os 10/16y v. 03.10.2016.

der Gewährung von Vergünstigungen an Häftlinge,[35] eine Schädigung des staatlichen Kontrollrechts bei unzureichender Überwachung von Fleischprodukten,[36] oder eine Schädigung des staatlichen Interesses daran, dass Wohngebäude abgesehen von den gesetzlich anerkannten Ausnahmefällen nicht im Außenbereich errichtet werden dürfen,[37] weiterhin Bestand haben.[38] Im Ergebnis scheint daher aus der Perspektive eines Außenstehenden die tatbestandseinschränkende Wirkung der Voraussetzung eines Schädigungsvorsatzes doch eher bescheiden.

II. Schweiz

1. Amtsmissbrauch, Art. 312 schStGB

Im Recht der Schweiz ist ein Tatbestand des Amtsmissbrauchs in Art. 312 des schweizerischen StGB (schStGB) zu finden. Er lautet:

> *Art. 312 schStGB: Amtsmißbrauch*
> *(1) Mitglieder einer Behörde oder Beamte, die ihre Amtsgewalt missbrauchen, um sich oder einem andern einen unrechtmässigen Vorteil zu verschaffen oder einem andern einen Nachteil zuzufügen, werden mit Freiheitsstrafe bis zu fünf Jahren oder Geldstrafe bestraft.*
> *(2) [...]*

In objektiver Hinsicht stellt diese Norm auf einen Missbrauch der Amtsgewalt ab. Der subjektive Tatbestand verlangt eine überschießende Innentendenz mit der Absicht der Vorteilsverschaffung oder der Nachteilszufügung. Damit genügt – anders als in Österreich – ein Eventualvorsatz bzgl. der Schädigung staatlicher Interessen nicht.[39] Sowohl Vor- als auch Nachteil müssen nicht materieller, sondern können auch immaterieller Natur sein.[40]

Das zentrale Merkmal „Missbrauch der Amtsgewalt" hat ebenfalls einen geringeren Anwendungsbereich als der „Befugnismissbrauch" im österrei-

35 *Zagler* (Fn. 5), § 302 Rn. 123.
36 *Zagler* (Fn. 5), § 302 Rn. 125.
37 *Zagler* (Fn. 5), § 302 Rn. 128.
38 Zusf. *Nordmeyer* (Fn. 6), § 302 Rn. 167.
39 Bundesgericht, Urt. v. 06. Mai 2021, Az. 6B_825/2019, 6B_845/2019, 7.2 der Erwägungsgründe; s. auch *Nordmeyer* (Fn. 6), § 302 Rn. 6.
40 Bundesgericht, Urt. v. 06. Mai 2021, Az. 6B_825/2019, 6B_845/2019, 7.2 der Erwägungsgründe.

chischen Recht: Es meint den „zweckentfremdete[n] Einsatz staatlicher Macht“[41] und soll nur verwirklicht sein, wenn ein Amtsträger „kraft seines Amtes verfügt oder Zwang ausübt, wo es nicht geschehen dürfte“.[42] Für deutsche Juristen klingt dies zunächst lediglich nach einer Umschreibung hoheitlichen Tätigwerdens, das Merkmal wird aber deutlich restriktiver verstanden: Die Vorschrift soll keinesfalls jede Amtspflichtverletzung erfassen,[43] sondern nur die missbräuchliche Anwendung von Zwang,[44] von „Befehlsgewalt“.[45] Allerdings muss das Verhalten des Beamten nicht zwangsläufig auch zu einem Eingriff in Individualrechtsgüter wie die körperliche Unversehrtheit führen.[46] Missbräuchlich im Sinne der Vorschrift ist eine Ausübung von Zwang bereits dann, wenn sie nicht verhältnismäßig ist; „eine grobe und krasse Unverhältnismässigkeit [...] ist [...] nicht erforderlich.“[47]

Nach ständiger Rechtsprechung ist erforderlich, dass diejenigen Machtbefugnisse missbraucht werden, welche dem Beamten kraft seines Amtes verliehen sind. Folglich stellt sich, wie übrigens auch in Österreich, die Frage, wann eine Handlung nur bei Gelegenheit der Amtsausführung begangen wird und wann der erforderliche Zusammenhang zur Amtsausübung besteht. Im Falle eines Faustschlags eines Beamten gegen einen in seiner Gewalt befindlichen Inhaftierten in der Zelle wurde dieser Zusammenhang jedenfalls in der neueren Rechtsprechung bejaht; es sei ausreichend, dass die Gewalt „unter dem Mantel [einer] amtlichen Tätigkeit begangen“ werde, auch wenn sie keinem dienstlichen Zweck diene.[48] Bei behördlichen Verfügungen wird dies nur angenommen, wenn der vom Amtsschreiben betroffene Gegenstand auch „verfügungsfähig“ ist. Dies ist der Fall, wenn dieser grundsätzlich mit hoheitlichem Zwang durchgesetzt werden kann.[49]

---

41 Bundesgericht, Urt. v. 05. April 2016, Az. 6B_934/2015, 4.3 der Erwägungsgründe; Urt. v. 24. Januar 2019, Az. 6B_281/2018, 1.3 der Erwägungsgründe.

42 BGE 108 IV 48 (49); 113 IV 29 (30); 127 IV 209 (213).

43 Besonders deutlich BGE 88 IV 69 (70); BGE 114 IV 41 (43).

44 Bundesgericht, Urt. v. 06. Mai 2021, Az. 6B_825/2019, 6B_845/2019, 7.2 der Erwägungsgründe.

45 BGE 101 IV 407 (411).

46 Bundesgericht, Urt. v. 05. Juli 2019, Az. 6B_1212/2018, 2.4 der Erwägungsgründe.

47 Bundesgericht, Urt. v. 24. Januar 2019, Az. 6B_281/2018, 1.3 der Erwägungsgründe.

48 BGE 127 IV. 209 (213).

49 Entscheidung des Kantonsgerichts Graubünden vom 29.04.2009, Az. SK2 09 15.

2. Ungetreue Amtsführung, Art. 314 schStGB

Neben dem recht eng zugeschnittenen Tatbestand in Art. 312 schStGB kennt das schweizerische Recht in Art. 314 noch eine gesonderte Strafvorschrift der Ungetreuen Amtsführung. Von ihrer Grundstruktur her gilt sie insbesondere bei dem Abschluss von Rechtsgeschäften:

> *Art. 314 schStGB: Ungetreue Amtsführung*
> *Mitglieder einer Behörde oder Beamte, die bei einem Rechtsgeschäft die von ihnen zu wahrenden öffentlichen Interessen schädigen, um sich oder einem andern einen unrechtmässigen Vorteil zu verschaffen, werden mit Freiheitsstrafe bis zu fünf Jahren oder mit Geldstrafe bestraft. Mit der Freiheitsstrafe ist eine Geldstrafe zu verbinden.*

Der Tatbestand des Art. 314 schStGB zielt seinem Wortlaut nach in erster Linie auf die Vergabe öffentlicher Aufträge ab und damit – anders als Art. 312 schStGB – nicht auf die klassische Hoheitsverwaltung.

Die Vorschrift schützt allerdings zum einen nicht nur wirtschaftliche, sondern auch ideelle öffentliche Interessen.[50] Dementsprechend kann sie auch dann einschlägig sein, wenn die in einem Rechtsgeschäft vereinbarte Leistung und Gegenleistung bei wirtschaftlicher Betrachtung ausgeglichen sind, die Leistung aber nicht den Anforderungen der Ausschreibung entspricht.[51] Somit handelt es sich bei Art. 314 schStGB nicht lediglich um eine Spezialregelung im Verhältnis zur Untreue bei der Auftragsvergabe. Besonders deutlich wird dies in Entscheidungen, die eine Schädigung des öffentlichen Interesses an der Einhaltung der Bauleitplanung (keine Neubauten im Außenbereich)[52] oder das „Vertrauen der Bürger in die rechtsgleiche Behandlung der Steuerpflichtigen und in die Objektivität und Unabhängigkeit der Steuerbehörden“[53] ausreichen lassen.

Zum anderen versteht die schweizerische Rechtsprechung das Tatbestandsmerkmal „bei einem Rechtsgeschäft“ recht weit: So betonte das Bundesgericht, dass es auch verwirklicht sei, wenn der Täter nur bei einer Abstimmung im Gemeinderat mitwirkt, die dem eigentlichen Geschäftsabschluss vorausgeht.[54] Ebenso soll die behördeninterne Einflussnahme auf Entscheidungen durch Anträge, Empfehlungen und dergleichen erfasst

---

50 Grundlegend BGE 101 IV 407 (412).
51 BGE 109 IV 168 (170 f.).
52 BGE 111 IV 83 (85 f.).
53 BGE 114 IV 133 (135 f.).
54 BGE 109 IV 168 (172).

sein.[55] Als „Rechtsgeschäft“ werden zudem nicht nur zivilrechtliche Vorgänge der Fiskalverwaltung angesehen. So wurden Mitglieder eines Gemeinderats gem. Art. 314 schStGB verurteilt, weil sie unrechtmäßigerweise eine Baugenehmigung erteilt hatten;[56] auch ein Tätigwerden im Vorfeld der Steuererhebung wurde bereits für ausreichend erachtet.[57] Durch dieses recht weite Verständnis ergänzt Art. 314 schStGB den wie gesehen auf Zwangsmaßnahmen beschränkten Tatbestand des Amtsmissbrauchs.

III. Spanien

Das spanische Strafrecht sieht in Art. 404 des Código Penal einen Straftatbestand mit der Bezeichnung „Prevaricación“ vor.

> *Art. 404 Código Penal: Prevaricación*
> *A la autoridad o funcionario público que, a sabiendas de su injusticia, dictare una resolución arbitraria en un asunto administrativo se le castigará con la pena de inhabilitación especial para empleo o cargo público y para el ejercicio del derecho de sufragio pasivo por tiempo de nueve a quince años.*

Dieses Delikt setzt objektiv voraus, dass ein Amtsträger in einer verwaltungsrechtlichen Angelegenheit eine rechtswidrige und willkürliche Entscheidung trifft. Die Vorschrift ähnelt insoweit also dem deutschen Rechtsbeugungstatbestand in § 339 StGB, sie ist aber nicht auf richterähnliche Handlungen bei der Leitung oder Entscheidung einer Rechtssache beschränkt, sondern gilt für jede Art von Verwaltungstätigkeit.

Das Merkmal „en un asunto administrativo“ ist im Ausgangspunkt wohl vergleichbar mit dem österreichischen Erfordernis „in Vollziehung der Gesetze“. Der Anwendungsbereich dieser Norm wird generell als auf Akte der Exekutive beschränkt ausgelegt. Als ausgeschlossen gelten nach traditioneller Lesart judikative, gesetzgeberische und politische Handlungen; allerdings ist die Reichweite dieser aus vordemokratischer Zeit stammenden Ausnahme nicht sonderlich klar.[58] Wenn die Tatsituation mit „dictar una resolución“ beschrieben wird, dürfte dies weitgehend mit dem Erlass eines Verwaltungsaktes im deutschen Recht vergleichbar sein, d.h.

55 BGE 114 IV 133 (135).
56 BGE 111 IV 83 (85 f.).
57 BGE 114 IV 133 (135 f.).
58 *M. Maroto Calatayud*, Criminal Liability of Political Decision-Makers in Spain, in: F. Zimmermann (Hrsg.), Criminal Liability of Political Decision-Makers – A Comparative Perspective, Berlin u.a. 2017, S. 225 (235 f.).

es muss sich um ein Amtshandeln mit Regelungscharakter und Auswirkungen auf die Rechtspositionen der „Verwalteten“ handeln.[59] Auch das Unterlassen einer Entscheidung ist prinzipiell erfasst.[60] Außerdem existiert im spanischen Recht eine Reihe speziellerer Tatbestände, welche teils auch Fehlverhalten im behördeninternen Bereich regeln (etwa bei Vorarbeiten für Stadt- oder Umweltplanung, s. Art. 320 des Código Penal).

Objektiv weist die Strafvorschrift deutlich strengere Anforderungen auf als z.B. ihr Pendant in Österreich, indem sie nicht nur einen Befugnismissbrauch, sondern objektive Willkür voraussetzt.[61] Die Entscheidung des Beamten oder der Beamtin darf deshalb durch keine zulässige Form der Auslegung gedeckt sein; eine lediglich irrige oder in ihrer Zulässigkeit umstrittene Rechtsanwendung ist nicht erfasst.[62] Bei Ermessensspielräumen muss die Entscheidung eindeutig auf illegitime Motive gegründet sein.[63]

Subjektiv soll nach der offenbar vorherrschenden Ansicht und nach der Judikatur des Tribunal Supremo Eventualvorsatz bzgl. der Rechtswidrigkeit und Willkürlichkeit der Entscheidung ausreichend sein.[64] Nach anderen Stimmen ist positive Kenntnis von der Rechtswidrigkeit der betreffenden amtlichen Entscheidung erforderlich.[65]

Auch das spanische Recht kennt zudem Bestechungsdelikte für dieselbe Tätergruppe (s. Art. 419 ff. des Código Penal), welche in Idealkonkurrenz mit dem Amtsmissbrauch nach Art. 404 Código Penal stehen können.[66]

---

59 In diesem Sinne lässt sich verstehen *Maroto Calatayud*, Spain (Fn. 58), S. 236; *J. Córdoba Roda/M. García Arán*, Comentarios al Código Penal. Parte Especial Tomo II, Madrid 2004, S. 1905; wohl noch enger verlangt *J. L. Gonzalez Cusaac*, El Delito De Prevaricacíon De Autoridades Y Funcionarios Públicos, 2. Aufl., Valencia 1997, S. 49 f., einen Eingriff in Rechte eines Bürgers.

60 *F. Muñoz Conde*, Derecho Penal. Parte Especial, 19. Aufl., Valencia 2013, S. S. 904 zu einem Fall, in dem der Bürgermeister es versäumt hatte, eine Ratssitzung einzuberufen.

61 *A. Nieto Martín*, Lección XX. Prevaricación, Desobediencia Y Revelación de Secretos, in: M. Del Carmen Gómez Rivero (Hrsg.), Nociones Fundamentales de Derecho Penal, Vol. 2, 2. Aufl., Madrid 2015, S. 438 f.

62 *Maroto Calatayud*, Spain (Fn. 58), S. 235.

63 *Maroto Calatayud*, Spain (Fn. 58), S. 235.

64 *F. Morales Prats/M. J.Rodríguez Puerta*, Artículo 404, in: G. Quintero Olivares/ F. Morales Prats (Hrsg.), Comentario al Código Penal, Tomo III, 5. Aufl., Navarra 2008, S. 528 (538 f.); *Nieto Martín*, Prevaricación (Fn. 61), S. 439; wohl auch *Muñoz Conde*, Derecho Penal (Fn. 60), S. 905.

65 *Maroto Calatayud*, Spain (Fn. 58), S. 237.

66 *Muñoz Conde*, Derecho Penal (Fn. 60), S. 906.

IV. Italien

Einen wiederum etwas anderen Weg schlägt das italienische Recht mit Art. 323 des Codice Penale ein. Die Vorschrift lautet:

> *Art. 323 Codice Penale: Abuso di ufficio*
> *Salvo che il fatto non costituisca un più grave reato, il pubblico ufficiale o l'incaricato di pubblico servizio che, nello svolgimento delle funzioni o del servizio, in violazione di specifiche regole di condotta espressamente previste dalla legge o da atti aventi forza di legge e dalle quali non residuino margini di discrezionalità, ovvero omettendo di astenersi in presenza di un interesse proprio o di un prossimo congiunto o negli altri casi prescritti, intenzionalmente procura a sé o ad altri un ingiusto vantaggio patrimoniale ovvero arreca ad altri un danno ingiusto è punito con la reclusione da uno a quattro anni. [...]*

Das Merkmal der Verletzung spezifischer Verhaltensnormen („in violazione di specifiche regole di condotta espressamente previste dalla legge o da atti aventi forza di legge") wurde bei der jüngsten Reform der Vorschrift im Jahr 2020 zu deren Einschränkung eingeführt. Vorher wurden teils die in Art. 97 der italienischen Verfassung verankerten Grundsätze der Effizienz und Unparteilichkeit der Verwaltung als Bezugspunkte für strafbewehrte Pflichtverletzungen i.S.d. Art. 323 Codice Penale angesehen.[67] Nunmehr scheint die Vorschrift auch deutlich zu machen, dass Ermessensfehler nicht erfasst sein sollen.[68]

Was dieses Modell des Amtsmissbrauchs international außergewöhnlich macht, ist seine Ausgestaltung als Erfolgsdelikt: erforderlich ist ein – unmittelbarer[69] – Vermögensvorteil bzw. ein Nachteil beliebiger Art (also ggf. auch immaterieller Natur). Dieser muss rechtswidrig sein, so dass insb. eine Bereicherung nicht erfasst ist, sofern darauf ein Anspruch besteht. Zudem dürfte die Variante der Zufügung eines rechtswidrigen Nachteils nur eine überschaubare eigenständige Relevanz besitzen, wenn man bedenkt, dass die Verursachung eines Schadens oftmals schon durch andere

---

67 *F. Iovene/N. Recchia*, Criminal Liability of Political Decision-Makers in Italy, in: F. Zimmermann (Hrsg.), Criminal Liability of Political Decision-Makers – A Comparative Perspective, Berlin u.a. 2017, S. 141 (146); diff. *K. Alten*, Amtsmißbrauch – Eine rechtsvergleichende Untersuchung zu Artikel 323 des italienischen Strafgesetzbuches, Göttingen 2012, S. 148 ff.: nur Verstöße gegen die Unparteilichkeit seien erfasst.

68 Zu der zuvor sehr str. Frage *Alten*, Amtsmißbrauch (Fn. 67), S. 90 ff.

69 *Alten*, Amtsmißbrauch (Fn. 67), S. 205.

Tatbestände erfasst sein wird. „Anderer" kann nach allgemeiner Ansicht grds. auch die staatliche Verwaltung sein.[70]

Auf der subjektiven Tatseite ist die genaue Bedeutung des Merkmals „intenzionalmente" zwar streitig. Ein bloßes Inkaufnehmen genügt aber nach der vorherrschenden Auslegung jedenfalls nicht, sondern es ist mindestens sicheres Wissen erforderlich.[71]

V. Finnland

Stellvertretend für einige nordische Staaten sei zuletzt noch die finnische Herangehensweise betrachtet. Ein Straftatbestand des Amtsmissbrauchs findet sich in Kapitel 40, Abschnitt 7 des finnischen Strafgesetzbuches (FinStGB):

> *Chapter 40, Section 7 FinStGB: Abuse of public office*
> *(1) If a public official, in order to obtain benefit for himself or herself or for another or in order to cause detriment or loss to another*
>
> 1) *violates his or her official duty, based on the provisions or regulations to be followed in official functions, when participating in decision-making or in the preparation thereof or when using public authority in his or her other official functions, or*
> 2) *misuses his or her office in respect of a person who is under his or her command or immediate supervision,*
>
> *he or she shall be sentenced for abuse of public office to a fine or to imprisonment for at most two years. [...]*

Auf objektiver Seite erfordert diese Vorschrift eine Amtspflichtverletzung oder den Missbrauch einer Vorgesetztenstellung. Subjektiv ist wiederum eine überschießende Innentendenz vorgesehen in Gestalt der Absicht der Vorteilsverschaffung oder der Nachteilszufügung; es sind materielle wie immaterielle Vor- bzw. Nachteile umfasst.[72] Im Hinblick auf die subjektiven Korrektive ähnelt der Tatbestand stark demjenigen der Schweiz.

---

70 *Alten*, Amtsmißbrauch (Fn. 67), S. 211; vgl. auch *Iovene/Recchia*, Italy (Fn. 67), S. 148.

71 *Iovene/Recchia*, Italy (Fn. 67), S. 148 f.

72 *D. Helenius*, Criminal Liability of Political Decision-Makers in Finland, in: F. Zimmermann (Hrsg.), Criminal Liability of Political Decision-Makers – A Comparative Perspective, Berlin u.a. 2017, S. 35 (39).

Das zentrale Merkmal der Vorschrift ist dasjenige der Pflichtverletzung, das an außerstrafrechtliche Regelungen anknüpft. In Betracht kommt jegliche Verletzung einer Amtspflicht; diese kann unmittelbar aus Gesetzen folgen oder auch aus behördlichen Vorgaben in Umsetzung gesetzlicher Regeln.[73] Ein bloßer Verstoß gegen Grundsätze und Maximen wie diejenigen einer „good governance" reicht hingegen mit Blick auf das Bestimmtheitsgebot ebenso wenig aus[74] wie die allgemeine Pflicht jedes Amtsträgers, Schaden vom Staat abzuwenden.[75] Die Vorschrift reicht insofern deutlich weiter als z.B. die Regelung in Österreich, als bereits die Mitwirkung an der Beschlussfassung explizit unter die Vorschrift fällt. Als Anwendungsbeispiel gilt der Fall, dass ein Amtsträger sich mit einer pflichtwidrigen Position in einer Gremienentscheidung *nicht* durchsetzt.[76] Als – vom Tatbestand gleichfalls ausdrücklich umfasste – Vorbereitung einer Entscheidung gilt etwa das Sammeln von Materialien.[77] Das finnische Recht enthält in Bezug auf den Amtsmissbrauch also nicht die Einschränkung, dass sich der betreffende Beschluss auf ein Subordinationsverhältnis zwischen Staat und Bürger auswirken muss, sondern bezieht jegliches amtliche Verhalten mit ein.

Besonders hervorzuheben ist aber, dass das objektive Kernelement des Amtsmissbrauchs – die Verletzung einer Amtspflicht – in weiteren Strafvorschriften noch sehr viel umfassender mit Strafe bedroht wird: Nach Kapitel 7, Abschnitt 9 ist die vorsätzliche und nach Kapitel 7, Abschnitt 10 sogar die fahrlässige Amtspflichtverletzung bereits für sich genommen strafbar, also ohne das einschränkende Erfordernis einer Vorteilserlangungs- oder Schädigungsabsicht.[78]

> *Chapter 40, Section 9 FinStGB: Violation of official duty*
> *If a public official, when acting in his or her office, intentionally [...] violates his or her official duty [...], and the act, when assessed as a whole, [...] is not petty [...].*

73 *Helenius*, Finland (Fn. 72), S. 39.

74 *Helenius*, Finland (Fn. 72), S. 39.

75 *Helenius*, Finland (Fn. 72), S. 40 f. m.w.N. zu einer Entscheidung des Obersten Gerichtshofs und darauf bezogener Literatur.

76 *Helenius*, Finland (Fn. 72), S. 41.

77 *Helenius*, Finland (Fn. 72), S. 41.

78 *Helenius*, Finland (Fn. 72), S. 42 ff.

> *Chapter 40, Section 10 FinStGB: Negligent violation of official duty*
> *If a public official, when acting in his or her office, through carelessness [...] violates his or her official duty based [...] and the act, when assessed as a whole, [...], is not petty [...].*

Speziell Chapter 40, Section 9 FinStGB wurde dabei in der Rechtsprechung schon als Auffangtatbestand für Bestechungsdelikte herangezogen, da – auch ohne das Vorliegen von deren speziellen Tatbestandsmerkmalen – das Entgegennehmen eines Vorteils pflichtwidrig ist.[79]

Eingeschränkt werden beide Tatbestände der Amtspflichtverletzung durch eine Ausschlussklausel, wonach die Tat nicht geringfügig sein darf. Hierbei wird neben Art und Ausmaß des Verstoßes auf etwaige Folgen (Schäden) und als allgemeines Kriterium darauf abgestellt, ob das öffentliche Vertrauen in die Rechtmäßigkeit staatlichen Handelns beeinträchtigt wurde.[80]

Der Vollständigkeit halber muss allerdings darauf hingewiesen werden, dass für eine fahrlässige Amtspflichtverletzung auf der Rechtsfolgenseite lediglich eine Verwarnung angedroht wird. Dies dürfte sich mithin am Rande dessen bewegen, was überhaupt noch als strafrechtliche Sanktion anzusehen ist.

Dem Grunde nach vergleichbare (Fahrlässigkeits-)Regelungen existieren in Norwegen,[81] in Schweden[82] und – bezogen auf Pflichtverletzungen von Regierungsmitgliedern – in Island.[83]

---

79 *Helenius*, Finland (Fn. 72), S. 43, ausf. S. 44.

80 *Helenius*, Finland (Fn. 72), S. 43.

81 *A. Suominen*, Criminal Liability of Political Decision-Makers in Norway, in: F. Zimmermann (Hrsg.), Criminal Liability of Political Decision-Makers – A Comparative Perspective, Berlin u.a. 2017, S. 193 (201).

82 Chapter 20, Section 1 des schwedischen Strafgesetzbuchs, in englisch-schwedischer Fassung abrufbar unter https://www.government.se/government-policy/judicial-system/the-swedish-criminal-code/, lautet: "*A person who, intentionally or through negligence when exercising public authority disregards their duties by action or omission is guilty of official misconduct and is sentenced to a fine or imprisonment for at most two years. Responsibility is not assigned if, in view of the perpetrator's powers, or some other connection between the duties and the exercise of public authority, or other circumstances, the act is considered minor.*"

83 S. zu einem Fall grob fahrlässiger Pflichtverletzung durch den Ministerpräsidenten *R. Bragadóttir*, Criminal Law and the Financial Crisis: The Proceedings Against Iceland's Former Prime Minister Geir H. Haarde, in: F. Zimmermann (Hrsg.), Criminal Liability of Political Decision-Makers – A Comparative Perspective, Berlin u.a. 2017, S. 357 (368).

E. Bewertung

I. Rechtsvergleichender Überblick

Will man die Vorschriften annäherungsweise systematisieren, lassen sich darin drei Regelungsmodelle erblicken: Das österreichische und das finnische Recht knüpfen – mit nicht unerheblichen Differenzen im Detail – die strafrechtliche Verantwortung von Amtsträgern im Kern bereits an eine Pflichtverletzung (Modell Pflichtenverstoß). Diesem Modell lässt sich auch noch der schweizerische Tatbestand zuordnen, wenngleich er nur Pflichtverstöße im Zusammenhang mit der Ausübung von staatlichem Zwang erfasst. Der spanische Tatbestand unterscheidet sich hiervon dadurch, dass er, vergleichbar dem heutigen § 339 StGB in Deutschland, besonders strenge Anforderungen an die Art der Pflichtverletzung stellt, indem er willkürliches Handeln voraussetzt (Modell Rechtsbeugung). Zuletzt verlangt das italienische Recht auf objektiver Seite neben einer pflichtwidrigen Tathandlung den Eintritt eines bestimmten Erfolgs (Modell Erfolgsdelikt).

	UNCAC	AT	CH	ES	IT	FI
Anwendungsbereich	Handeln in Amtsausübung	**hoheitlich**[84]	**hoheitlich** (Art. 312) bzw. **Rechtsgeschäfte** (Art. 314)	**hoheitlich**	Handeln in Amtsausübung	Handeln in Amtsausübung
Qualifikation der Handlung	Gesetzesverletzung	**Befugnismissbrauch**	**Ausübung von Zwang** (Art. 312) bzw. **Verletzung öffentlicher Interessen** (Art. 314)	Rechtswidrigkeit und v.a. **Willkür** der Entscheidung	Verletzung spezifischer gesetzlicher Pflichten	Amtspflichtverstoß alternativ: Missbrauch einer Vorgesetztenstellung
Restriktionen	Absicht: Vorteil	Kenntnis bzgl. Missbrauch zusätzlich: **Schädigungsvorsatz**	Absicht: Vorteil **alternativ** **Absicht: Schädigung**	**„politische" Entscheidungen**	**Erfolg: Vermögensvorteil/ -nachteil** Subj.: mind. Wissentlichkeit	**Ch. 40 Sec. 7** Absicht: Vorteil **alternativ:** **Absicht: Schädigung** **Ch. 40 Sec. 9 und Sec 10:** vors. und fahrl. Verletzung einer Amtspflicht **außer in geringfügigen Fällen**

84 Beachte aber: zusätzliche Tatbestände zur (Amts-) Untreue und ggf. weitere Delikte.

Die vorgefundenen Konzepte unterscheiden sich somit von der UNCAC-Regelung teilweise beträchtlich hinsichtlich des Anwendungsbereichs, der Schwere der Rechtsverletzung sowie der partiell vorgesehenen einschränkenden Korrektive. Folgende Einzelaspekte erscheinen besonders erwähnenswert:

Erstens kennen die Rechtsordnungen, welche den Amtsmissbrauch nur auf hoheitliches Handeln und nicht auf fiskalisches Handeln erstrecken, jeweils zumindest dem Grunde nach auch ergänzende Straftatbestände: § 153 öStGB (Untreue), Art. 314 schStGB (Ungetreue Amtsführung), Art. 432 Código Penal (malversación pública).

Eine zweite Auffälligkeit betrifft das teilweise sehr unterschiedliche Gewicht der erforderlichen Verletzung der Amtspflicht. Zwar besteht im grundsätzlichen Erfordernis der Amtspflichtverletzung eine oberflächliche Gemeinsamkeit, hinsichtlich der Ausgestaltung im Detail zeigen sich aber erhebliche Unterschiede. So setzt die strengste hier untersuchte Norm (Spanien) eine objektiv willkürliche Entscheidung voraus, während auf der anderen Seite der Skala jede mehr als geringfügige Amtspflichtverletzung ausreicht, wobei solches Verhalten überdies in manchen Staaten auch noch separat und sogar im Fall bloßer Fahrlässigkeit strafrechtlich erfasst wird (Finnland).

Auffällig ist drittens, dass häufig statt oder neben der Absicht einer Vorteilserlangung (so die UNCAC) ein – im Detail an unterschiedliche Voraussetzungen geknüpfter – Schädigungsvorsatz verlangt wird.[85] Allerdings wird man in diesem Zusammenhang geäußerter Kritik, dass damit per se eine zusätzliche Einschränkung des Tatbestands verbunden sei,[86] nicht zustimmen können: Soweit ein subjektives Schädigungselement – wie in der Schweiz und Finnland, aber auch in Griechenland (Art. 259 des griechischen StGB[87]) – alternativ neben das Ziel der Vorteilserlangung tritt, wird der Tatbestand sogar erweitert. Das dürfte im Ergebnis auch mit Blick auf Österreich gelten, wo kein Vorteilselement verlangt wird und der Schädigungsvorsatz recht weit gefasst ist.

Besonders restriktiv scheint aber der Tatbestand in Italien zu sein, der sogar einen objektiven Erfolg des Amtsmissbrauchs verlangt. Dieses

85 S. auch *C. Rose*, Article 19: Abuse of Functions, in: M. Kubiciel/O. Landwehr/C. Rose (Hrsg.), The United Nations Convention Against Corruption – A Commentary, Oxford 2019, S. 210 (217).

86 *Rose*, Abuse of Functions (Fn. 85), S. 217.

87 *A. Giannakoula*, Criminal Liability of Political Decision-Makers in Greece, in: F. Zimmermann (Hrsg.), Criminal Liability of Political Decision-Makers – A Comparative Perspective, Berlin u.a. 2017, S. 119 (129).

Erfordernis dürfte, ebenso wie die im Jahr 2020 zusätzlich eingeführten Anforderungen an die Art der Pflichtverletzung, den praktischen Anwendungsbereich des Delikts erheblich verringern.

II. Rechtspolitische Einordnung

Der hier angestellte Rechtsvergleich hat somit gezeigt, dass es vergleichsweise viele Staaten gibt, die über Delikte des Amtsmissbrauchs verfügen. Das kann ein Indiz für einen Regelungsbedarf auch in Deutschland sein – mehr aber nicht. Denn welche Fälle des Amtsmissbrauchs aus einer deutschen Perspektive strafwürdig und -bedürftig sind, und ob hierfür die Schaffung eines allgemeinen Delikts nach dem Vorbild einer der untersuchten Rechtsordnungen ratsam ist, muss die deutsche Rechtsordnung letztlich selbst beantworten. Die rechtsvergleichende Analyse kann aber dafür insofern Argumentationsmaterial liefern, als sie auch Schwachpunkte der betrachteten Vorschriften aufgezeigt hat. Im Folgenden wird deshalb zunächst der Frage nachgegangen, was eine etwaige Neuregelung bezwecken soll. Das hängt maßgeblich davon ab, wie ein neuer Straftatbestand des Amtsmissbrauchs im Verhältnis zu den Bestechungsdelikten konzipiert wäre. Danach ist zu entscheiden, ob vor diesem Hintergrund und unter Berücksichtigung der rechtsvergleichenden Erkenntnisse eine Neuregelung empfehlenswert erscheint.

1. Schließung tatbestandlicher Lücken der §§ 331 ff. StGB?

So könnte man sich von einer Neuregelung versprechen, dass damit – jedenfalls vermeintliche – Lücken der §§ 331 ff. StGB geschlossen werden.[88] Eine strukturelle Lücke weisen die deutschen Bestechungsdelikte anerkanntermaßen insofern auf, als sie nicht auf die Vorteilsgewährung an Kandidaten anwendbar sind, die noch keine Amtsträger sind. Über einen Tatbestand des Amtsmissbrauchs ließe sich demgegenüber ein später vom – dann gewählten – Amtsträger in pflichtwidriger Weise vorgenommenes Dienstgeschäft erfassen. Allerdings ist festzuhalten, dass in diesen Fällen auch keine Bereicherungsabsicht im Sinne des Art. 19 UNCAC mehr vorliegen wird, weil der Vorteil bereits zuvor geflossen ist. Dass ein internatio-

88 Die im Folgenden erörterten Aspekte entstammen Anregungen *T. Zimmermanns* im Rahmen der Diskussion des Tagungsbeitrags.

naler Konsens über die Strafwürdigkeit eines solchen Verhaltens bestünde, lässt sich daher – ganz abgesehen von dem generellen Fehlen einer „harten“ Kriminalisierungsvorgabe im Hinblick auf den Amtsmissbrauch (s. oben C.) – in diesen Situationen noch weniger sagen. Außerdem lässt sich dieses punktuelle Manko zielgenauer durch eine Erweiterung des personellen Anwendungsbereichs der §§ 331 ff. StGB erfassen als durch die Schaffung eines neuen Tatbestands, der auch ganz andere Fallgestaltungen erfassen würde.

Eine weitere Lücke im System der Bestechungsdelikte könnte darin gesehen werden, dass die Vorteilsgewährung und damit der tatbestandliche Anknüpfungspunkt der §§ 331 ff. StGB zum Zeitpunkt der Vornahme der Diensthandlung u.U. bereits lang zurückliegt und deshalb im Hinblick auf Bestechungsdelikte Verjährung eingetreten ist. Es erscheint jedoch bereits zweifelhaft, ob es ein Zeichen überzeugender Kriminalpolitik wäre, zur Vermeidung von Verjährungs- und damit Verfolgungsproblemen einen neuen, weiterreichenden Tatbestand zu schaffen. Abgesehen davon wird die Verjährung meist auf den Umstand zurückzuführen sein, dass Unrechtsvereinbarung und Vorteilszuwendung bei den §§ 331 ff. StGB regelmäßig im Verborgenen stattfinden. Die dadurch entstehenden Beweisschwierigkeiten treten aber in ähnlicher Form im Rahmen eines Amtsmissbrauchstatbestands auf, wie ihn Art. 19 UNCAC skizziert. Denn auch bei der Verfolgung eines diesem Vorschlag entsprechenden Deliktes wäre ein Bezug zwischen der Pflichtverletzung und einem persönlichen Vorteil des Amtsträgers herzustellen und zu beweisen („for the purpose of obtaining an undue advantage“).

Schließlich kann man eine Lücke des geltenden deutschen Korruptionsstrafrechts darin sehen, dass es keinen Tatbestand des Einflusshandels kennt (vgl. § 308 des österreichischen StGB, Art. 18 UNCAC). Im Zuge der sog. „Maskenaffäre“, bei der Abgeordnete während der Corona-Pandemie ihren Einfluss geltend gemacht hatten, um gegen hohe Provisionen den Ankauf von Schutzmasken durch Ministerien zu vermitteln, ist das Fehlen einer solchen Regelung – durchaus schmerzhaft[89] – sichtbar geworden.[90] Gäbe es einen Tatbestand des Amtsmissbrauchs, so könnte man meinen, ließe sich die Gewährung eines Vorteils an den Mittelsmann prinzipiell als gem. § 26 StGB strafbare Kettenanstiftung zum Amtsmissbrauch begreifen. Dieser Lösungsansatz verkennt jedoch einen grundlegenden Unterschied

89 *T. Zimmermann/F. Zimmermann*, Politischer Einflusshandel und Maskendeals – Eine Strafbarkeitslücke bei der Mandatsträgerkorruption, NJW 2022, 2804.

90 BGH NJW 2022, 2856.

zwischen den in verschiedenen Rechtstexten existierenden Delikten des Einflusshandels und einem einzuführenden Delikt des Amtsmissbrauchs: Sowohl in Art. 19 UNCAC als auch in allen untersuchten Rechtsordnungen setzt der Amtsmissbrauch die Vornahme eines pflichtwidrigen Amtsgeschäfts voraus. Beim Einflusshandel ist dies hingegen nicht erforderlich. Damit kann das Delikt des Amtsmissbrauchs – bspw. in einer an Art. 19 UNCAC angelehnten Form – gerade nicht alle Fälle erfassen, die in diesem Zusammenhang als strafwürdiger Einflusshandel angesehen werden. Denn selbst ein skandalös anmutender Vorgang muss keineswegs auf die Pflichtwidrigkeit des betreffenden Dienstgeschäfts hindeuten: In der „Maskenaffäre" etwa war der Abschluss von Kaufverträgen über Schutzmasken durch die Ministerien in Anbetracht der präzedenzlosen Notlage trotz des extrem hohen Preises pflichtgemäß. Dass einzelne Abgeordnete ihren Einfluss „verkauft" hatten, stellte für sie kein pflichtwidriges Dienstgeschäft, sondern eine (gem. § 44a Abs. 3 AbgG verbotene) Form der Nebentätigkeit dar.

Gerade das letztgenannte Beispiel zeigt: Soweit das deutsche Korruptionsstrafrecht Lücken aufweist, sollten diese nicht indirekt durch einen im Kern für andere Fallgestaltungen gedachten Tatbestand des Amtsmissbrauchs geschlossen werden. Stattdessen erscheint ein zielgenaues Ansetzen an der jeweiligen Schwachstelle sinnvoller.

2. *Schaffung eines zusätzlichen Tatbestands mit eigenständigem Unrechtsgehalt?*

In den hier untersuchten Rechtsordnungen kommt den Tatbeständen des Amtsmissbrauchs jedoch nicht nur eine Auffangfunktion gegenüber den Bestechungsvorschriften zu. Vielmehr wird durch die Bezugnahme auf hoheitliches Handeln und die Erfordernisse eines Schädigungsvorsatzes bzw. eines Erfolgseintritts das Bemühen sichtbar, ein als strafwürdig erachtetes Unrecht eigener Art zu pönalisieren. Charakterisieren lässt sich dieses als Verstoß gegen das Prinzip der Gesetzmäßigkeit der Verwaltung. Ob auch die deutsche Rechtsordnung diesen Weg beschreiten sollte, hängt stark davon ab, welche Verhaltensweisen man als gesondert strafwürdig erachtet und wie genau eine neue Strafvorschrift ausgestaltet wäre. Einerseits ist die Gesetzesbindung der Verwaltung ein hohes Gut, zu dessen Erhaltung der Einsatz des Strafrechts auch grundsätzlich legitim erscheint; dies gilt insbesondere im Bereich hoheitlichen Staatshandelns. Andererseits sprechen aber auch gewichtige Gründe gegen die Einführung jedenfalls eines allgemeinen Tatbestands des Amtsmissbrauchs:

Aus einer Ultima-Ratio-Perspektive wäre es jedenfalls nicht überzeugend, jede Amtspflichtverletzung für strafbar zu erklären – erst recht nicht, wenn sie nur fahrlässig begangen wird. Zumindest das (wie gesehen auch auf anderen Sanktionsmechanismen beruhende) „finnische Modell" empfiehlt sich daher nicht für eine Übernahme in das deutsche Recht. Auch sonst ist stets zu bedenken, dass die untersuchten Rechtsordnungen andere normative Rahmenbedingungen aufweisen mögen, die einen Tatbestand des Amtsmissbrauchs dort erforderlich machen, wohingegen nach deutschem Recht ein geringerer Bedarf danach bestünde. So sind in den als strafwürdig erscheinenden Konstellationen nach deutschem Recht vielfach bereits andere Regelungen einschlägig. Dabei ist in erster Linie an Tatbestände zu denken, die speziell an ein Fehlverhalten im Amt anknüpfen, wie die Körperverletzung im Amt (§ 340 StGB) und die Verfolgung Unschuldiger (§§ 344 f. StGB). Auch die bereits eingangs erwähnten Regelbeispiele, die – wie § 240 Abs. 4 S. 2 Nr. 2 StGB und vergleichbare Regelungen im Bereich der Vermögens- und Urkundendelikte (§ 263 Abs. 3 S. 2 Nr. 4, auch i.V.m. § 263a Abs. 2 oder § 266 Abs. 2, § 264 Abs. 2 S. 2 Nr. 2, § 267 Abs. 3 S. 2 Nr. 4 StGB) – an einen Missbrauch der Amtsträgerstellung anknüpfen, sind in diesem Zusammenhang zu nennen. Aber auch eine Reihe von Strafvorschriften ohne spezifischen Amtsbezug decken eine Vielzahl von Fallgestaltungen ab. Namentlich können in Deutschland über die Haushaltsuntreue als Erscheinungsform des § 266 StGB jedenfalls einige besonders „gravierende" Pflichtverletzungen erfasst werden.[91] Aber auch eine Freiheitsberaubung (§ 239 StGB) oder ein Hausfriedensbruch (§ 123 StGB) können z.B. bei einer Festnahme oder einer Durchsuchung einschlägig sein. Zuletzt ermöglichen es Figuren aus dem Allgemeinen Teil, in bestimmten Fällen die Strafbarkeit von Pflichtverletzungen im Amt zu begründen – so jedenfalls nach vorzugswürdiger Ansicht die Regeln über Täterschaft und Teilnahme bei dem Erlass rechtswidriger Genehmigungen im Umweltbereich.[92]

Echte Lücken in Fällen grob rechtswidrigen Amtshandelns zum Nachteil grundsätzlich strafrechtlich geschützter Rechtspositionen lassen sich

---

91 Zu diesem Merkmal i.R.d. § 266 StGB s. etwa *F. Saliger*, in: H. Satzger/W. Schluckebier/G. Widmaier (Hrsg.), Strafgesetzbuch Kommentar, 5. Aufl., Köln 2020, § 266 Rn. 47 ff.; zu seiner Bedeutung bei der Haushaltsuntreue auch demnächst *F. Zimmermann*, Die Straflosigkeit politischer Entscheidungen. Strafausschließende Befugnisse und Fehlerprivilegien im freiheitlich-demokratischen Rechtsstaat, Kapitel 4 A) III. 3. b).

92 *Zimmermann*, Straflosigkeit politischer Entscheidungen (Fn. 91), Kapitel 3 B) IV m.w.N.

im deutschen Strafrecht daher allenfalls punktuell finden. So mag bei einer aus Schikane und damit bewusst rechtswidrigen Beschlagnahme weder § 246 noch § 242 StGB eingreifen, wenn es an der Absicht rechtswidriger Zueignung – genauer: deren Enteignungskomponente – fehlt. Partiell mögen sich auch rechtswidrige Überwachungsmaßnahmen, beispielsweise im Zuge strafrechtlicher Ermittlungen, nicht strafrechtlich erfassen lassen: § 202a StGB umfasst als Tatobjekt lediglich Daten; die Verletzung von Privatgeheimnissen (§ 203 Abs. 2 Nr. 1 StGB) setzt deren Offenbarung voraus, ebenso § 206 Abs. 4 StGB eine Mitteilung an Dritte. Wesentlich häufiger wird pflichtwidriges Amtshandeln Rechtspositionen jenseits der klassischerweise strafrechtlich geschützten Güter betreffen – man denke beispielsweise an die rechtswidrige Verweigerung einer Baugenehmigung, die unbegründete Untersagung einer Versammlung oder den rechtswidrigen Ausschluss einer Oppositionspartei von der Nutzung einer Stadthalle. Aber: In all diesen Fällen greift ggf. Disziplinarrecht und es bestehen zudem Amtshaftungsansprüche. Dass es zahlreiche Fälle gibt, in denen neben diesen Instrumenten eine Kriminalisierung notwendig erscheint, drängt sich nicht auf. Wenn die deutsche Rechtsordnung es mit dem fragmentarischen Charakter des Strafrechts weiterhin ernst meint, sollte deshalb von der Einführung einer flächendeckenden Strafvorschrift des Amtsmissbrauchs abgesehen werden. Allenfalls ließe sich – vergleichbar dem spanischen Recht – an einen eng auf Willkürakte der Verwaltung begrenzten Tatbestand ähnlich dem § 339 StGB denken. Bedenkt man dessen äußerst überschaubare praktische Relevanz, wäre dies aber wohl doch ein vorwiegend symbolischer Schritt.

Dies gilt umso mehr angesichts der Tatsache, dass ein allgemeiner Tatbestand des Amtsmissbrauchs im Hinblick auf die Anforderungen an das pflichtwidrige Verhalten erhebliche Abgrenzungsschwierigkeiten mit sich brächte. Anschaulich zeigt sich dies an den finnischen Amtspflichtverletzungsdelikten, die Mühe damit haben, die in Betracht kommenden Pflichten präzise zu fassen und zudem reichlich diffus voraussetzen, dass der Pflichtenverstoß nicht geringfügig ist. Als Reaktion beispielsweise auf eine bloße Missachtung von Formvorschriften erschiene aber ein Einsatz des Strafrechts nicht legitim. Oftmals ist Verwaltungshandeln zudem durch Prognoseentscheidungen gekennzeichnet, oder es bestehen Beurteilungs- und Ermessensspielräume. Diese hat das Strafrecht und haben die Strafgerichte zwingend zu respektieren, um nicht mit der Gewaltenteilung in Konflikt zu geraten. Das bringt im Einzelfall sehr komplexe Fragen mit sich – man denke etwa an die Diskussion über das pflichtwidrige Verhalten bei der Haushaltsuntreue und insbesondere Verstöße gegen Haushaltsgrundsätze. Es müsste also über die bloße Pflichtwidrigkeit der Diensthandlung hinausgehend eine strafrechtliche Verwaltungsfehlerlehre entwickelt werden, um ausschließlich die Sachverhalte zu erfassen, in denen eine Kriminalstrafe angemessen erscheint.[93] Insgesamt wäre daher eine dem Bestimmtheitsgrundsatz gemäß Art. 103 Abs. 2 GG gerecht werdende Beschränkung der neu zu kriminalisierenden Fallgestaltungen schwer zu gewährleisten. Auch die Voraussetzung einer Vorteilserlangungs- oder Schädigungsabsicht, wie sie u.a. in Art. 19 UNCAC anklingt, würde in dieser Hinsicht nicht entscheidend weiterhelfen: Zwar sind solche Motive für die Vornahme einer rechtswidrigen Amtshandlung zweifelsohne verwerflich. Angesichts der Schwierigkeiten bei der normativen Eingrenzung dessen, was objektiv ein pflichtwidriges Amtshandeln ist, würde der Unrechtsgehalt eines solchen Delikts aber ganz maßgeblich von dieser subjektiven Komponente bestimmt. Zudem kann auch ein Kriterium wie dasjenige des Schädigungsvorsatzes in Österreich wie gesehen erhebliche Unschärfen in sich bergen, wenn es schon bei der Schädigung von hinreichend konkreten (was auch immer das heißen mag) staatlichen Interessen bejaht wird.

Sinnvoll erscheint daher allenfalls die Einführung spezifischer Tatbestände, die an ausgewählte Pflichtverstöße anknüpfen, mit anderen Worten eine sektorielle Kriminalisierung. Eine solche punktgenaue Ergänzung des deutschen Strafrechts zur besseren Abbildung des oben dargestellten spezifischen Unrechts könnte zum einen erreicht werden durch die Schaffung von weiteren Regelbeispielen mit Bezug auf die Amtsträgereigenschaft, bspw. in Form eines Hausfriedensbruchs im Amt. Weiterhin ist es denkbar, in bestimmten Bereichen eine gesonderte Anknüpfung an die Amtsträgereigenschaft zu integrieren, etwa in Form einer Amtsträgerverantwortung im Umweltstrafrecht.

93 *Zimmermann*, Straflosigkeit politischer Entscheidungen (Fn. 91), Kapitel 3 B) III.

Der Tatbestand der unerlaubten Bereicherung (illicit enrichment) in Art. 20 des UN Anti-Korruptions-Übereinkommens

Oliver Landwehr

A. *Introduction*

Over the last years, Germany and other EU Member States have reformed their anti-corruption laws quite substantially. Some of these amendments were driven by current events and corruption scandals, which are the usual catalysts for reforms of the criminal code. Others, however, were necessitated by those countries' ratification of the United Nations Convention against Corruption (UNCAC).[1] However, even 20 years after the adoption of the Convention, not all the criminalisation provisions in Chapter III of the Convention have been transposed into national law. In particular, one

1 United Nations Treaty Series, vol. 2349, p. 41. The Convention was adopted by UN General Assembly resolution 58/4 of 31 October 2003. It currently has 189 parties (at 1 October 2022), including the European Union. All EU Member States are parties to the UNCAC. Ratification is also a requirement for accession to the EU. Germany was the last EU Member State to ratify the EU, as the definition of *„Amtsträger"* was too restrictive compared to the large definition of "public official" in Art. 2(a) of the Convention. In particular, the German notion of *Amtsträger* does not include Members of Parliament (unlike the situation in Austria, where the definition was amended to include parliamentarians). As a consequence, Germany adopted § 108e StGB ("Bestechlichkeit und Bestechung von Mandatsträgern") to bring its legislation in line with Art. 15 UNCAC.

2 The only EU Member State to have done so appears to be Lithuania. In a judgment dated 15 March 2017, the Constitutional Court of the Republic of Lithuania held that Art. 189[1] of the Criminal Code is not in conflict with the Constitution (https://lrkt.lt/en/court-acts/search/170/ta1688/content). However, it should be noted that the Court stated that "an owner's inability to reasonably explain his/her property in relation to his/her legitimate income is not sufficient to hold him/her guilty" (para. 39.4). See also *S. Bikelis*, Chasing criminal wealth: broken expectations for the criminalization of illicit enrichment in Lithuania, Journal of Money Laundering Control 25(1), p. 95-108. Moreover, in France, Art. 321-6 of the Criminal Code provides, under additional circumstances, for criminal liability of a person who is unable to justify the income corresponding to his/her lifestyle. The Court of Cassation has upheld this provision.

article stands out: almost no EU Member State[2] has implemented Art. 20 UNCAC, entitled "illicit enrichment".[3]

According to that article, each State Party to the Convention shall consider adopting such legislative and other measures as may be necessary to establish as a criminal offence, when committed intentionally, "a significant increase in the assets of a public official that he or she cannot reasonably explain in relation to his or her lawful income".

The problems with this provision are obvious: a person can be punished for something he or she "cannot reasonably explain". This seems to put the onus squarely on the defendant; a shift in the burden of proof that seems hardly compatible with the presumption of innocence, which prescribes that the prosecution has to prove its case to the requisite standard.

Recognising this problem, the drafters of the Convention have caveated the article with a double proviso: even though the article only contains an obligation to consider the establishment of the offence, any obligation is subject both to the constitution of the respective state party and to the fundamental principles of its legal system.

However, if the provision is so problematic, why was it included in the Convention at all? And does it contain any useful elements that could be implemented? In her 2022 State of the European Union Address, Commission President *Ursula von der Leyen* announced that in the following years, the Commission would present measures to update the EU's legislative framework for fighting corruption. In particular, she said that the Union would "raise standards on offences such as illicit enrichment, trafficking in influence and abuse of power, beyond the more classic offences such as bribery".[4] Interestingly, these are precisely the three offences in the Convention that Germany has chosen not to implement (at least not in stand-alone provisions of the German Criminal Code, StGB).[5] Von der Leyen's words seem to indicate that the offence of illicit enrichment should be studied further and that, EU Member States might have to deal with proposals on that matter coming from Brussels. This would not be the first time that the criminalisation of illicit enrichment has been suggested.

3 The German translation is „unerlaubte Bereicherung", not to be confused with „ungerechtfertigte Bereicherung" (§ 812 BGB) and „unerlaubte Handlung"(§ 823 BGB), which are both concepts of private law, not criminal law.

4 Speech delivered in Strasbourg on 14 September 2022, accessible here: https://ec.europa.eu/commission/presscorner/detail/ov/speech_22_5493.

5 By contrast, Austria has criminalised "verbotene Intervention", § 308 öStGB, and "Amtsmissbrauch", § 302 öStGB.

The first attempt to criminalise illicit enrichment was apparently made in Argentina in the 1930s.[6] In 1964, Argentina and India became the first countries to establish the offence. In the following years, more countries, mainly in Latin America, Africa, and South-East Asia followed their example. In 1996, the Inter-American Convention against Corruption (IACAC) was the first international treaty to include the concept. Art. 20 is modelled on Article IX of IACAC, which contains an almost identical definition of illicit enrichment but is worded as a mandatory provision ('shall take'), subject, however, to the same double proviso as the Convention article.[7]

From a law enforcement perspective, the advantages of the offence of illicit enrichment are obvious: Corruption offences are notoriously difficult to prove. Unlike more traditional offences, there is no crime scene and no obvious victim. The commission of the offence may be in the interest of both parties and their collusion is further strengthened by the fact that both sides are liable to criminal sanctions. The offence of illicit enrichment thus aims to respond to obvious evidentiary difficulties. This may be particularly relevant for countries whose law enforcement systems are underdeveloped and lacking resources.

While it is not difficult to identify the legal and economic interest that is protected by the offence of illicit enrichment, it is harder to determine what actually constitutes the criminal conduct (*actus reus*) that is criminalised.[8] It could be the possession of illicit assets or the failure (omission) to justify their lawful origin. The problem with the first approach is that the unlawful origin of the assets is only presumed. Likewise, it seems problematic to penalise the failure to rebut a presumption. However, it can be argued that an official has a duty inherent in his position to explain the origin of his wealth. Failure to discharge this duty when there are strong objective indicators that a part of the wealth comes from unlawful sources can be seen as a reprehensible act.

---

6 L. Muzila, M. Morales, M. Mathias, and T. Berger (eds.), On the Take: Criminalizing Illicit Enrichment to Fight Corruption (World Bank 2012), p. 7 *et seq*.

7 Art IX reads: 'Subject to its constitution and the fundamental principles of its legal system, each state party that has not yet done so shall take the necessary measures to establish under its laws as an offense a significant increase in the assets of a government official that he cannot reasonably explain in relation to his lawful earnings during the performance of his functions'. Canada and the US deposited reservations regarding the article.

8 In that regard, there are parallels with the offence of money laundering.

B. Elements of the Crime

Any attempt to criminalise illicit enrichment in the EU would likely be based on Art. 20 of the UNCAC. Although that article comprises only one sentence it is not only the most controversial article in the entire Convention but also much more difficult to implement than it would appear at first glance.[9]

A superficial reading of the provision could suggest that once there is a significant increase in the assets of an official, the increase has to be justified in relation to his or her lawful income.

However, since the assets of an official are very likely to significantly increase over his or her time in office simply as a result of accumulated savings, this would subject almost all officials to the obligation to explain and thus run counter to the intention of drafters to ensure that the article would not be used unreasonably. This is all the more true as in many cases it will be almost impossible to explain the entire increase down to the last cent. Indeed, this would require meticulous bookkeeping of all income and expenditures over years, something that cannot reasonably be expected of a natural person.[10] Finally, this interpretation would further aggravate the reversal of the burden of proof because initially, the prosecution would simply have to prove a significant increase in assets and not that the increase is out of proportion to the lawful income.

Not any increase in the assets of a public official in relation to his or her lawful income is punishable. Rather, the requirement of a 'significant' increase means there is a *de minimis* threshold below which the unexplained increase, although potentially illegal, is not considered illicit enrichment in the sense of the Convention. The burden of proof for establishing a significant increase rests with the prosecution. However, the prosecution does not only have to establish a significant increase in the assets of the defendant during his time in office but also that the increase is significant 'in relation to his or her lawful income'. In other words, it has to prove a significant *unaccounted* increase in assets.[11]

---

9 For more details, see *O. Landwehr*, Article 20, in: C. Rose/M. Kubiciel/O. Landwehr (eds.), The United Nations Convention against Corruption: A Commentary, Oxford University Press 2019.

10 Even if the official was subject to an obligation to submit asset declarations, he would also have to keep track of all his expenditures to precisely explain the increase.

11 For more details, see *O. Landwehr*, Article 20, in: C. Rose/M. Kubiciel/O. Landwehr (eds.), UNCAC (Fn. 9), p. 227 *et seq*.

Thus, the unaccounted increase that needs to be explained is the difference between total actual assets and total savings (original assets plus lawful income reduced by the necessary expenditures) accumulated over the period in office. This is what the prosecution has to establish.

In practice, it will be very difficult for the prosecution to prove a significant unaccounted increase in the assets of a public official in the absence of asset declarations.[12] While it should be relatively straightforward to establish the lawful income as a public official, the total assets at any given moment may be far higher because the official already owned some assets when she entered office, or because she had additional income. Even assuming the existence and amount of such assets would have to be explained by the defendant (*quod non*), it would be difficult for the prosecution to disprove.

C. *The Reversal of the Burden of Proof*

Once the prosecution has established its case, the burden shifts to the defendant to explain this significant increase. The accused has to explain the origin of the excess assets, i.e. the unaccounted increase or the difference between total assets and total savings accumulated over the period in office. What the defendant will have to do exactly to discharge this burden depends on the nature of the obligation to explain.

As pointed out earlier, the wording of Art. 20 leaves the *initial* procedural burden of proof untouched: the prosecution has to establish a significant increase in the assets of a public official in relation to his or her lawful income. The prosecution also bears the risk of a *non liquet* with regard to this element. If it is not clear if there was an unaccounted increase in assets or whether it was significant, any doubt has to benefit the defendant. However, once the prosecution has cleared this hurdle, it is up to the defendant to 'reasonably explain' the unaccounted increase. This not only entails a *procedural* obligation to adduce evidence for the lawful origin of the excess assets, but also an obligation to prove their lawful origin to the requisite standard ('reasonably'). If the defendant fails to do so, these assets will be considered to be of illicit origin—even though the prosecution did

12 Tax declarations may be helpful in the absence of asset declarations. However, depending on the tax system, these may only contain information on *income*, not on *assets*.

not prove this—and he will be convicted.[13] Unlike in the case of self-defence, it is not enough for the accused if it cannot be *excluded* that the assets are of lawful origin. If the origin remains unclear (if there is a *non liquet*), he will be convicted. Any doubt in the mind of the judge as to the lawful origin of the excess assets will not work in favour of the defendant but *against* him. The obligation to explain thus entails a reversal of the *substantive* burden of proof. If understood this way, it can also be called a rebuttable presumption.

The question is thus not whether the offence of illicit enrichment infringes the presumption of innocence but whether this infringement is capable of justification. Arguably, presumptions to the detriment of the defendant may only alter the standard of proof or the appreciation of the evidence before the court but may never entail a full reversal of the burden of proof. Moreover, the essence of a human right may never be infringed.[14] If justification is allowed at all, it essentially boils down to a question of reasonableness and proportionality. This will also depend on the values of a society and the socio-economic context of the legal system. Countries where corruption is not so rampant and especially those with advanced legal and economic systems may not see such an overriding need to sacrifice fundamental rights and freedoms on the altar of countering corruption. Due to more advanced investigative capabilities, their evidential difficulties may also be less grave.

D. Better Alternatives

Given the constitutional problems inherent in the criminalisation of illicit enrichment, it may be preferable to find alternatives to the establishment of this offence. For instance, while the pure illicit enrichment offence is only based on the unexplained increase in the official's assets, criminal provisions could drop the obligation to explain and require the prosecution to demonstrate the unlawful origin of the increase. However, such an offence would not remedy the evidentiary difficulties and presents little or no added value.

---

13 Unlike money laundering, the prosecution does not even have to show the *existence* of a predicate offence.

14 Cf. e.g. Art. 52(1) EU Charter of Fundamental Rights; *Murray v United Kingdom*, App no 18731/91, 8 February 1996, para. 49.

Indeed, many states believe that the introduction of an offence in accordance with Art. 20 is unnecessary.[15] Quite apart from the difficulties of monitoring the private wealth of public officials, these officials may already be subject to a number of criminal offences such as bribery, fraud, embezzlement, or money laundering (which have no *de minimis* thresholds) as well as an offence of misconduct in public office. The offence of illicit enrichment will not add much to those offences.

By contrast, it may be very effective to introduce an income and asset disclosure system and establish criminal or administrative sanctions for incorrect declarations or non-compliance with the obligation to submit them.[16]

Moreover, confiscation regimes can be very effective tools in the fight against organised crime and corruption: States can introduce value-based confiscation (in case the original proceeds have disappeared) and extended confiscation provisions which allow for the confiscation of any illicit property (i.e. not only the proceeds of the crime for which the accused stands trial)[17] or any property for which the accused cannot prove the licit origin.[18] The former approach means that the prosecution does not

---

15 E.g. the United Kingdom, cf. UNCAC review report (cycle 1) of the UK, <https://www.unodc.org/unodc/en/corruption/country-profile/countryprofile.html#?CountryProfileDetails=%2Funodc%2Fcorruption%2Fcountry-profile%2Fprofiles%2Fgbr.html > (para 139). See also *D. Wilsher*, Inexplicable Wealth and Illicit Enrichment of Public Officials, Crime, Law, and Social Change (2006) 45, p. 27, who argues that there is no need for a specific crime of inexplicable wealth but advocates for a special rule of evidence in corruption crimes.

16 See the experience of Latvia and Romania, in: OECD, Fighting Corruption in Eastern Europe and Central Asia. Asset Declarations for Public Officials. A Tool to Prevent Corruption (2011) http://www.oecd.org/corruption/anti-bribery/47489446.pdf. On asset disclosure in general, see I. M. Rossi, L. Pop, T. Berger (eds.), Getting the Full Picture on Public Officials: A How-to Guide for Effective Financial Disclosure, Washington D.C.: World Bank 2017.

17 Cf. the extended confiscation provision in Art. 5 of Directive 2014/42/EU of the European Parliament and of the Council of 3 April 2014 on the freezing and confiscation of instrumentalities and proceeds of crime in the European Union; for an example of implementation see e.g. § 73a StGB (§ 73d StGB old version in force until 2017); § 74c StGB for value confiscation.

18 Art. 31(8) UNCAC. Cf. also Art. 12(7) of the United Nations Convention against Transnational Organized Crime (UNTOC); Art. 5(7) of the United Nations Convention against Illicit Traffic in Narcotic Drugs and Psychotropic Substances; for an example of implementation see e.g. UNCAC review report (cycle 1) of Switzerland, https://www.unodc.org/unodc/en/corruption/country-profile/countryprofile.html#?CountryProfileDetails=%2Funodc%2Fcorruption%2Fcountry-profile%2Fprofiles%2Fche.html, (p. 34). Australia, Ireland and the UK have introduced Unex-

have to link specific assets to a specific offence, thus reducing evidentiary difficulties. While the latter provision contains a reversal of the burden of proof, this is less controversial because confiscation is often considered not a penal—but rather a preventive—measure and thus not subject to the same strict guarantees.[19] An increasing number of states parties (especially from the common-law tradition) are introducing non-conviction-based confiscation (also called civil or *in rem* forfeiture).[20]

Finally, it may be possible to establish an administrative offence that does not imply the same degree of moral reprehensibility but can entail substantial fines. Given that the offender can only be an official, it is conceivable to establish not only asset declaration obligations but also an administrative offence in the civil service statute and provide for disciplinary measures.

E. Outlook

From the foregoing, it appears that in most countries, a criminalisation of illicit enrichment in the sense of Art. 20 UNCAC is neither possible nor desirable. In advanced, Western democracies with extensive human rights protection and rule of law guarantees, its implementation is impossible because of the conflict with the presumption of innocence. Even if the infringement of that principle was capable of justification, however, following the interpretation outlined above (i.e. that the prosecution needs to establish not only a significant increase in assets but a significant *unaccounted* increase), the burden for the prosecution would remain considerable, thereby reducing the usefulness of the offence.[21] The latter aspect would, in principle, also apply to countries whose Constitution would allow a reversal of the burden of proof.

---

plained Wealth Orders, which compel an individual to explain the source of his wealth.

19 Cf. judgment of the German Constitutional Court of 14 January 2004, Case no. 2 BvR 564/95, on the constitutionality of § 73d StGB (old version in force until 2017).

20 Cf. UNODC, State of Implementation of the United Nations Convention against Corruption: Criminalization, Law Enforcement and International Cooperation, 2nd ed., Vienna 2017, p. 57–58. For a civil law country, cf. Germany's § 76a StGB.

21 See also *S. Bikelis*, Prosecution for illicit enrichment: the Lithuanian perspective, Journal of Money Laundering Control 20(2), p. 203-214, who finds that collecting sufficient evidence of illicit enrichment satisfying the criminal standard of proof is an extremely difficult task for the prosecution.

Moreover, there exists a certain paradox: if a country is serious about fighting corruption and improving governance – should it employ means that are questionable from the point of view of human rights protection and the rule of law? If at all, this only seems acceptable for a transitional period, for instance after a regime change from a corrupt, autocratic regime to a democratic government that needs to clean up the civil service but lacks the capacity and resources to establish proof of bribery in a great number of cases. In all other cases, the much better alternative is to overhaul the legislative framework for confiscation and allow for value-based and extended confiscation. Even if that does not put criminals behind bars, its sends the powerful message that crime does not pay.

2. Kapitel – Spezialtatbestände

Strafbarkeit verbotener Intervention – notwendig oder entbehrlich?

Martin Stricker

A. *Das österreichische Korruptionsstrafrecht*

Das österreichische Korruptionsstrafrecht war in den letzten 30 Jahren stetem Wandel unterworfen und besteht in seiner derzeit geltenden Grundstruktur seit 2012. Das System der Korruptionsdelikte im österr. Strafgesetzbuch (öStGB) lässt sich dabei zunächst in Bestimmungen gegen Korruption im öffentlichen (§§ 304-308 öStGB) und im privaten Bereich (§ 309 öStGB) einteilen, wobei die Strafbarkeit jeweils sowohl die sog. passive (§§ 304-306, 308 Abs. 1 bzw. 309 Abs. 1 öStGB) als auch die aktive (§§ 307-307b, 308 Abs. 2 und 309 Abs. 2 öStGB) Seite der Korruption erfasst.

Materiell unterscheiden sich die Strafbestimmungen nach dem Inhalt der sog. „Unrechtsvereinbarung“[1]: Die strengsten Bestimmungen erfassen dabei die Verknüpfung eines Vorteils mit einem pflichtwidrigen Amtsgeschäft (§§ 304 und 307 öStGB), weniger streng bestraft ist die Verknüpfung eines (ungebührlichen) Vorteils mit einem pflichtgemäßen Amtsgeschäft (§§ 305 und 307a öStGB) und die niedrigsten Strafdrohungen bestehen für das sog. „Anfüttern“, also die Verknüpfung eines Vorteils mit der künftigen Amtstätigkeit des Amtsträgers (§§ 306 und 307b öStGB). Im privaten Bereich steht gar nur die Verknüpfung eines Vorteils mit einer pflichtwidrigen Rechtshandlung unter gerichtlicher Strafdrohung (§ 309 öStGB).[2]

Strukturell ähnelt das österr. Korruptionsstrafrecht im öffentlichen Bereich daher jenem des deutschen StGB (§§ 331 ff. dtStGB).

---

1 Der Begriff hat sich im österr. Strafrecht allerdings nicht durchgesetzt, weil er eine Übereinkunft zweier Personen impliziert, die für die Strafbarkeit beider notwendig ist. Die Tatbestände der §§ 304 ff. öStGB setzen aber gerade keine Übereinkunft voraus, sondern lassen einseitige Erklärungen für die Strafbarkeit genügen. Inhalt dieser Erklärung ist die Verknüpfung eines Vorteils mit einem konkreten Amtsgeschäft oder einer künftigen Amtstätigkeit.

2 Siehe dazu etwa *H. Nordmeyer/M. Stricker* in: E. Ratz/F. Höpfel (Hrsg.), Wiener Kommentar zum Strafgesetzbuch, Bd. VI, 2. Aufl., Wien 2020, § 309 Rn. 49 f.

Eine Besonderheit der österr. Strafrechtsordnung ist ein gerichtlicher Straftatbestand gegen Einflusshandel (§ 308 öStGB, „Verbotene Intervention"), der sich gegen das Phänomen richtet, Einfluss auf politische Entscheidungsträger im Austausch für eine Gegenleistung geltend zu machen.

B. Rechtsvergleich

Auch wenn das deutsche Korruptionsstrafrecht (§§ 108e, 331-336 dStGB) grundsätzlich ähnlich angelegt ist wie jenes der Republik Österreich, findet sich darin dennoch keine Strafbestimmung gegen Einflusshandel oder Intervention.

Im Korruptionsstrafrecht des Strafgesetzbuchs für die Bundesrepublik Schweiz (Art. 322ter ff. schwStGB) gibt es ebenfalls keinen Tatbestand gegen Einflusshandel oder Intervention.

Der französische Code Penal kennt hingegen eine § 308 öStGB entsprechende Bestimmung. Nach Art. 432-11 (Bestechlichkeit und unerlaubte Einflußnahme durch Personen, die ein öffentliches Amt ausüben) macht sich strafbar (Z 2), wer „Angebote, Versprechungen, Zuwendungen, Geschenke oder sonstige Vergünstigungen fordert oder annimmt, um dafür [...] seinen tatsächlichen oder vermeintlichen Einfluss zu missbrauchen, um die Gewährung von Auszeichnungen, Beschäftigungsverhältnissen, Aufträgen oder anderen begünstigenden Entscheidungen durch eine Behörde oder die öffentliche Verwaltung zu erwirken".

In den Strafrechtsordnungen Kontinentaleuropas ist ein gerichtlicher Straftatbestand gegen Einflusshandel also keinesfalls unverzichtbar. Im Nachfolgenden soll daher gezeigt werden, wie der österr. Straftatbestand ausgestaltet ist, welche Überlegungen zu seiner Gesetzwerdung geführt haben und welche Rolle ihm im Kampf gegen Korruption im öffentlichen Bereich zukommt.

C. Der Tatbestand „Verbotene Intervention"

Nach dem österr. Strafrecht macht sich wegen „Verbotener Intervention" strafbar, „wer für sich oder einen Dritten dafür einen Vorteil fordert, annimmt oder sich versprechen lässt, dass er einen ungebührlichen Einfluss auf die Entscheidungsfindung eines Amtsträgers [...] nehme" (§ 308 Abs. 1 öStGB).

Ebenso (bis zu zwei Jahre Freiheitsstrafe) ist zu bestrafen, „wer einem anderen dafür einen Vorteil anbietet, verspricht oder gewährt, dass dieser einen ungebührlichen Einfluss auf die Entscheidungsfindung eines Amtsträgers [...] nehme“ (§ 308 Abs. 2 öStGB).

Strenger (bis zu drei Jahre Freiheitsstrafe) zu bestrafen ist der Täter, wenn er die Tat in Bezug auf einen 3.000 Euro und noch strenger (sechs Monate bis fünf Jahre Freiheitsstrafe) bei einem 50.000 Euro übersteigenden Wert des Vorteils begeht (§ 308 Abs. 3 öStGB).

Eine Einflussnahme auf die Entscheidungsfindung eines Amtsträgers ist definitionsgemäß dann ungebührlich, „wenn sie auf die pflichtwidrige Vornahme oder Unterlassung eines Amtsgeschäfts abzielt oder mit dem Anbieten, Versprechen oder Gewähren eines ungebührlichen Vorteils (§ 305 Abs. 4 öStGB) für den Amtsträger oder für ihn an einen Dritten verbunden ist“ (§ 308 Abs. 4 öStGB).

I. Korruptionsstrafrechtliche Besonderheiten

Kernelement der Strafbarkeit in § 308 öStGB ist wie auch bei den anderen Bestimmungen des Korruptionsstrafrechts im öffentlichen Bereich eine „Unrechtsvereinbarung“, also die Verknüpfung zwischen Vorteil und (ungebührlicher) Einflussnahme des Intervenienten. Intervenient ist, wer Einfluss auf einen Amtsträger nehmen soll (passive Seite des § 308 Abs. 1 öStGB). Daraus folgt, dass die passive Seite dieses Tatbestands (also die Strafbarkeit des Intervenienten) im Gegensatz zu anderen Korruptionstatbeständen nicht nur von einem Amtsträger, sondern von jedermann verwirklicht werden kann. Der Amtsträger muss nur der Bezugspunkt der gewollten Einflussnahme sein. Dasselbe gilt auch für die aktive Seite des Tatbestands i.S.d. § 308 Abs. 2 öStGB. Täter ist dabei allerdings nicht der Intervenient, sondern der „Hintermann“, also jeder, der einem Intervenienten einen Vorteil für dessen Einflussnahme anbietet, verspricht oder gewährt.

Spricht das Schrifttum bei § 308 öStGB von einem „dreipersonalen Verhältnis“ oder einer „Dreiecksbeziehung“,[3] so ist zu beachten, dass dieses

3 *Nordmeyer/Stricker* (Fn. 2), § 308 Rn. 1; *Ch. Aichinger* in: O. Leukauf/H. Steininger (Hrsg.), Kommentar zum Strafgesetzbuch, 4. Aufl., Wien 2016, § 308 Rn. 5; *S. Reindl-Krauskopf/St. G. Huber*, Korruptionsstrafrecht in Fällen, Wien 2014, S. 34; *M. Schmitt* in: M. Preuschl/N. Wess (Hrsg.), Praxiskommentar Wirtschaftsstrafrecht, Wien 2018, § 308 Rn. 6; *St. G. Huber/M. Löff*, Korruptionsstrafrecht, in: R. Kert/G. Kodek (Hrsg.), Das große Handbuch Wirtschaftsstrafrecht, Wien 2016,

Verhältnis nur Gegenstand der sog. Unrechtsvereinbarung ist. Damit der Tatbestand erfüllt ist, bedarf es also nicht das Handeln dreier Personen. Denn der Amtsträger muss gerade nicht an der Tat beteiligt sein, damit sie unter § 308 öStGB subsumiert werden kann.

Wie bei den anderen Korruptionstatbeständen hängt die Strafbarkeit im Übrigen nicht einmal vom Handeln zweier Personen ab. Denn sowohl auf aktiver als auch auf passiver Seite tritt die Strafbarkeit bereits mit der nach außen tretenden Willenserklärung einer einzelnen Person ein, sofern sie einen Vorteil mit einer ungebührlichen Einflussnahme verknüpft.[4] Daraus folgt – wie im Übrigen bei den anderen Tatbeständen des Korruptionsstrafrechts auch –, dass es nicht zur tatsächlichen Vornahme des angestrebten Amtsgeschäfts oder gar nur zur tatsächlichen Einflussnahme kommen muss, damit die Strafbarkeit wegen verbotener Intervention besteht.[5] Zudem bedarf es hinsichtlich der Unrechtsvereinbarung keiner Übereinkunft zwischen Hintermann und Intervenienten, auf welche Art und Weise die Einflussnahme stattfinden soll.[6] Ziel des Gesetzgebers war es, das Rechtsgut der Aufrechterhaltung staatlicher Strukturen und des Funktionierens des Staatswesens[7] schon im Vorfeld zu schützen.[8]

Ein grundlegender Unterschied zu den anderen Korruptionstatbeständen besteht bei § 308 öStGB darin, dass zwar die (potentielle) Einflussnahme des Intervenienten stets mit einem Vorteil verknüpft sein, dem Amtsträger als Ziel der Intervention aber nicht in jedem Fall ein Vorteil angeboten, versprochen oder gewährt werden muss, damit die Einflussnahme auf ihn ungebührlich und damit tatbestandsmäßig ist. Denn die Ungebührlichkeit der Einflussnahme kann nicht nur dadurch begründet werden, dass dem Amtsträger ein „ungebührlicher Vorteil" (i.S.d. § 305 Abs. 4

Rn. 10.46; *R. Wenk/B. Weratschnig*, Amtsmissbrauch und Korruptionsdelikte, Wien 2020, § 308 Rn. 9, 11; *E. Marek/R. Jerabek*, Korruption und Amtsmissbrauch, 14. Aufl., Wien 2021, § 308 Vor Rn. 1; *G. Krakow/F. Flatz*, Die Verbotene Intervention – Wann ist Einflussnahme ungebührlich?, ecolex 2013, 11 (11 f.).

4 Siehe *Nordmeyer/ Stricker* (Fn. 2), § 304 Rn. 95.

5 *Nordmeyer/Stricker* (Fn. 2), § 308 Rn. 30; *M. Höcher* in: H. Hinterhofer/O. Triffterer/ Ch. Rosbaud (Hrsg.), Salzburger Kommentar zum StGB, Salzburg 2015, § 308 Rn. 10; *Aichinger* (Fn. 3), § 308 Rn. 6; *Schmitt* (Fn. 3), § 308 Rn. 7; *Wenk/Weratschnig* (Fn. 3), § 308 Rn. 16; *Marek/Jerabek* (Fn. 3), § 308 Rn. 1 und 3.

6 OGH AnwBl 2014/8397, 747 (750) = ZWF 2015/5, 27 (30); *Marek/Jerabek* (Fn. 3), § 308 Rn. 2; *Schmitt* (Fn. 3), § 308 Rn. 9.

7 *Nordmeyer/Stricker* (Fn. 2), Vor §§ 304-309 Rn. 60.

8 *Nordmeyer/Stricker* (Fn. 2), § 308 Rn. 1; vgl. *Aichinger* (Fn. 3), § 308 Rn. 2; abw. *Höcher* (Fn. 5), § 308 Rn. 17 f., der für eine nach den Varianten des Abs. 4 differenzierende Rechtsgutsbetrachtung eintritt.

öStGB *e contrario*) angeboten, versprochen oder gewährt wird (§ 308 Abs. 4 erster Fall öStGB), sondern auch schlicht durch den Umstand, dass das vom Intervenienten angestrebte Amtsgeschäft pflichtwidrig vorgenommen oder unterlassen werden soll (§ 308 Abs. 4 erster Fall öStGB). Es handelt sich in dieser Variante bei § 308 öStGB daher um den einzigen Korruptionstatbestand im öffentlichen Bereich des österr. Korruptionsstrafrecht, der keine Verknüpfung eines Vorteils mit einem bestimmten Amtsgeschäft oder einer künftigen Amtstätigkeit erfordert.

II. Abgrenzung zu legalem Lobbying

Angesichts dieser Besonderheit des Tatbestands diskutiert das Schrifttum in Österreich immer wieder die Abgrenzung zwischen legalem Lobbying und verbotener Intervention. Dabei war der Gesetzgeber gerade darauf bedacht, rechtmäßiges Lobbying oder auch die rechtmäßige Vertretung von Interessen eines Mandanten in keinem Fall mit Strafe zu bedrohen.[9] Nach dem Schrifttum soll § 308 öStGB daher bestimmte Formen des gesetzwidrigen Lobbyismus unter Strafe stellen.[10]

Inhaltlich ist die Frage weit weniger komplex als man vermuten könnte. Denn die Abgrenzung zwischen „legalem“ und „illegalem“ Lobbying ergibt sich einfach aus dem Anwendungsbereich des Tatbestands der Verbotenen Intervention. Ist dieser erfüllt, kann kein rechtmäßiges oder legales Lobbying vorliegen.

Daran ändert im Übrigen das österr. Lobbying- und Interessenvertretungs-Transparenz-Gesetz (österr. LobbyG BGBl I 2012/64) gar nichts. Dieses Gesetz regelt Verhaltens- und Registrierungspflichten bei Tätigkeiten, mit denen auf bestimmte Entscheidungsprozesse in der Gesetzgebung oder Vollziehung des Bundes, der Länder, der Gemeinden und der Gemeindeverbände unmittelbar Einfluss genommen werden soll (§ 1 Abs. 1 österr. LobbyG). Inhaltliche Anforderungen an Lobbying stellt das Gesetz

---

9 IA KorrStrÄG 2012, 13; *Nordmeyer/Stricker* (Fn. 2), Vor §§ 304-309 Rn. 56; *Höcher* (Fn. 5), § 308 Rn. 47; *Aichinger* (Fn. 3), § 308 Rn. 9; *Schmitt* (Fn. 3), § 308 Rn. 9; zur Frage der Strafbarkeit anwaltlicher Urgenz siehe *C. Heigenhauser*, Urgenz des Rechtsanwalts bei Behörden: strafbar gemäß § 308 StGB (verbotene Intervention)?, AnwBl 2010, 63 (65 f.).

10 *Nordmeyer/Stricker* (Fn. 2), § 308 Rn. 1; *Aichinger* (Fn. 3), § 308 Rn. 3; *F. Messner* in: A. Birklbauer/M. Hilf/C. Konopatsch/F. Messner/K. Schwaighofer (Hrsg.), Praxiskommentar StGB, Wien 2017, § 308 Rn. 4; vgl. auch *Höcher* (Fn. 5), § 308 Rn. 47 ff; aM *A. Schuschnigg*, Korruptionsstrafrecht, Wien 2015, Rn. 227.

allerdings nicht, vielmehr steht die Registrierpflicht und Transparenz im Vordergrund. Lobbying-Unternehmen oder Unternehmen, die Unternehmenslobbyisten beschäftigen, haben ihren Lobbying-Tätigkeiten lediglich einen Verhaltenskodex zugrunde zu legen. Auf Verlangen jeder interessierten Person müssen sie dieser einen allgemein verfügbaren Zugang zu dem Verhaltenskodex bekanntgeben oder diesen ausfolgen (§ 7 österr. LobbyG). Welchen Inhalt dieser Kodex haben soll oder muss, lässt sich weder dem LobbyG noch den Gesetzesmaterialien entnehmen. Denn demnach verstehe *„sich im Übrigen von selbst, dass sich derartige Verhaltenskodices, „Codes of Conduct" oder „Benimmregeln" an die mit diesem Bundesgesetz oder sonst gesetzlich vorgegebenen gesetzlichen Anforderungen halten müssen"*.[11] Zudem hat die Bundesministerin für Justiz „eine in das Lobbying- und Interessenvertretungs-Register eingetragene Person aus dem Register zu streichen, wenn sie wegen einer strafbaren Handlung nach den §§ 153, 153a, 168b, 302 oder den §§ 304 bis 309 Strafgesetzbuch, BGBl. Nr. 60/1974, rechtskräftig verurteilt worden ist" (§ 14 Abs. 3 öLobbyG).

Aus all dem ergibt sich, dass es keinerlei Wertungswiderspruch oder Abgrenzungsfragen zwischen legalem Lobbying und verbotener Intervention geben kann, weil etwa das österr. LobbyG bestimmte Formen der Einflussnahme erlaubt, die § 308 öStGB dann pönalisieren würde. Es gilt schlicht: Verbotene Intervention ist kein legales Lobbying und – mangels inhaltlicher Ausgestaltung von Lobbying im österr. LobbyG – nicht, dass rechtmäßiges Lobbying nicht tatbestandsmäßig sein kann.[12] Straflos ist eine angestrebte Einflussnahme daher nur, wenn sie pflichtgemäßes Amtshandeln bewirken soll und für den Amtsträger entweder kein oder ein nicht ungebührlicher Vorteil (i.S.d. § 305 Abs. 4 öStGB) in Rede steht.

III. Historie

Angesichts der besonderen Ausgestaltung des § 308 öStGB und des internationalen Vergleichs interessiert freilich, wann und warum sich der österr. Gesetzgeber dazu entschlossen hat, die Strafbestimmung des § 308 öStGB zu schaffen.

Die Wurzeln der Verbotenen Intervention reichen bis in das Jahr 1964 zurück. Das österr. AntiKorrG I (BGBl 1964/116) führte erstmals einen Tat-

11 EBRV 1465 BlgNR XXIV. GP 12.

12 So aber *Höcher* (Fn. 5), § 308 Rn. 48 unter Hinweis auf die Einheit der Rechtsordnung; vgl. auch *Messner* (Fn. 10), § 308 Rn. 5.

bestand mit dem Namen „Verbotene Intervention“ ein (Art IV österr. AntiKorrG I). Grundgedanke war es, (nur) bestimmte Formen der Einflussnahme auf Beamte und leitende Angestellte unter Strafe zu stellen.[13] So sei „die landläufige Intervention“ nach dem Gesetzgeber *„nichts Unrechtes, sie ist ja nichts Böses. Wir alle führen ja doch irgendwie Interventionen durch. Sie sollen Härten beseitigen. Die Intervention hat in der Regel die beschleunigte Erledigung einer Sache oder die ergänzende Darlegung der Notwendigkeit der begehrten Entscheidung zum Gegenstand. Eine Intervention, welche die Objektivität des Entscheidenden beeinträchtigt oder gar eine Gesetzesverletzung verlangt, ist allerdings abzulehnen“*.[14] Unter diesem Gesichtspunkt befürchtete der österr. Gesetzgeber allerdings Strafbarkeitslücken nach den damals bestehenden Korruptionstatbeständen in Fällen, in denen Personen *„ihren Einfluss im Wege einer Intervention gegen Entgelt dazu mißbrauchen, um eine Rechtshandlung zu erwirken oder zu verhindern“*.[15] Nach dem neuen Tatbestand „Verbotene Intervention“ machte sich daher strafbar, „wer geflissentlich unmittelbar oder mittelbar darauf Einfluß nimmt, daß ein Beamter (§ 101 Abs. 2 des Strafgesetzes), ein leitender Angestellter eines Unternehmens im Sinne des Artikels II Abs. 4, dem auf die Geschäftsführung ein maßgeblicher Einfluß zusteht (§ 2 Abs. 3 lit. A Betriebsrätegesetz, BGBl 1947/97), oder ein Mitglied eines allgemeinen Vertretungskörpers eine in seinen Aufgabenbereich fallende Dienstverrichtung oder Rechtshandlung parteilich vornehme oder unterlasse, und für diese Einflußnahme für sich oder einen Dritten einen Vermögensvorteil fordert, annimmt oder sich versprechen läßt“ (Art. IV Abs. 1 österr. AntiKorrG I). Straflos blieb, wer bloß einen geringfügigen Vermögensvorteil forderte, annahm oder sich versprechen ließ, außer er handelte gewerbsmäßig (Art. IV Abs. 2 österr. AntiKorrG I), oder wer im Rahmen der Befugnis zu entgeltlicher Vertretung handelte (Art. IV Abs. 3 österr. AntiKorrG I). Die Strafbestimmungen über die Winkelschreiberei blieben unberührt (Art. IV Abs. 2 österr. AntiKorrG I).

Mit der Einführung des öStGB (BGBl 1974/60) übernahm der neu geschaffene § 308 öStGB („Verbotene Intervention“) die Strafbestimmung des Art. IV aus dem österr. AntiKorrG I inhaltsgleich in das öStGB.[16] Lediglich das Wort „geflissentlich“ wurde durch „wissentlich“ ersetzt, wobei

---

13 EBRV AntiKorrG I, 5; OGH EvBl 1997/81, 432 (432); *Nordmeyer/Stricker* (Fn. 2), Vor §§ 304-309 Rn. 13.

14 StenProt BR 216. Sitzung vom 15. 5. 1964, X. GP 5258; *M. Höcher*, Die Verbotene Intervention – eine Bestimmung im Wandel der Zeit, ecolex 2013, 7 (7).

15 EBRV 384 BlgNR X. GP 2.

16 EBRV StGB 1974, 459; *Nordmeyer/Stricker* (Fn. 2), Vor §§ 304-309 Rn. 16.

die beiden Begriffe zwar nicht ident sind,[17] aber nach 1975 i.d.R.[18] synonym verwendet werden.[19]

Zu Beginn der 1980er-Jahre hat der Gesetzgeber die Bestimmung durch das österr. AntiKorrG II (BGBl 1982/205) überarbeitet: Zunächst hat er die Textierung der Bestimmung an die neuen Verweise (weil das österr. AntiKorrG II auch die anderen Korruptionsbestimmungen änderte) angepasst, ohne dass damit inhaltliche Änderungen verbunden waren.[20] Bei der Straffreiheit in Bezug auf geringfügige Vermögensvorteile (§ 308 Abs. 2 öStGB) entfiel die Tathandlung des Forderns, sodass dies auch bei geringfügigen Vermögensvorteilen strafbar war.[21] Im Kern blieb die Bestimmung jedoch sowohl durch das österr. AntiKorrG II als auch durch das umfassende und kurze Zeit später in Kraft getretene österr. Strafrechtsänderungsgesetz 1987 (BGBl 1987/605) unberührt.[22]

Die nächsten Änderungen der Strafbestimmung erfolgten durch das österr. Strafrechtsänderungsgesetz 2008 (BGBl I 2007/109), wodurch zum einen die Begriffe des Amtsträgers und des Schiedsrichters aufgenommen und zum anderen die Terminologie bei Vertretungskörpern von „allgemein" auf „verfassungsmäßig" geändert wurde.[23]

Erst durch das österr. Korruptionsstrafrechtsänderungsgesetz 2012 (BGBl I 2012/61) hat die Strafbestimmung die heute gültige Fassung erhalten.[24]

---

17 Siehe *D. Kienapfel/K. Schmoller*, Studienbuch Besonderer Teil II, 2. Aufl., Wien 2017, § 153 Rn. 2.

18 Siehe etwa OGH ÖJZ 1978, 73 (73).

19 *Nordmeyer/Stricker* (Fn. 2), Vor §§ 304-309 Rn. 16; *Höcher* (Fn. 5), § 308 Rn. 2; siehe näher dazu *O. Leukauf/H. Steininger*, Kommentar Strafgesetzbuch, 1. Aufl., Eisenstadt 1974, S. 1209–1211.

20 JAB AntiKorrG II, 4; *Nordmeyer/Stricker* (Fn. 2), Vor §§ 304-309 Rn. 22.

21 *Nordmeyer/Stricker* (Fn. 2), Vor §§ 304-309 Rn. 22.

22 OGH EvBl 1997/81, 432 (434); siehe dazu *O. Leukauf/H. Steininger*, Kommentar Strafgesetzbuch, 3. Aufl., Eisenstadt 1992, § 308 Rn. 1-13; *Ch. Bertel/K. Schwaighofer*, Besonderer Teil II, 3. Aufl., Wien 1997, § 308 Rn. 1-3; *Nordmeyer/Stricker* (Fn. 2), Vor §§ 304-309 Rn. 26.

23 EBRV StrÄG 2008, 14; *Nordmeyer/Stricker* (Fn. 2), Vor §§ 304-309 Rn. 40; siehe dazu *D. Kienapfel/K. Schmoller*, Studienbuch Besonderer Teil III, 2. Aufl., Wien 2009, S. 507-509; *Ch. Bertel/K. Schwaighofer*, Besonderer Teil II, 8. Aufl., Wien 2008, § 304 Rn. 1-2.

24 *Nordmeyer/Stricker* (Fn. 2), Vor §§ 304-309 Rn. 56; *Höcher* (Fn. 5), § 308 Rn. 3; *Höcher*, Verbotene Intervention (Fn. 14), 9 f.

IV. Internationale Vorgaben

Die Änderungen des § 308 öStGB im Jahr 2012 dienten vor allem der Umsetzung des Art. 12 der Strafrechtsübereinkommen über Korruption des Europarats.[25] Diese Europaratskonvention[26] verpflichtet die Vertragsstaaten dazu, „die erforderlichen gesetzgeberischen und anderen Maßnahmen, um folgende Handlungen, wenn vorsätzlich begangen, nach ihrem innerstaatlichen Recht als Straftaten zu umschreiben: das unmittelbare oder mittelbare Versprechen, Anbieten oder Gewähren eines ungerechtfertigten Vorteils als Gegenleistung an eine Person, die behauptet oder bestätigt, missbräuchlich Einfluss auf die Entscheidungsfindung einer der in den Artikeln 2, 4 bis 6 und 9 bis 11 genannten Personen nehmen zu können, für diese selbst oder für einen Dritten sowie das Fordern oder Annehmen oder das Annehmen des Angebots oder Versprechens eines solchen Vorteils durch eine solche Person als Gegenleistung für eine solche Einflussnahme, unabhängig davon, ob die Einflussnahme erfolgt ist oder nicht oder ob die vermutete Einflussnahme zu dem gewünschten Ergebnis führt oder nicht.“ (Art. 12).

Zudem sieht auch das Übereinkommen der Vereinten Nationen gegen Korruption (United Nations Convention against Corruption, UNCAC)[27] Entsprechendes vor: „Jeder Vertragsstaat zieht in Erwägung, die erforderlichen gesetzgeberischen und sonstigen Maßnahmen zu treffen, um folgende Handlungen, wenn vorsätzlich begangen, als Straftat zu umschreiben:

a) das Versprechen, das Angebot oder die Gewährung eines ungerechtfertigten Vorteils unmittelbar oder mittelbar an einen Amtsträger oder eine andere Person als Gegenleistung dafür, dass der Amtsträger oder die Person von seinem beziehungsweise ihrem tatsächlichen oder vermuteten Einfluss missbräuchlichen Gebrauch macht, um von einer Verwaltung oder einer Behörde des Vertragsstaats einen ungerechtfertigten Vorteil für den ursprünglichen Anstifter der Handlung oder eine andere Person zu erlangen;
b) die unmittelbare oder mittelbare Forderung oder Annahme eines ungerechtfertigten Vorteils durch einen Amtsträger oder eine andere Person für sich selbst oder für eine andere Person als Gegenleistung dafür, dass der Amtsträger oder die Person von seinem beziehungsweise ihrem

25 *Nordmeyer/Stricker* (Fn. 2), Vor §§ 304-309 Rn. 56; *Wenk/Weratschnig* (Fn. 3), § 308 Rn. 6.
26 CETS 173.
27 BGBl III 2006/47.

tatsächlichen oder vermuteten Einfluss missbräuchlichen Gebrauch macht, um von einer Verwaltung oder einer Behörde des Vertragsstaats einen ungerechtfertigten Vorteil zu erlangen." (Art 18).

Österreich hat beide Übereinkommen unterzeichnet und ratifiziert – das Strafrechtsübereinkommen über Korruption des Europarats 2013[28] und das Übereinkommen der Vereinten Nationen gegen Korruption bereits 2006.[29] In der nationalen Strafgesetzgebung haben beide Übereinkommen hinsichtlich der verbotenen Intervention allerdings kaum eine Rolle gespielt, weil das öStGB zum Zeitpunkt des Inkrafttretens der Übereinkommen bereits den entsprechenden Tatbestand enthielt und auch hinsichtlich dessen Inhalts keinen Umsetzungsbedarf erkannte.

Dazu kommt, dass Art 18 der UNCAC nur „halbzwingend" ('semi-mandatory') ausgestaltet ist.[30] Staaten, die das Übereinkommen ratifiziert haben, sind also nicht verpflichtet, eine entsprechende Strafbestimmung einzuführen, sondern lediglich dazu, dies zu diskutieren (in der englischen Sprachfassung: 'shall consider').

Auch Deutschland hat beide Übereinkommen unterzeichnet und mittlerweile auch ratifiziert – das Übereinkommen der Vereinten Nationen gegen Korruption bereits 2014[31] und das Strafrechtsübereinkommen über Korruption des Europarats 2017.[32] Strafbestimmung i.S.d. Art. 12 bzw. 18 gibt es dort jedoch keine.[33]

Die Schweiz hat das Europaratsübereinkommen zwar unterzeichnet und ratifiziert, allerdings zu Art. 12 des Europaratsübereinkommens einen Vorbehalt angebracht, weshalb das schweizerische StGB keine Strafbestim-

28 BGBl III 2014/1.

29 BGBl III 2006/47.

30 *C. Rose/M. Kubiciel/O. Landwehr*, The United Nations Convention Against Corruption: A Commentary, Oxford 2019, S. 193.

31 Bekanntmachung über das Inkrafttreten des Übereinkommens der Vereinten Nationen gegen Korruption Vom 8. Januar 2015, Bundesgesetzblatt Jahrgang 2015 Teil II Nr. 4, ausgegeben zu Bonn am 5. Februar 2015.

32 Bekanntmachung über das Inkrafttreten des Strafrechtsübereinkommens des Europarats über Korruption sowie des Zusatzprotokolls zum Strafrechtsübereinkommen des Europarats über Korruption, Bundesgesetzblatt Jahrgang 2017 Teil II Nr. 15, ausgegeben zu Bonn am 28. Juni 2017.

33 Zur Frage, ob das deutsche Strafrecht die internationalen Anforderungen erfüllt, siehe *A. van Aaken*, Genügt das deutsche Recht den Anforderungen der VN-Konvention gegen Korruption? – Eine rechtsvergleichende Studie zur politischen Korruption unter besonderer Berücksichtigung der Rechtslage in Deutschland, ZaöRV 2005, 407 (407 ff.).

mung gegen Einflusshandel oder verbotene Interventionen enthält.[34] Der Gesetzgeber rechtfertigte seinen Vorbehalt im Übrigen mit der Befürchtung, dass durch eine entsprechende Strafbestimmung *„simples Lobbying"* strafbar werden könnte und eine *„Abgrenzung der zulässigen von den unzulässigen Verhaltensweisen ein sehr risikobehaftetes und komplexes Unterfangen"* sei.[35]

Gibt es internationale Vorgaben für einen Straftatbestand, stellt sich naturgemäß die Frage, ob die nationale Strafnorm den internationalen Anforderungen auch genügt. Hinsichtlich des § 308 öStGB und des Strafrechtsübereinkommens des Europarats hat die GRECO in ihren bisherigen vier Evaluierungsrunden keine Mängel der österr. Rechtslage hinsichtlich des Tatbestands der Verbotenen Intervention erkannt.[36]

Im Gegenteil: Betrachtet man den Wortlaut des Art. 18 der UNCAC so stellt der Text sowohl für den Hintermann als auch für den Intervenienten darauf ab, dass sie die beschriebenen Handlungen setzen, „um von einer Verwaltung oder einer Behörde des Vertragsstaats einen ungerechtfertigten Vorteil zu erlangen." Diese Voraussetzung kennt § 308 öStGB nicht. Da jede zusätzliche Voraussetzung der Strafbarkeit strafbarkeitseinschränkend wirkt, reicht die Strafbarkeit wegen Verbotener Intervention i.S.d. § 308 öStGB hier also weiter als in den internationalen Bestimmungen vorgesehen. Zudem spricht der Text (im Übrigen auch Art. 12 des Europaratsübereinkommens) im Verhältnis zwischen Hintermann und Intervenient immer nur von einem ungerechtfertigten Vorteil. Bei § 308 öStGB ist in diesem Verhältnis jeder Vorteil tatbestandsmäßig. Auch hier scheint die österr. Umsetzung über die internationalen Vorgaben hinauszugehen.

D. Kriminalpolitische Bewertung

Angesichts der einschlägigen internationalen Bestimmungen und der unterschiedlichen Ausgestaltung nationaler Rechtsordnungen hinsichtlich eines Tatbestands gegen Intervention oder Einflusshandel, stellt sich die Frage, ob der Tatbestand der Verbotenen Intervention i.S.d. § 308 öStGB ein effektives Instrument im Kampf gegen Korruption ist oder ob die darunter subsumierbaren Fallkonstellationen nicht ohnehin über Formen der Beteiligtenstrafbarkeit nach dem geltenden Korruptionsstrafrecht mit gerichtli-

34 *Höcher* (Fn. 5), § 308 Rn. 20.
35 BBl 2004, 6983 (7016); siehe *Höcher* (Fn. 5), § 308 Rn. 20.
36 Greco RC-I/II (2010) 1E; Greco RC-III (2013) 26; Greco RC4 (2018) 15-P3.

cher Strafe bedroht sind. Die vom Gesetzgeber ausgemachte Strafbarkeitslücke (siehe zuvor unter C.III.) scheint schon deshalb überprüfenswert, weil sich die anderen Korruptionstatbestände neben der Verbotenen Intervention seit den 1960er-Jahren zum Teil grundlegend geändert haben.

Doch zunächst zur ersten Frage. Gilt es, die Effektivität eines Straftatbestands zu beurteilen, könnte die gerichtliche Kriminalstatistik darüber Auskunft geben.

I. Gerichtliche Kriminalstatistik

Praktische Bedeutung hat § 308 öStGB nur marginal erfahren, beurteilt man sie anhand der Verurteilungszahlen der gerichtlichen Kriminalstatistik. Für die derzeit geltende Fassung weist diese Statistik 2013[37] zwei Verurteilungen und 2015[38] sowie 2017[39] jeweils einen Schuldspruch aus. 2014, 2016 und 2018-2020 finden sich gar keine Verurteilungen. Vor der geltenden Fassung scheint überhaupt nur 1996[40] und 2006[41] jeweils eine Verurteilung auf.

Die geringen Verurteilungszahlen lassen sich wohl weniger mit der generalpräventiven Wirkung des Tatbestands erklären,[42] als vielmehr mit faktischen Schwierigkeiten der Nachweisbarkeit sowie der ausdrücklichen Subsidiaritätsklausel (§ 308 Abs. 5 öStGB). Hiernach ist der Täter (Hintermann oder Intervenient) nicht nach § 308 öStGB zu bestrafen, wenn die Tat nach einer anderen Bestimmung mit strengerer Strafe bedroht ist. Subsidiäre, also bloß in Scheinkonkurrenz verwirklichte, strafbare Handlungen scheinen in den Statistiken grundsätzlich nicht auf.

---

37 Gerichtliche Kriminalstatistik der Statistik Austria 2013 (http://www.statistik.at/web_de/statistiken/menschen_und_gesellschaft/soziales/kriminalitaet/index.html).

38 Gerichtliche Kriminalstatistik der Statistik Austria 2015 (http://www.statistik.at/web_de/statistiken/menschen_und_gesellschaft/soziales/kriminalitaet/index.html).

39 Gerichtliche Kriminalstatistik der Statistik Austria 2017 (http://www.statistik.at/web_de/statistiken/menschen_und_gesellschaft/soziales/kriminalitaet/index.html).

40 Gerichtliche Kriminalstatistik der Statistik Austria 1996, 90.

41 Gerichtliche Kriminalstatistik der Statistik Austria 2006, 66.

42 Siehe dazu allgemein *M. Stricker*, Effektivität im Wirtschaftsstrafrecht, in: Studiengesellschaft Wirtschaft im Recht (Hrsg.), Effektivität im Wirtschaftsrecht (im Erscheinen).

II. Konkurrenzen zu den anderen Tatbeständen des Korruptionsstrafrechts

Bildet die gerichtliche Kriminalstatistik aber keinen tauglichen Maßstab die Effektivität einer Strafnorm zu bewerten, bleibt jedenfalls die Frage zu beurteilen, ob und wenn ja, welche Sachverhaltskonstellationen nur auf Grund des § 308 öStGB unter gerichtlicher Strafdrohung stehen, also ohne diesen Tatbestand straflos wären. Denn nur in diesen Fällen besteht dann tatsächlich die vom Gesetzgeber ausgemachte Strafbarkeitslücke, mit der er die Einführung der „Verbotenen Intervention“ gerechtfertigt hat.

Diese Analyse hat vor allem hinsichtlich der anderen Korruptionstatbestände unter Berücksichtigung der Möglichkeit zu erfolgen, sich daran beteiligen zu können (§§ 12 i.V.m. 14 öStGB).[43] Dabei lassen sich im Wesentlichen drei Fallgruppen unterscheiden: Zum einen ergeben sich zwei Fallgruppen nach der jeweiligen Variante, die die Einflussnahme ungebührlich macht, also entweder eine angestrebte Pflichtwidrigkeit der Amtstätigkeit (§ 308 Abs. 4 erster Fall öStGB) oder ein ungebührlicher Vorteil an den Amtsträger (§ 308 Abs. 4 zweiter Fall öStGB). Zentrale Überlegung ist hier, die Frage, ob nicht die ungebührliche Einflussnahme selbst für den Intervenienten mit gerichtlicher Strafe bedroht ist und sich der Hintermann daran (in welcher Form auch immer) beteiligt. Zum anderen stellt sich die Frage einer dritten Fallgruppe der (Ideal-)Konkurrenz zu anderen Korruptionsbestimmungen gerade dann, wenn der Intervenient selbst Amtsträger ist.

Keine Bedeutung soll bei dieser Analyse allerdings dem materiellen Gehalt der ausdrücklichen Subsidiaritätsklausel des § 308 Abs. 5 öStGB zukommen.[44] Denn sie regelt das Verhältnis zweier erfüllter strafbarer Handlungen bei unterschiedlich hoher Strafdrohung. Hier interessiert jedoch i.S. einer kriminalpolitischen Analyse vielmehr, ob und in welchen Konstellationen überhaupt ein anderer Straftatbestand erfüllt ist, als die Frage, nach welchen strafbaren Handlungen der Täter nun konkret bestraft wird.

---

43 Siehe dazu *Nordmeyer/Stricker* (Fn. 2), § 304 Rn. 92 ff. und § 307 Rn. 35 ff.; *G. Hauss/P. Komenda*, in: H. Hinterhofer/O. Triffterer/Ch. Rosbaud (Hrsg.), Salzburger Kommentar zum StGB, Salzburg 2014, § 304 Rn. 154 ff. und § 307 Rn. 34; *Aichinger* (Fn. 3), § 304 Rn. 21.

44 Siehe dazu EB IA KorrStrÄG 2012, 13; *Nordmeyer/Stricker* (Fn. 2), § 308 Rn. 34; *Höcher* (Fn. 5), § 308 Rn. 66; *Aichinger* (Fn. 3), § 308 Rn. 14; *Marek/Jerabek* (Fn. 3), § 308 Rn. 6; *Messner* (Fn. 10), § 308 Rn. 8.

1. Vorteil an den Amtsträger

Beispiel: A gibt B 10.000 Euro, von denen B 9.000 Euro behalten darf, wenn er 1.000 Euro an Bürgermeister C übergibt, um eine rechtskonforme Baubewilligung schneller zu erhalten.

a) Strafbarkeit des Intervenienten (§ 308 Abs. 1 öStGB)

Gründet man die Ungebührlichkeit der Einflussnahme auf den Umstand, dass dem Amtsträger ein ungebührlicher Vorteil angeboten, versprochen oder gewährt wird (§ 308 Abs. 4 zweiter Fall öStGB), steht die Einflussnahme zumeist selbst unter Strafe. Denn das Ziel der Einflussnahme ist die „Entscheidungsfindung eines Amtsträgers" und damit ein Amtsgeschäft.[45] In diesem Fall wird daher ein Vorteil mit einem Amtsgeschäft verknüpft, das entweder pflichtgemäß oder pflichtwidrig durchgeführt oder unterlassen werden soll. Diesfalls erfüllt der Intervenient den Tatbestand des § 307 öStGB oder § 307a öStGB (sowohl für die Einflussnahme als auch bei § 307a öStGB erfordert das Gesetz einen ungebührlichen Vorteil i.S.d. § 305 Abs. 4 öStGB),[46] wenn er tatsächlich tätig wird und Einfluss zu nehmen sucht.

Dennoch erweitert die Verbotene Intervention in diesem Fall die Strafbarkeit des Intervenienten. Denn § 308 Abs. 1 öStGB greift früher ein, nämlich bereits zu dem Zeitpunkt, an dem der Intervenient einen Vorteil für seine Einflussnahme fordert, er sich also mit Blick auf die Einflussnahme erst im Vorbereitungsstadium befindet. Damit stellt § 308 Abs. 1 öStGB einen Bereich unter Strafe, der sonst straflos wäre, insbesondere, weil auch das Versuchsstadium der Vorteilsgewährung zu diesem Zeitpunkt noch nicht erreicht ist.[47] Daher spricht das Schrifttum bisweilen von einem sog. Vorbereitungstatbestand bzw. strafbarer Vorbereitung.[48]

Auch wenn die Verbotene Intervention also in diesem Fall zu einer Erweiterung der Strafbarkeit des Intervenienten führt, schließt diese keine vom Gesetzgeber befürchtete Strafbarkeitslücke (siehe C. III.), weil die

---

45 *Nordmeyer/Stricker* (Fn. 2), § 308 Rn. 16.

46 *Nordmeyer/Stricker* (Fn. 2), § 308 Rn. 40; vgl. *Höcher* (Fn. 5), § 308 Rn. 52.

47 Siehe *Nordmeyer/Stricker* (Fn. 2), § 304 Rn. 88 ff.; *Hauss/Komenda* (Fn. 43), § 304 Rn. 150 ff.

48 Siehe etwa *Nordmeyer/Stricker* (Fn. 2), § 308 Rn. 1; *Höcher* (Fn. 5), § 308 Rn. 21; *Schmitt* (Fn. 3), § 308 Rn. 5.

Vorbereitung grundsätzlich und insbesondere auch bei anderen Korruptionstatbeständen straflos ist.

b) Strafbarkeit des Hintermanns (§ 308 Abs. 2 öStGB)

Für den Hintermann, also die aktive Seite der Verbotenen Intervention (§ 308 Abs. 2 öStGB), stellt sich daran anknüpfend die Frage, ob er sich an der strafbaren Handlung des Intervenienten beteiligen kann. Da die – auf Grund eines ungebührlichen Vorteils an den Amtsträger (§ 308 Abs. 4 zweiter Fall öStGB) – ungebührliche Einflussnahme wie eben erwähnt nach den Tatbeständen gegen aktive Korruption – bei Tätigwerden des Intervenienten – selbst mit gerichtlicher Strafe bedroht ist, kann sich der Hintermann an diesen Allgemeindelikten (§§ 307 und 307a öStGB) nach Maßgabe des § 12 öStGB beteiligen. Denn nach dem öStGB (§ 12 öStGB) begeht nicht nur der unmittelbare Täter die strafbare Handlung, sondern auch jeder, der einen anderen dazu bestimmt, sie auszuführen (Bestimmungstäter, § 12 zweiter Fall öStGB) oder der sonst zu ihrer Ausführung beiträgt (Beitragstäter, § 12 dritter Fall öStGB).

Für die Beteiligungsform (Bestimmungs- [§ 12 zweiter Fall öStGB] oder Beitragstäter [§ 12 dritter Fall öStGB]) ist entscheidend, ob der Intervenient bereits den Handlungsentschluss gefasst hat, also die Initiative zur Einflussnahme von ihm ausgeht, weil er etwa einen Vorteil fordert. Diesfalls kann sich der Hintermann „nur" als Beitragstäter strafbar machen, wenn er dem Intervenienten einen Vorteil verspricht oder gewährt. Geht die Initiative allerdings vom Hintermann aus, weil er dem Intervenienten etwa einen Vorteil für die Einflussnahme anbietet, macht er sich als Bestimmungstäter zu § 307 öStGB oder § 307a öStGB strafbar.

Die Strafbarkeit des Hintermanns hängt dabei allerdings vom Verhalten des Intervenienten ab: Setzt der Intervenient keine zumindest versuchte Einflussnahme, bleibt der Hintermann nämlich entweder straffrei, wenn er bloß durch sonstigen Beitrag beteiligt ist (§ 15 Abs. 2 öStGB *e contrario* [Straflosigkeit der versuchten Beitragstäterschaft]),[49] oder macht sich „nur" wegen versuchter (§ 15 öStGB) Bestimmung strafbar, die milder zu bestrafen ist (siehe § 34 Abs. 1 Z. 13 öStGB).

Der Tatbestand des § 308 Abs. 2 öStGB bewirkt in diesen Fällen für den Hintermann also, dass seine Strafbarkeit nicht von dem Verhalten des In-

49 Siehe dazu statt aller *H. Fuchs/I. Zerbes*, Strafrecht Allgemeiner Teil I, 11. Aufl., Wien 2021, Rn. 34/38 ff.

tervenienten abhängig ist. Insofern erweitert die Verbotene Intervention auch hier die Reichweite des Korruptionsstrafrechts. Eine Strafbarkeitslücke wird wiederum nicht geschlossen, weil sich die Straflosigkeit der versuchten Beitragstäterschaft (bzw. das Gebot der milderen Strafe bei bloß versuchter Bestimmung) aus allgemeinen Grundsätzen ergibt und freilich nicht nur für das Korruptionsstrafrecht gilt.

2. *Pflichtwidrige Vornahme oder Unterlassung eines Amtsgeschäfts*

> *Beispiel: A gibt B 10.000 Euro, wenn er Staatsanwalt C dazu überredet, entgegen den gesetzlichen Voraussetzungen, ein Ermittlungsverfahren gegen A einzustellen.*

Hinsichtlich der Ungebührlichkeit der Einflussnahme, weil die pflichtwidrige Vornahme oder Unterlassung eines Amtsgeschäfts begehrt wird (§ 308 Abs. 4 erster Fall öStGB), ist die Lage von Vornherein anders. Denn in diesem Fall kommt schon für die tatsächliche Einflussnahme selbst keine unmittelbare Täterschaft, in Betracht, weil in diesen Konstellationen kein für die Tatbestände des Korruptionsstrafrechts notwendiger Vorteil an den Amtsträger oder einen Dritten im Raum steht. Lässt man § 308 öStGB außen vor, bleibt sowohl für den Hintermann als auch für den Intervenienten lediglich eine Strafbarkeit wegen Beteiligung (§ 12 öStGB) an der pflichtwidrigen Vornahme eines Amtsgeschäfts möglich. Als strafbare Handlung, zu der der Intervenient bestimmt, kommt allerdings nur der Missbrauch der Amtsgewalt (§ 302 öStGB) in Frage, weil nur dieses Amtsdelikt[50] in seinen engen Grenzen die Vornahme oder Unterlassung pflichtwidriger Amtsgeschäfte unter Strafe stellt.

Wegen Missbrauchs der Amtsgewalt macht sich ein Beamter strafbar, wenn er mit dem Vorsatz, dadurch einen anderen an seinen Rechten zu schädigen, seine Befugnis, im Namen des Bundes, eines Landes, eines Gemeindeverbandes, einer Gemeinde oder einer anderen Person des öffentlichen Rechtes als deren Organ in Vollziehung der Gesetze Amtsgeschäfte vorzunehmen, wissentlich missbraucht (§ 302 Abs. 1 öStGB).

Zwar ist auch die Beteiligung an § 302 öStGB möglich, auch wenn es sich um ein sog. unrechtsrelevantes Sonderdelikt handelt (§ 12 i.V.m. § 14

---

50 Die pflichtwidrige Vornahme eines Amtsgeschäfts könnte freilich auch Untreue (§ 153 öStGB) begründen, die aber kein Korruptions- oder Amtsdelikt ist und hier folglich außer Betracht bleiben soll.

öStGB),[51] die objektiven und subjektiven Voraussetzungen des § 302 öStGB erfordern aber weitaus mehr als die pflichtwidrige Vornahme oder Unterlassung eines Amtsgeschäfts. Erstens kommen nur Beamte (§ 74 Abs. 1 Z. 4 öStGB) als Täter in Betracht und nicht Amtsträger.[52] Zweitens knüpft der Missbrauch der Amtsgewalt an ein Amtsgeschäft „in Vollziehung der Gesetze“, also in der Hoheitsverwaltung an,[53] während die Korruptionstatbestände – und daher auch § 308 öStGB – jedes Amtsgeschäft (Privatwirtschafts- und Hoheitsverwaltung) erfassen.[54] Drittens muss der Täter subjektiv wissen (§ 5 Abs. 3 öStGB),[55] dass er seine Befugnis missbraucht, und viertens mit einem Rechtsschädigungsvorsatz[56] handeln, um wegen § 302 öStGB bestraft werden zu können.

a) Strafbarkeit des Intervenienten (§ 308 Abs. 1 öStGB)

Aus all diesen strengen Voraussetzungen des § 302 öStGB folgt für den Intervenienten ein doch enger Bereich, in dem die Intervention als Bestimmung zum Missbrauch der Amtsgewalt unter Strafe steht.

Der Intervenient, der also eine pflichtwidrige Vornahme oder Unterlassung eines Amtsgeschäfts erreichen will, kann sich zunächst wegen Bestimmung zum Missbrauch der Amtsgewalt nur strafbar machen, wenn er tatsächlich zumindest versucht, einen Beamten zum Fehlgebrauch seiner Befugnis, also zur pflichtwidrigen Durchführung oder Unterlassung eines Amtsgeschäfts, zu bestimmen. Alle Handlungen, die der Intervenient zeitlich vorher setzt (wie etwa das Fordern eines Vorteils für seine Bestimmungshandlung), sind aus dem Blickwinkel der Beteiligung an § 302 öStGB wiederum straflose Vorbereitung.

51 OGH 11.8.2014, 17 Os 5/14k, 6/14g; *Nordmeyer* (Fn. 2), § 302 Rn. 180; *W. Zagler*, in: Hinterhofer/Triffterer/Rosbaud (Hrsg.), Salzburger Kommentar zum StGB, Salzburg 2002, § 302 Rn. 156; *Marek/Jerabek* (Fn. 3), § 302 Rn. 60; *Aichinger* (Fn. 3), § 302 Rn. 42a; *Messner* (Fn. 10), § 302 Rn. 41.

52 Zum Verhältnis der beiden Begriffe zueinander *R. Jerabek/R. Ropper* in: E. Ratz/ F. Höpfel (Hrsg.), Wiener Kommentar zum Strafgesetzbuch, Bd. II, 2. Aufl., Wien 2021, § 74 Rn. 19.

53 Siehe OGH EvBl 1978/136, 503 = JBl 1979, 43; RIS-Justiz RS0096211; *Nordmeyer* (Fn. 2), § 302 Rn. 54 ff; *Zagler* (Fn. 51), § 302 Rn. 78; *Marek/Jerabek* (Fn. 3), § 302 Rn. 12; *Aichinger* (Fn. 3), § 302 Rn. 22; *Messner* (Fn. 10), § 302 Rn. 6 ff.

54 *Nordmeyer/Stricker* (Fn. 2), § 308 Rn. 15; *Höcher* (Fn. 5), § 308 Rn. 39.

55 Siehe dazu RIS-Justiz RS0096529; *Nordmeyer* (Fn. 2), § 302 Rn. 134 ff; *Zagler* (Fn. 51), § 302 Rn. 106; *Marek/Jerabek* (Fn. 3), § 302 Rn. 43.

56 Statt aller *Nordmeyer* (Fn. 2), § 302 Rn. 140 ff.

Freilich besteht die Möglichkeit der Beteiligung nur dann, wenn zumindest die objektiven Voraussetzungen des § 302 öStGB vorliegen, also ein Beamter missbräuchlich einen Hoheitsakt durchführen oder unterlassen soll. Bei der Beteiligung an § 302 öStGB ist zudem besonders umstritten, wie der Vorsatz des Beteiligten hinsichtlich des wissentlichen Befugnismissbrauchs des unmittelbaren Täters beschaffen sein muss.[57]

Der Anwendungsbereich des § 308 Abs. 1 öStGB geht also in zweierlei Hinsicht weit über jenen der Bestimmung zum Missbrauch der Amtsgewalt[58] hinaus, weil erstens die objektiven Tatbestandsmerkmale des § 302 öStGB nicht vorliegen müssen und zweitens die Strafbarkeit wiederum auf Handlungen ausgedehnt wird, die sonst straflose Vorbereitungshandlungen wären. Strafbarkeitslücke schließt § 308 öStGB dennoch nicht. Denn die Begrenzung der Strafbarkeit der Beteiligung aus § 302 öStGB folgt aus allgemeinen Grundsätzen.

b) Strafbarkeit des Hintermanns (§ 308 Abs. 2 öStGB)

Auch für den Hintermann zeigt sich ohne § 308 Abs. 2 öStGB eine bloß eingeschränkte Möglichkeit der Strafbarkeit i.S. einer Beteiligung an der pflichtwidrigen Vornahme oder Unterlassung eines Amtsgeschäfts und sie ist noch schwieriger zu begründen.

Denn für den Hintermann kommt in diesen Konstellationen nur eine Art der Kettenbeteiligung in Betracht, weil er zur Bestimmung zum Missbrauch der Amtsgewalt des Intervenienten bestimmen könnte. Diese Art der „Kettenbestimmung“[59] ist zwar einhellig anerkannt, allerdings müssen dazu für das angestrebte Amtsgeschäft objektiv wiederum alle Tatbestandsmerkmale vorliegen, die es für § 302 öStGB braucht. Zudem muss der Intervenient eine Bestimmungshandlung (§ 15 Abs. 2 öStGB) setzen, um den Hintermann wegen vollendeter Kettenbestimmung bestrafen zu können. Sonst läge für den Hintermann lediglich eine (milder bestrafte, siehe § 34 Abs. 1 Z 6 und 13 öStGB) versuchte Bestimmung vor.

---

57 Siehe dazu *Nordmeyer* (Fn. 2), § 302 Rn. 180; allgemein *Fuchs/Zerbes* (Fn. 49), Rn. 35/17 ff.

58 Und im Übrigen auch über jenen der Bestimmung zur Untreue hinaus, weil die Verbotene Intervention keine Verfügung über fremdes Vermögen oder den Eintritt eines Vermögensschadens fordert.

59 Siehe dazu *E. Fabrizy* in: E. Ratz/F. Höpfel (Hrsg.), Wiener Kommentar zum Strafgesetzbuch, Bd. I, 2. Aufl., Wien 2014, § 12 Rn. 53 mN; *Fuchs/Zerbes* (Fn. 49), Rn. 36/13 ff.

Vertritt man, dass die Bestimmung zur Bestimmung dogmatisch nur ein Beitrag zur Bestimmung ist,[60] bleibt der Hintermann gar straflos, wenn der Intervenient keine Bestimmungshandlung (§ 15 Abs. 2 öStGB) setzt. Denn die versuchte Beteiligung ist auch in Fällen der Kettenbeteiligung straflos (§ 15 Abs. 2 öStGB *e contrario*). In diesem Fall ist das Verhalten des Intervenienten nicht nur für die Abgrenzung zwischen versuchter und vollendeter Beteiligung des Hintermanns ausschlaggebend, sondern sogar strafbarkeitsentscheidend.

§ 308 Abs. 2 öStGB beseitigt all diese Anwendungsprobleme, indem der Tatbestand das Handeln des Hintermanns unabhängig von den Voraussetzungen des § 302 öStGB – und vor allem unabhängig vom Verhalten des Intervenienten – unter Strafe stellt. Gerade auch für den Hintermann bringt der Tatbestand der Verbotenen Intervention im Fall der Ungebührlichkeit der Einflussnahme eine beträchtliche Strafausdehnung. Doch auch hier lässt sich nicht von der Schließung einer Strafbarkeitslücke sprechen. Denn die Straflosigkeit der versuchten Beitragstäterschaft folgt – sowie die Begrenzungen der Strafbarkeit in Fällen der Kettenbestimmung – aus allgemeinen Grundsätzen.

3. *Amtsträger als Intervenient*

> *Beispiel: A gibt Gemeinderat B 10.000 Euro, von denen B 9.000 Euro behalten darf, wenn er 1.000 Euro an Gemeinderat C übergibt, um eine rechtskonforme Umwidmung des Flächenwidmungsplans schneller zu erhalten.*

Der eigenständige Anwendungsbereich der Verbotenen Intervention und eine dadurch geschlossene Strafbarkeitslücke erscheinen wiederum fraglich, wenn der Intervenient selbst Amtsträger ist. Denn die ungebührliche Einflussnahme nach § 308 Abs. 4 öStGB ist für einen Amtsträger zumeist ein Amtsgeschäft.[61]

60 So etwa *Fuchs/Zerbes* (Fn. 49), Rn. 36/18.

61 Vgl. *Nordmeyer/Stricker* (Fn. 2), § 308 Rn. 9 und 36.

a) Strafbarkeit des Intervenienten (§ 308 Abs. 1 öStGB)

Ein Amtsträger, der einen (ungebührlichen) Vorteil für eine ungebührliche Einflussnahme (§ 308 Abs. 4 öStGB) fordert, annimmt oder sich versprechen lässt, verwirklicht daher zunächst den Tatbestand der Vorteilsannahme (§ 305 öStGB).[62] Ist die Einflussnahme sogar ein pflichtwidriges Amtsgeschäft, kommt der Tatbestand der Bestechlichkeit (§ 304 öStGB) in Betracht. Ist der Intervenient also zugleich Amtsträger, ist die Konstellation, die § 308 Abs. 1 öStGB erfassen will, grundsätzlich bereits durch die anderen Korruptionstatbestände abgedeckt.

Einzig zu § 305 öStGB besteht ein Unterschied: Denn in § 308 Abs. 1 öStGB ist jeder Vorteil an den Intervenienten tatbestandsmäßig, während in § 305 Abs. 1 öStGB nur ungebührliche Vorteile (§ 305 Abs. 4 öStGB *e contrario*) den Tatbestand erfüllen, wenn ihn der Amtsträger annimmt oder sich versprechen lässt. Fordert der Amtsträger hingegen einen Vorteil für die pflichtgemäße Durchführung oder Unterlassung eines Amtsgeschäfts, ist auch in § 305 Abs. 1 öStGB jeder Vorteil tatbildlich.

In aller Regel liegen damit im Verhältnis zwischen § 308 Abs. 1 öStGB und § 305 Abs. 1 öStGB Anwendungsfälle der ausdrücklichen Subsidiaritätsklausel (§ 308 Abs. 5 öStGB) vor. Der Gesetzgeber hatte dabei wohl auch gerade an Fälle gedacht, in denen der Intervenient selbst Amtsträger ist. Hier bringt die Verbotene Intervention nur eine kleine Erweiterung der Strafbarkeit und schließt ebenfalls keine Strafbarkeitslücke.

b) Strafbarkeit des Hintermanns (§ 308 Abs. 2 öStGB)

Ähnliches gilt auch für die Strafbarkeit des Hintermanns, wenn der Intervenient selbst Amtsträger ist: Wer einem Amtsträger für eine ungebührliche Einflussnahme i.S.d. § 308 Abs. 2 öStGB einen (ungebührlichen) Vorteil anbietet, verspricht oder gewährt, verwirklicht zunächst den Tatbestand der Vorteilsgewährung (§ 307a öStGB). Ist die angestrebte Einflussnahme sogar pflichtwidrig, kommt der Tatbestand der Bestechung (§ 307 öStGB) in Betracht. Ist der Intervenient also zugleich Amtsträger, ist die Konstellation, die § 308 Abs. 2 öStGB für den Hintermann erfassen will, grundsätzlich bereits durch die anderen Korruptionstatbestände abgedeckt.

---

62 In den Handlungsvarianten Annehmen oder Sich-Versprechen-Lassen allerdings nur, wenn der Vorteil ungebührlich (§ 305 Abs. 4 öStGB) ist.

Eine Erweiterung der Strafbarkeit des Hintermanns durch die Verbotene Intervention kommt daher wiederum nur in jenen Fällen in Betracht, in denen der Hintermann dem Intervenienten einen nicht ungebührlichen Vorteil i.S.d. § 305 Abs. 4 öStGB anbietet, verspricht oder gewährt. Denn im Gegensatz zu § 307a öStGB ist nach § 308 Abs. 2 öStGB jeder Vorteil und nicht nur der ungebührliche tatbestandsmäßig.

Außerhalb dieser Konstellationen ist aber auch für die Strafbarkeit des Hintermanns regelmäßig die Subsidiaritätsklausel des § 308 Abs. 5 öStGB zu beachten, wenn der Intervenient Amtsträger ist. Für den Hintermann bringt die Verbotene Intervention ebenfalls nur eine geringe Erweiterung der Strafbarkeit und schließt ebenfalls keine Strafbarkeitslücke, wenn der Intervenient zugleich Amtsträger ist.

E. Zusammenfassung

Ein gerichtlicher Straftatbestand gegen Einflusshandel besteht in Österreich bereits seit den 1960er-Jahren unter dem Titel „Verbotene Intervention".

Mit diesem Straftatbestand erfüllt Österreich auch internationale Vorgaben, die in der Europaratskonvention über Korruption und im Übereinkommen der Vereinten Nationen gegen Korruption (UNCAC) vorgezeichnet sind.

Kern der Strafbestimmung ist die Verknüpfung eines Vorteils mit der ungebührlichen Einflussnahme auf einen Amtsträger. Strafbar macht sich dabei nicht nur, wer einen solchen Vorteil fordert, annimmt oder sich versprechen lässt (Strafbarkeit des Intervenienten gem. § 308 Abs. 1 öStGB), sondern auch, wer ihn anbietet, verspricht oder gewährt (Strafbarkeit des Hintermanns gem. § 308 Abs. 2 öStGB). Die Einflussnahme ist dabei ungebührlich, wenn sie auf die pflichtwidrige Vornahme oder Unterlassung eines Amtsgeschäfts abzielt oder mit dem Anbieten, Versprechen oder Gewähren eines ungebührlichen Vorteils (§ 305 Abs. 4 öStGB) für den Amtsträger oder für ihn an einen Dritten verbunden ist (§ 308 Abs. 4 öStGB).

Auch wenn § 308 öStGB in der gerichtlichen Kriminalstatistik bisher eigentlich keine Bedeutung zukommt, so zeigt eine Analyse der erfassten Sachverhaltskonstellation, dass die Verbotene Intervention vielfach über den Anwendungsbereich der anderen Korruptionstatbestände hinausgeht und insbesondere Verhaltensweisen erfasst, die als Vorbereitungshandlungen einzuordnen sind. Das gilt vor allem, wenn der Intervenient kein Amtsträger, sondern eine Privatperson ist.

Bedrückungskorruption (Concussion)[1]

Lothar Kuhlen

I. Einleitung

Einen speziellen Tatbestand der Bedrückungskorruption oder „amtlichen Erpressung (Concussion)“[2] kennt das deutsche Strafrecht nicht. Demgegenüber enthält etwa Art. 317 des italienischen Strafgesetzbuchs (Codice Penale)[3] eine eigene Regelung der „Concussione“. Die Vorschrift lautet: „Der Amtsträger oder der mit einer öffentlichen Dienstleistung Beauftragte, der unter Missbrauch seiner Amtsstellung oder seiner amtlichen Machtbefugnisse jemanden dazu nötigt, diesem oder einem Dritten in unrechtmäßiger Weise Geld oder einen sonstigen Vorteil zu gewähren oder zu versprechen, wird mit Freiheitsstrafe von sechs bis zwölf Jahren bestraft.“[4]

Wie dieser Tatbestand einer Nötigung im Amt im Einzelnen zu verstehen ist, wird hier nicht erörtert. Ich werde vielmehr nur diskutieren, wie die Bedrückungskorruption, des näheren die „Nötigung zur Bestechung“, nach deutschem Recht zu beurteilen ist. Sodann werde ich zu der Frage Stellung nehmen, ob ein entsprechender Spezialtatbestand in dieses Recht aufgenommen werden sollte.

---

1 Dieser Beitrag ist eine erweiterte Fassung des Vortrages, den ich am 17.9.2021 bei der Trierer Online-Tagung zum Thema „Korruptionsstrafrecht: Unerforschtes Terrain und neue Wege“ gehalten habe. Die Tagung sollte ursprünglich bereits im September 2020 stattfinden. Mein dafür im Sommer 2020 verfasstes Referat ist in JR 2021, 295 veröffentlicht worden. Dort wird (auf S. 300 ff.) auch die „Nötigung zur Bestechlichkeit“ erörtert. Hier wird, auf der Grundlage des bereits publizierten Textes, aber mit mehreren Ergänzungen, lediglich die „Nötigung zur Bestechung“ behandelt.

2 So *P. J. A. Feuerbach*, Lehrbuch des gemeinen in Deutschland gültigen peinlichen Rechts, 14. Aufl. 1847, S. 755.

3 In der Folge: CP.

4 Im Original: „Il publicco ufficiale o l'incaricato di un publicco servizio che, abusando della sua qualità o dei suoi poteri, costringe taluno a dare o a promettere indebitamente, a lui o ad un terzo, denaro od altra utilità, è punito con la reclusione da sei a dodici anni.“ Deutsche Übersetzung nach *M. Rübenstahl*, Materielles Korruptionsstrafrecht in Italien, in: M. Busch/E. Hoven/M. Pieth/M. Rübenstahl (Hrsg.), Antikorruptions-Compliance, 2020, S. 398 Rn. 36.

II. Kasuistik

Beginnen wir mit vier Fällen, die verdeutlichen, worum es bei der „Nötigung zur Bestechung“ geht.

1. Sonntagsarbeit (Fall 1)

Der Polizeibeamte A erhielt Kenntnis davon, dass der Handwerksmeister P gegen das Verbot der Sonntagsarbeit verstoßen hatte. Er machte P deswegen Vorhaltungen, versprach aber, der Sache nicht nachzugehen, wenn ihm P 120 DM zahle. P tat das. Der BGH hat im Jahr 1956 angenommen, A habe sich wegen tateinheitlich begangener Erpressung und Bestechlichkeit strafbar gemacht.[5]

2. Verfahrenseinstellung (Fall 2)

Staatsanwalt A führte gegen P ein Ermittlungsverfahren wegen Betrugs und Urkundenfälschung. Er bot P an, gegen Zahlung von 5.000 Euro und den Abschluss eines mit monatlich 500 Euro dotierten Beratervertrags eine umgehende Verfahrenseinstellung gem. § 153a StPO zu bewirken.[6] P ging auf diesen Vorschlag nicht ein. Nach der Rechtsauffassung des OLG Oldenburg wäre A in diesem Fall wegen Bestechlichkeit und versuchter Erpressung zu bestrafen.

3. Hochschlafen (Fall 3)

A war Leiter einer Polizeiinspektion in Niedersachsen. Er fragte anlässlich eines dienstlichen Gesprächs die Polizistin P, ob sie sich „hochschlafen“ wolle. Er machte ihr mit dieser Frage das Angebot, ihre berufliche Lauf-

5 BGHSt 9, 245 ff.

6 OLG Oldenburg NJW 2008, 3012. Der vom OLG entschiedene Fall lag etwas anders als der hier gebildete, da dort ein Richter (R) dem P anbot, bei der zuständigen Staatsanwältin S, seiner Ehefrau, für die Einstellung des Verfahrens zu sorgen. Der Richter nutzte also bei seinem Angebot nicht seine dienstliche Stellung, sondern bot als Gegenleistung lediglich ein privates Handeln als Ehemann an. Damit kam eine Strafbarkeit gem. § 332 nicht in Betracht, sondern lediglich eine von R begangene (versuchte) Erpressung.

bahn zu fördern, wenn sie mit ihm ins Bett gehe. P lehnte das Angebot ab. Nach Ansicht des BGH hat sich A wegen Bestechlichkeit strafbar gemacht.[7] Eine (versuchte) Nötigung wird in dem Beschluss vom April 2020 nicht erörtert.

4. *Tiefbauamt (Fall 4)*

A war beim Tiefbauamt einer Stadt angestellt. Der Unternehmer P bewarb sich darum, von der Stadt mit der Erbringung bestimmter Bauleistungen beauftragt zu werden. A verlangte daraufhin von P Geld und kündigte an, sich bei Erhalt des geforderten Betrages für die Firma des P „einzusetzen" und deren Beauftragung „nicht zu behindern".[8] Nach Auffassung des BGH war A wegen Bestechlichkeit und Erpressung strafbar.

III. *Strafbarkeit des Amtsträgers nach der Vereinigungstheorie*

1. *Das Verhältnis zwischen Nötigung und Bestechungsdelikten*

Bevor ich darlege, wie diese Fälle m. E. zu beurteilen sind, muss ich etwas weiter ausholen und das Verhältnis zwischen Nötigung und Bestechungsdelikten skizzieren.[9]

a) In allen vier Fällen kam eine – zum Teil als Erpressung qualifizierte – Nötigung durch Drohung in Betracht. Diese Form der Nötigung setzt eine bedingte Drohung des Täters gegenüber dem Adressaten voraus. Starke bedingte Drohungen stellen für den Fall der Kooperationsverweigerung dem Adressaten ein für ihn nachteiliges aktives Tun in Aussicht. Sie haben die allgemeine Form: „Wenn du nicht kooperierst, werde ich dich schlechter stellen, als du ohne mein Zutun stündest." Schwache bedingte Drohungen

---

7 BGH JR 2020, 628 mit Anmerkung *L. Kuhlen* = BGH NStZ 2020, 669 mit Anmerkung *D. Bock*.

8 BGH StV 1985, 146 (147).

9 Eingehend dazu *L. Kuhlen*, Drohen mit einem Übel und Versprechen eines Vorteils. Zum Verhältnis von Nötigung und Bestechungsdelikten, 2018. Die Monographie führt Überlegungen fort, die sich bei *L. Kuhlen*, Drohungen und Versprechungen, in: R. Hefendehl/T. Hörnle/L. Greco (Hrsg.), Festschrift für Bernd Schünemann, 2014, S. 611 ff. finden. Auch für weiterführende Literaturhinweise sei auf diese beiden Arbeiten verwiesen.

stellen ein für den Adressaten nachteiliges Unterlassen in Aussicht. Sie haben die allgemeine Form: „Wenn du nicht kooperierst, werde ich eine für dich vorteilhafte Handlung unterlassen".[10] Das angekündigte Verhalten kann verboten, freigestellt oder geboten sein.[11] Unterscheidet man nach der Verhaltensqualität und der deontischen Qualität des angekündigten Verhaltens, ergeben sich somit sechs verschiedene Arten der bedingten Drohung.

Entsprechend gibt es sechs Arten des bedingten Versprechens. Starke bedingte Versprechen haben die allgemeine Form: „Wenn du kooperierst, werde ich dich besserstellen, als du ohne mein Zutun stündest." Schwache bedingte Versprechen haben die allgemeine Form: „Wenn du kooperierst, werde ich eine für dich nachteilige Handlung unterlassen." Bedingte Drohungen lassen sich fast immer in bedingte Versprechen umformulieren und umgekehrt.[12] Die klassische Ankündigung „Geld oder Leben!" etwa enthält nicht nur die starke Drohung, den Adressaten umzubringen, wenn er nicht zahlt, sondern auch das schwache Versprechen, ihn nicht umzubringen, falls er zahlt. Und dem starken Versprechen, man werde einem Amtsträger bei Erteilung einer Baugenehmigung 10.000 Euro zahlen, entspricht die schwache Drohung, bei Verweigerung der Genehmigung werde man nicht zahlen. Mit den sechs Arten der bedingten Drohung sind also sechs Arten des bedingten Versprechens verbunden.[13]

Dieses Umkehrverhältnis ist strafrechtlich bedeutsam, weil die Drohung eine Nötigung begründen kann, während das Versprechen den Kern der Tathandlungen von §§ 333 und 334 StGB bildet. Bereits die einseitige Versprechung wird von diesen Tatbeständen als Anbieten, die Übereinkunft zwischen dem Versprechenden und dem Amtsträger als Versprechen und dessen Vollzug als Gewähren eines Vorteils erfasst. Würde man jede bedingte Drohung wegen des Umkehrprinzips als Versprechen eines Vorteils ansehen,[14] wäre deshalb jede durch ein dienstliches Handeln bedingte Nötigung eines Amtsträgers zugleich eine Vorteilsgewährung oder Bestechung. Und würde man jedes bedingte Versprechen als Drohung mit

10 *Kuhlen*, Drohen (Fn. 9), S. 21.

11 Zu freigestellten oder indifferenten Handlungen siehe *J. Joerden*, Logik im Recht, 2. Aufl. 2010, S. 205 Fn. 11.

12 Zur Analyse dieses „Umkehrprinzips" *Kuhlen*, Drohen (Fn. 9), S. 22 ff. Von dem praktisch irrelevanten Fall der lediglich einseitigen Ankündigung, für die das Umkehrprinzip nicht gilt (*Kuhlen*, Drohen [Fn. 9], S. 22), wird in der Folge abgesehen.

13 Näher dazu *Kuhlen*, Drohen (Fn. 9), S. 27 ff.

14 Diese Auffassung bezeichne ich als weiten Begriff des Versprechens eines Vorteils.

einem Übel betrachten,[15] wäre jede Vorteilsgewährung oder Bestechung zugleich eine Nötigung des Amtsträgers,[16] wenn nur das angedrohte Übel empfindlich (§ 240 Abs. 1 StGB) und seine Androhung verwerflich ist (§ 240 Abs. 2 StGB).

b) Die zuletzt genannte weite Auffassung der Nötigung durch Drohung ist heute herrschend. Der BGH vertritt sie seit dem 1983 ergangenen Beschluss im Kaufhausdetektiv-Fall.[17] Dort hatte ein Kaufhausdetektiv einer bei einem Ladendiebstahl ertappten Jugendlichen angeboten, er werde die Angelegenheit „unter den Tisch fallen lassen", wenn sie mit ihm schlafe. Auch für den Fall, dass er damit nur ankündigte, er werde bei einer Weigerung der jungen Frau die Erstattung einer Strafanzeige durch einen Kollegen nicht verhindern, sah der BGH hierin eine Drohung mit einem Übel und eine versuchte Nötigung. Weil es nach dieser Auffassung für die Nötigung durch Drohung entscheidend auf die Verwerflichkeit ankommt, wird sie auch als Verwerflichkeitstheorie bezeichnet.[18]

c) Die bis zu dieser Entscheidung dominierende Rechtspflichttheorie gelangt für den genannten Fall zu einem anderen Ergebnis. Ihr zufolge ist die Drohung mit einem Unterlassen nur dann eine für § 240 StGB genügende Drohung mit einem Übel, wenn das angekündigte Unterlassen pflichtwidrig ist.[19] Da der Kaufhausdetektiv nicht verpflichtet war, die von seinem Kollegen erstattete Strafanzeige zu verhindern, drohte er mit der Ankündigung, bei Kooperationsverweigerung diese Verhinderung zu unterlassen, kein Übel an. Anders ist nach dieser Auffassung zu entscheiden, wenn er androhte, bei Weigerung seinerseits Anzeige zu erstatten. Denn das ist als Androhung eines aktiven Tuns auch dann eine Drohung mit einem Übel, wenn dieses Tun, wie hier die Erstattung einer Strafanzeige, zulässig ist.

---

15 Diese Auffassung bezeichne ich als weiten Begriff der Drohung mit einem Übel.

16 Etwas anderes gilt nur für das nachträgliche Anbieten, Versprechen oder Gewähren, also den Sonderfall der „Belohnungskorruption" (so *T. Zimmermann*, Das Unrecht der Korruption, 2018, S. 492 ff.), der in diesem Beitrag ausgeklammert wird.

17 BGHSt 31, 195.

18 So von *T. Hillenkamp*, 40 Probleme aus dem Strafrecht Besonderer Teil, 12. Aufl. 2013, S. 33.

19 Anders formuliert: Wenn die Handlung, deren Unterlassung für den Fall der Kooperationsverweigerung angekündigt wird, geboten ist

d) Noch weiter schränkt die vor allem von *Jakobs* vertretene normative Nötigungstheorie den Begriff der Drohung mit einem Übel ein.[20] Nach ihr schützt § 240 StGB nur die rechtlich garantierte Freiheit, in die durch die Ankündigung eines erlaubten Verhaltens, sei es nun ein Tun oder Unterlassen, nicht eingegriffen wird.[21] Hiernach lag also in der Ankündigung des Detektivs, unabhängig davon, ob man sie als Drohung mit einem Tun oder Unterlassen interpretiert, keine Drohung mit einem Übel. Denn in beiden Fällen kündigte er nur ein erlaubtes Verhalten an, das die Ladendiebin dulden musste. Und was man tun darf, so die normative Lehre, das darf man auch ankündigen.

e) Die Auffassung, dass regelmäßig ein bedingtes Versprechen eines Vorteils auch eine bedingte Drohung mit einem Übel und umgekehrt eine bedingte Drohung mit einem Übel auch das Versprechen eines Vorteils enthält, verdient keine Zustimmung.[22] Nach dem StGB sind Drohungen mit einem Übel zum Schutz des Adressaten als Nötigung strafbar, wenn nur dieses Übel ausreichendes Gewicht hat („empfindlich" ist) und die Drohung als Mittel zur Herbeiführung der erstrebten Kooperation verwerflich ist. Das Versprechen von Vorteilen ist demgegenüber – wenn nicht die engen Voraussetzungen des Wuchers gemäß § 291 StGB erfüllt sind – nur zum Schutz eines allgemeinen Interesses, wie der Integrität des öffentlichen Dienstes (§§ 331 ff. StGB) oder des Wettbewerbs (§§ 299 ff. StGB), unter Strafe gestellt. Diese gesetzliche und sachlich durchaus einleuchtende Differenzierung wird unterlaufen, wenn man praktisch jedes Versprechen eines Vorteils auch als Drohung mit einem Übel und praktisch jede Drohung mit einem Übel auch als Versprechen eines Vorteils be-

---

20 So jedenfalls die hier vorgenommene Zuordnung der normativen Lehre zu einem bestimmten Tatbestandsmerkmal des § 240 StGB. Vgl. dazu *Kuhlen*, Drohen (Fn. 9), S. 45 f.

21 Grundlegend *G. Jakobs*, Nötigung durch Drohung als Freiheitsdelikt, in: J. Baumann, K. Tiedemann (Hrsg.), Festschrift für Karl Peters, 1974, S. 69; *ders.*, Nötigung durch Gewalt, in: H. J. Hirsch (Hrsg.), Gedächtnisschrift für Hilde Kaufmann, 1986, S. 791. Neuerdings schränkt *Jakobs* diese Lehre allerdings ein und erkennt eine strafbare wucherische Nötigung an, wie sie auch im Kaufhausdetektiv-Fall vorgelegen habe (*G. Jakobs*, JuS 2017, 97, 101). Konsequent durchgehalten wird die normative Lehre dagegen von *E. Hoven*, Nötigung durch Bestechlichkeit? – Ein Beitrag zum Verständnis der Nötigung durch Drohung mit einem rechtmäßigen Unterlassen, ZStW 128 (2016), 173 (189 ff.). Zur Kritik der normativen Lehre siehe *Kuhlen*, Drohen (Fn. 9), S. 45 ff.

22 Näher dazu *Kuhlen*, Drohen (Fn. 9), S. 31 ff.

trachtet. Außerdem lässt man dann praktisch jede Drohung auch als Drohung mit einem *Übel* und jedes Versprechen als Versprechen eines *Vorteils* genügen und setzt sich so über die Eingrenzung der Nötigungs- und der Bestechungstatbestände durch die Begriffe des Übels und des Vorteils hinweg.[23]

Vorzugswürdig ist demgegenüber eine exklusive Bestimmung der Begriffe „Drohung mit einem Übel" und „Versprechen eines Vorteils". Eine solche Bestimmung findet sich in meiner 2018 erschienenen Monographie zum Verhältnis von Nötigung und Bestechungsdelikten. Weil sie normative und naturalistische Elemente verbindet, bezeichne ich sie als Vereinigungstheorie.[24] Eine durch die Kooperation oder die Kooperationsverweigerung des Adressaten bedingte Ankündigung eines für diesen nachteiligen oder vorteilhaften Verhaltens kann hiernach nur entweder eine Drohung mit einem Übel oder das Versprechen eines Vorteils sein, nicht aber beides.

Das normative Element dominiert bei der Ankündigung eines verbotenen oder gebotenen Verhaltens. Die bedingte Drohung mit einem verbotenen Verhalten, sei es nun ein Tun oder Unterlassen, ist eine Drohung mit einem Übel, das sie qua Umkehrprinzip begleitende Versprechen eines gebotenen Verhaltens ist kein Versprechen eines Vorteils. Und das bedingte Versprechen eines verbotenen Verhaltens verspricht einen Vorteil, die es nach dem Umkehrprinzip begleitende Drohung mit einem gebotenen Verhalten droht kein Übel an. Die naturalistische Unterscheidung zwischen Tun und Unterlassen[25] ist bedeutsam, wenn ein freigestelltes Verhalten angekündigt wird. Die bedingte Drohung mit einem freigestellten Tun ist (nur) eine Drohung mit einem Übel, das bedingte Versprechen eines freigestellten Tuns ist (nur) ein Versprechen eines Vorteils.

Für die Nötigung durch Drohung bedeutet das Folgendes.[26] Die bedingte Androhung eines verbotenen Tuns, etwa einer Tracht Prügel, ist ebenso wie die eines freigestellten Tuns, z.B. die begründete Erstattung einer Strafanzeige, eine Drohung mit einem Übel.[27] Die bedingte Androhung eines gebotenen Tuns, etwa einer ohnehin fälligen Zwangsvollstreckungs-

23 Zu diesem Verstoß gegen das Verbot der Entgrenzung von Straftatbeständen oder Verschleifungsverbot vgl. *Kuhlen*, Versprechungen (Fn. 9), S. 625 ff.; *ders.*, Drohen (Fn. 9), S. 34 f.; zustimmend *Hoven*, Nötigung (Rn. 21), S. 177 f.

24 *Kuhlen*, Drohen (Fn. 9), S. 51 ff.

25 Näher dazu *Kuhlen*, Drohen (Fn. 9), S. 51 ff., 77 ff.

26 Vgl. *Kuhlen*, Drohen (Fn. 9), S. 27 ff., 51 ff.

27 Und kein Versprechen eines Vorteils.

maßnahme, ist dagegen keine Drohung mit einem Übel.[28] Wird ein Unterlassen angedroht, ist diese Ankündigung, in Übereinstimmung mit der Rechtspflichttheorie, nur dann als Drohung mit einem Übel anzusehen, wenn das angekündigte Unterlassen verboten ist, also gegen eine Handlungspflicht verstößt (etwa gegen die Pflicht zu einer wahrheitsgemäßen, den Adressaten der Drohung entlastenden Zeugenaussage).

Für Vorteilsgewährung und Bestechung gilt nach der Vereinigungstheorie Folgendes.[29] Das bedingte Versprechen eines verbotenen Tuns verspricht ebenso wie das eines freigestellten Tuns einen Vorteil. Das bedingte Versprechen eines ohnehin gebotenen Tuns ist dagegen kein Vorteilsversprechen.[30] Wird ein Unterlassen versprochen, ist diese Ankündigung nur dann als Versprechen eines Vorteils anzusehen, wenn das angekündigte Unterlassen verboten ist, also gegen eine Handlungspflicht verstößt.

2. *Sonntagsarbeit (Fall 1)*

Im ersten Fall hat A dem P in Aussicht gestellt, er werde bei Verweigerung der gewünschten Zahlung wegen der verbotenen Sonntagsarbeit gegen ihn ermitteln. Hierzu war A verpflichtet. Er hat also ein ohnehin gebotenes, für P nachteiliges Verhalten angekündigt. Das ist zwar eine Drohung, entgegen der Auffassung des BGH jedoch keine Drohung mit einem Übel, folglich keine Nötigung. Dieses Ergebnis ist sachgerecht, denn P hat kein schutzwürdiges Interesse daran, dass die gebotenen Ermittlungen gegen ihn unterbleiben.

Zutreffend ist dagegen die Annahme einer Bestechlichkeit, denn A hat einen Vorteil für das pflichtwidrige Unterlassen der Ermittlungen gefordert und angenommen.

3. *Verfahrenseinstellung (Fall 2)*

a) Im zweiten Fall hat A dem P angekündigt, bei Verweigerung der gewünschten Leistungen das Ermittlungsverfahren gegen ihn fortzusetzen.

---

28 Sondern lediglich die typische Begleitung eines schwachen bedingten Vorteilsversprechens.

29 Vgl. *Kuhlen*, Drohen (Fn. 9), S. 28 f., 52 ff.

30 Sondern lediglich die typische Begleitung einer Drohung mit einem Übel.

Zu dieser Fortsetzung war er verpflichtet. Auch in diesem Fall hat A also nicht mit einem Übel gedroht, sondern nur den normativ ohnehin gebotenen Verlauf in Aussicht gestellt. Er ist deshalb nicht wegen Nötigung strafbar.[31] Er hat jedoch einen Vorteil als Gegenleistung für eine pflichtwidrige Diensthandlung gefordert, ist also wegen Bestechlichkeit zu bestrafen.

b) Interessant ist auch der vom OLG Oldenburg entschiedene Originalfall. Bietet der Richter R einem Beschuldigten P an, gegen Zahlung eines bestimmten Betrages werde er dafür sorgen, dass seine Ehefrau S das von ihr als Staatsanwältin gegen P geführte Ermittlungsverfahren einstellt, so bleibt R nach der hier vertretenen Auffassung straflos. *Kudlich* gelangt de lege lata zum gleichen Ergebnis, fährt jedoch fort: „Sicherlich ist ein derartiger Fall justizieller Korruption äußerst unschön und erscheint auch in hohem Maße strafwürdig".[32] Wenn man diese Wertung teilt, sollte man freilich nicht versuchen, ihr durch eine Ausweitung der strafbaren Nötigung Rechnung zu tragen. Vielmehr müsste man dann bei der Korruption ansetzen und deren Strafbarkeit gegenüber den derzeit geltenden §§ 331 ff. StGB erweitern.

Dafür böte sich ein Tatbestand des Einflusshandels bzw. der Intervention nach dem Muster des § 308 öStGB an, über den auf dieser Tagung *Stricker* referiert hat.[33] R wäre nach dieser Vorschrift strafbar, weil er (als Intervenient) von P (als potentiellem Hintermann) einen Vorteil dafür gefordert hat, dass er (der R) ungebührlichen Einfluss auf die Entscheidung ei-

---

31 Das Gleiche gilt für den vom OLG Oldenburg entschiedenen Originalfall, in dem der Richter R damit drohte, er werde bei Zahlungsverweigerung nicht auf die mit ihm verheiratete Staatsanwältin S einwirken (oben Fn. 6). Er drohte also mit einem Unterlassen, das nicht nur erlaubt, sondern sogar geboten war. Entgegen dem OLG Oldenburg ist das keine Drohung mit einem Übel. So auch *H. Kudlich*, Eine Hand wäscht die andere… – Erpressung durch Drohung, nicht auf die Einstellung eines Strafverfahrens hinzuwirken, JA 2008, 901 (903); *C. Roxin*, Kann die Drohung mit einem rechtmäßigen Unterlassen eine strafbare Nötigung sein? ZStW 129 (2017), 277 (293, 295). Dem OLG zustimmend aber *C. Jäger*, Die Grenzen strafbarer Nötigung durch Drohung mit einem Unterlassen, in: K. Amelung (Hrsg.), Festschrift für Volker Krey, 2010, S. 193 (204).

32 *Kudlich*, Erpressung (Fn. 31), 902.

33 Rechtsvergleichend *J. Philipp*, Der Tatbestand des Einflusshandels (Trafic d'influence), 2016, S. 150 ff. (Frankreich), 226 ff. (Belgien), 246 ff. (Spanien), 306 ff. (Österreich). Zum 2019 eingeführten italienischen Tatbestand des Einflusshandels vgl. *Rübenstahl*, Korruptionsstrafrecht, (Fn. 4), Rn. 22. Der deutsche Gesetzgeber hat sich bewusst gegen die – sowohl vom Europarat als auch von den Vereinten Nationen angeregte – Einführung eines derartigen Straftatbestandes entschieden. Vgl. dazu BGH NJW 2022, 2856 Rn. 59-61.

nes Amtsträgers (der S) nehme. Ob die mit der Einführung eines derartigen Straftatbestandes verbundene neuerliche und erhebliche Vorverlagerung der Korruptionsstrafbarkeit wirklich wünschenswert ist, ist eine andere Frage.[34]

4. *Hochschlafen (Fall 3)*

Im dritten Fall geht der BGH nicht darauf ein, ob im Angebot des A an P eine Nötigung lag. Das ist bemerkenswert, denn A hat das Angebot, die Karriere der P zu fördern, doch wohl *nur* für den Fall gemacht, dass diese seinem Wunsch entsprach. Für den gegenteiligen Fall hat er also damit gedroht, diese Förderung zu unterlassen, was nach Auffassung der Rechtsprechung eine Drohung mit einem Übel darstellt. Ob dieses Übel empfindlich war oder ob von P erwartet werden konnte, dass sie der Drohung in „in besonnener Selbstbehauptung standhält",[35] ist eine Wertungsfrage, deren Beantwortung von den Umständen des Einzelfalles abhängt. Und dass A die Ankündigung eines dienstlichen Verhaltens nutzte, um P zum Geschlechtsverkehr zu motivieren, dürfte ohne weiteres als verwerflich anzusehen sein. Das Urteil, A habe sich wegen versuchter Nötigung strafbar gemacht, lag also nach der h. M. durchaus nahe.

Im Ergebnis verdient der BGH freilich Zustimmung. A hat P für den Fall der Weigerung lediglich das Unterlassen einer Karriereförderung in Aussicht gestellt, durch die er seine Dienstpflicht verletzt hätte. Dieses Unterlassen war also erlaubt, ja sogar geboten. Damit war seine Ankündigung nach zutreffender Ansicht keine Drohung mit einem Übel. Eine Nötigung scheidet folglich aus, ohne dass es auf die Empfindlichkeit des Nachteils für P oder die Verwerflichkeit von A's Angebot ankäme.[36] Zu Recht hat

---

34 Dazu *Philipp*, Einflusshandel (Fn. 33), S. 379 ff., sowie – anlässlich der „Maskenaffäre" – *T. Zimmermann/F. Zimmermann*, Politischer Einflusshandel und Maskendeals. Eine Strafbarkeitslücke, NJW 2022, 2804 ff.; *H. Kudlich*, Die Pandemie als Katalysator bei der Entwicklung des (Straf-)Rechts?, medstra 2022, 205 (206); *L. Kuhlen*, Anmerkung zum Beschluss des BGH vom 5.7.2022, JR 2022, 658 (662 ff.); *A. Bechtel*, Die Maskendeals vor dem Hintergrund des nationalen Korruptionsstrafrechts, LRZ 2023, Rn. 62 (98 ff.).

35 BGHSt 31, 195 (201).

36 Darin liegt ein erheblicher Gewinn an Klarheit und damit Rechtssicherheit gegenüber der h.M., für die es entscheidend auf „die wertungsabhängige und für Einflüsse der öffentlichen Meinung offene Verwerflichkeitsprüfung gem. § 240 Abs. 2" ankommt (*L. Kuhlen*, Anmerkung zu BGH JR 2020, 628, JR 2020, 630, 634).

der BGH jedoch angenommen, A habe sich durch sein Angebot wegen Bestechlichkeit strafbar gemacht.

Das kommt freilich nicht in Betracht, wo ein Privatmann eine Karriereförderung als Gegenleistung für Sex anbietet. Derartige Fälle werden derzeit weltweit unter dem Titel „MeToo" erörtert.[37] Dass der Beschluss des BGH zur Frage einer versuchten Nötigung gar nichts sagt, könnte man als Statement in diesem Zusammenhang interpretieren. Vielleicht hat aber auch der Senat das Problem einfach nicht gesehen.

5. *Tiefbauamt (Fall 4)*

a) Im vierten Fall ist zwischen zwei Ankündigungen zu unterscheiden, die das Angebot des A enthielt. Zum einen versprach er, bei Zahlung des geforderten Betrages sich dafür *einzusetzen*, dass die Firma des P den Auftrag erhielt. Damit kündigte er ein pflichtwidriges Tätigwerden zugunsten des P an, forderte also den Vorteil als Gegenleistung für eine pflichtwidrige Diensthandlung, was der BGH zu Recht als Bestechlichkeit wertete.

Eine Nötigung liegt in diesem Angebot nicht. Denn für den Fall einer Weigerung des P kündigte A damit nur das Unterlassen einer pflichtwidrigen Einflussnahme an. Dieses Unterlassen aber war erlaubt, ja sogar geboten, also keine Drohung mit einem Übel.

Zum anderen versprach A dem P, bei Zahlung die Beauftragung seiner Firma *nicht zu behindern*. Das klingt harmlos, ist es aber nicht, wie ein fiktiver Dialog zeigt. Würde P auf die Ankündigung des A mit der Frage reagieren, was denn sei, wenn er nicht zahle, so würde A wohl sagen, dann gelte sein Angebot natürlich nicht. Und auf P's Nachfrage, ob A dann also die Auftragserteilung an seine Firma behindern werde, könnte A antworten: „Ich habe es mit Bedacht anders formuliert, aber so kann man es auch ausdrücken." Das macht deutlich, dass – realistisch interpretiert – mit dem Versprechen, bei Zahlung durch P die Auftragserteilung an seine Firma nicht zu behindern, die Drohung einherging, bei Verweigerung der Zahlung die Beauftragung zu behindern. Diese Behinderung ist ein pflichtwidriges aktives Tun, ihre Ankündigung also eine Drohung mit einem Übel. Da dieses Übel empfindlich und seine Androhung zum

37 Vgl. dazu *L. Kuhlen*, Punibilidad de la oferta de una promoción profesional como contraprestación por actos sexuales, in: V. Gómez Martín e.a. (eds.), Un modelo integral de Derecho Penal. Libro Homenaje a la Profesora Mirentxu Corcoy Bidasolo, Madrid 2022, S. 1233 ff.

Zweck der privaten Bereicherung verwerflich war, ist A zu Recht auch wegen – tateinheitlich begangener – Nötigung (Erpressung) bestraft worden.

b) Der Fall ist aus zwei Gründen interessant. Zum einen zeigt er, dass auch nach der m. E. zutreffenden Auffassung eine vom Amtsträger tateinheitlich begangene Bestechlichkeit und Nötigung durchaus in Betracht kommt. Anders als die Rechtsprechung sollte man sie aber nicht schon dort annehmen, wo der Amtsträger dem Privaten ein bloßes Angebot macht, auch wenn man diesem qua Umkehrprinzip die Drohung entnehmen kann, bei Kooperationsverweigerung gelte dieses Angebot nicht. Vielmehr sollte man sie auf die Fälle beschränken, in denen der Amtsträger mit positiven *und* negativen Anreizen, redensartlich also: mit Zuckerbrot und Peitsche, arbeitet. So war es im vierten Fall, nicht aber in den drei zuvor erörterten.

Zum anderen macht der Fall deutlich, dass es auch nach der Vereinigungstheorie, die größere Abgrenzungsklarheit und damit Rechtssicherheit beansprucht als die h.M., eine wichtige und keineswegs triviale Aufgabe des Tatrichters bleibt, das, was der Amtsträger für den Fall der Kooperation und für den der Kooperationsverweigerung angekündigt hat, sorgfältig zu ermitteln und angemessen zu *interpretieren*. Im Fall des Tiefbauamts etwa war wichtig, dass der Amtsträger in euphemistisch verklausulierter Form auch zum Ausdruck brachte, er werde bei Kooperationsverweigerung tätig werden, um die Beauftragung der Firma zu verhindern, also nicht nur ein Angebot machte, sondern eine starke Drohung äußerte. Entsprechend wäre in einem Fall wie dem des „Hochschlafens" genau zu prüfen, ob sich der Polizeichef oder ein sonstiger Akteur auf das Angebot einer Karriereförderung bei Kooperation beschränkte oder ob er darüber hinausgehend explizit oder implizit zum Ausdruck brachte, er werde bei Kooperationsverweigerung die angestrebte Karriere behindern.

IV. Strafbarkeit des Privaten[38]

1. Tatbestandsmäßige Bestechung

Geht der Private auf das Angebot des Amtsträgers ein und gewährt diesem den geforderten Vorteil, so erfüllt er in allen vier Fällen den objektiven Tatbestand der Bestechung. In den drei Fällen, in denen unter dieser Sachverhaltsannahme Geld gezahlt wurde, dürfte auch der Vorsatz der Privaten ohne weiteres gegeben sein. Denn sie wussten, dass sie dem Amtsträger einen Vorteil gewährten. Und dass diese Zuwendung nach ihrem objektiven Bedeutungsgehalt die Gegenleistung für eine bestimmte Verletzung seiner Dienstpflichten bildete, lag für sie ebenfalls auf der Hand, sie handelten damit vorsätzlich.[39]

Ein Irrtum wäre am ehesten im dritten Fall denkbar. Wäre die Polizistin P auf das Angebot des A eingegangen, so hätte sie damit den objektiven Tatbestand einer Bestechung verwirklicht. Das überrascht möglicherweise nicht nur die P. Aber die Einbeziehung immaterieller Zuwendungen in den Vorteilsbegriff belastet natürlich nicht nur den Amtsträger, sondern auch den Privaten, der entsprechende Vorteile verspricht oder gewährt. Denkbar wäre, dass P die Gewährung des Beischlafs, entgegen der strafrechtlichen Beurteilung, nicht als Gewährung eines Vorteils betrachtete. Das würde jedoch als bloßer Subsumtionsirrtum ihren Vorsatz nicht ausschließen.[40]

2. Rechtfertigung oder Entschuldigung?

In allen vier Fällen wurde dem Privaten durch das Angebot des Amtsträgers eine Option eröffnet, die ihm von Rechts wegen nicht zustand. So erfreulich das für P zunächst klingt, wurde er dadurch aber auch vor eine Entscheidung gestellt, die eventuell nicht einfach war. Es ist ja doch verständlich, dass man auf einen Vorschlag eingeht, der einem die Möglichkeit bietet, ein Ermittlungsverfahren abzuwenden, die angestreb-

---

38 Wenn in der Folge vom Privaten (P) gesprochen wird, so bezieht sich das auf den typischen Fall der aktiven Bestechungsdelikte. Deren Täter kann natürlich auch ein Amtsträger sein.

39 Zur Unterscheidung zwischen objektivem und subjektivem Tatbestand bei den Bestechungsdelikten *L. Kuhlen*, Zu den Tathandlungen bei Vorteilsannahme und Bestechlichkeit, NStZ 1988, 433 (433 f.).

40 BGHSt 47, 295 (311); *Kuhlen*, Tathandlungen (Fn. 39), 434.

te berufliche Laufbahn zu fördern oder einen öffentlichen Auftrag für das eigene Unternehmen zu erhalten. Damit stellt sich die Frage, ob das Verständnis des Strafrechts für dieses Entscheidungsproblem bis zu einer Rechtfertigung oder Entschuldigung des Privaten reicht. Diese Frage ist zu verneinen.

Am ehesten kommt eine Rechtfertigung im Fall des Tiefbauamts in Betracht. Dem P wurde dort nicht nur die Möglichkeit einer ungerechtfertigten Bevorzugung eröffnet, sondern ihm wurde auch mit einer ungerechtfertigten Benachteiligung gedroht. Er war deshalb, anders als die Privaten in den übrigen Fällen, einer Nötigung, also einem rechtswidrigen Angriff auf seine Willensfreiheit, ausgesetzt.

a) Auch wenn man diesen Angriff als gegenwärtig betrachtet, scheidet freilich eine Rechtfertigung durch Notwehr aus. Denn die Bestechung, mit der P der ihm drohenden Gefahr begegnete, richtete sich nicht gegen den Angreifer A, sondern gegen ein Rechtsgut der Allgemeinheit. Sie war folglich keine Verteidigung gegen den Angriff.[41]

b) Ein rechtfertigender Notstand gemäß § 34 StGB kommt ebenfalls nicht ernsthaft in Betracht. Eine solche Rechtfertigung wird in der Literatur für Fälle der Bestechung in Ländern erwogen, in denen „Korruption zum Alltag des Geschäftslebens gehört“[42] oder „ein gesetzestreues Verhalten wegen eines etablierten Schmiergeldsystems zum völligen Ausschluss aus dem Wettbewerb führen würde“.[43] Davon kann jedoch in Deutschland keine Rede sein.

Zwar bestand etwa im Tiefbauamt-Fall eine gegenwärtige Gefahr für die Willensfreiheit des P, möglicherweise auch für schutzwürdige wirtschaftliche Belange seines Unternehmens. Aber diese Gefahr ist in der Bundesrepublik Deutschland anders abwendbar als durch eine Bestechung, hierzulande gilt „der Vorrang staatlicher Hilfe“.[44] Zudem überwiegen die Interessen des P die durch die Bestechung beeinträchtigten der Allgemeinheit nicht wesentlich.[45]

---

41 Vgl. nur *K. Kühl*, Strafrecht Allgemeiner Teil, 8. Aufl. 2017, § 7 Rn. 84; *R. Rengier*, Strafrecht Allgemeiner Teil, 13. Aufl. 2021, § 18 Rn. 31 ff.

42 So *L. Kuhlen* in: Nomos Kommentar zum StGB, 5. Aufl. 2017, § 334 Rn. 3g.

43 So *M. Korte* in: Münchener Kommentar zum StGB, 4. Aufl. 2022, § 334 Rn. 17, der aber selbst das als „eher zweifelhaft“ bezeichnet (§ 335a Rn. 47).

44 *M. Dann*, wistra 2011, 127 (130).

45 Vgl. dazu *Zimmermann*, Korruption (Fn. 16), S. 403 ff.

c) Für einen entschuldigenden Notstand (§ 35 Abs. 1 StGB) schließlich fehlt es in allen vier Fällen bereits an einer Gefahr für eines der im Gesetz genannten Rechtsgüter.

V. *Einführung eines Straftatbestandes der Bedrückungskorruption ins deutsche Recht?*

Ich komme zum Schluss und d.h. zu der Frage, ob der Blick auf die deutsche Rechtslage Defizite ergeben hat, die man durch Einführung eines Spezialtatbestandes der Concussion beheben sollte. M.E. ist diese Frage zu verneinen.

1. *Einführung eines speziellen Tatbestandes als Mittel zur angemessenen Erfassung des Unrechts der Bedrückungskorruption?*

Ein Defizit des geltenden deutschen Rechts könnte darin bestehen, dass es das spezifische Unrecht der Bedrückungskorruption des *Amtsträgers*, das sich aus einem Zusammentreffen von Nötigung und Vorteilsannahme oder Bestechlichkeit ergibt, nicht angemessen erfasst. Aber die Rechtsprechung nimmt, wie dargelegt, in einschlägigen Fällen sehr „großzügig" Tateinheit zwischen Nötigungs- und Korruptionsdelikten an. Damit wird dem Unrecht beider Deliktsarten jedenfalls genügend Rechnung getragen. Auch die Strafmöglichkeiten, die das eröffnet, sind vollkommen ausreichend.[46]

M.E. geht diese Rechtsprechung zu weit, weil sie, wie die beiden ersten Beispielsfälle (Sonntagsarbeit und Verfahrenseinstellung) zeigen, auch bloße Angebote als Nötigung genügen lässt. Nimmt man hier, ebenso wie im dritten Fall (Hochschlafen), „nur" eine Bestechlichkeit an, so wird das dem Unrechtsgehalt des Amtsträgerverhaltens besser gerecht. Angesichts der Strafdrohungen von §§ 332 und 335 StGB kann ich in diesem Ergebnis auch keine irgendwie bedenkliche „Strafbarkeitslücke" erkennen. Hinzu kommt, dass dort, wo wirklich zur Bestechlichkeit eine Nötigung (bzw. Er-

46 Zumal wenn man die Möglichkeiten einer Strafschärfung gemäß §§ 240 Abs. 4 Nr. 2, 253 Abs. 1, Abs. 4, 255 einerseits, § 335 Abs. 1 Nr. 1, Abs. 2 Nr. 1–3 andererseits bedenkt.

pressung) hinzutritt, wie im vierten Beispielsfall (Tiefbauamt), die Judikatur zu Recht Tateinheit zwischen Bestechlichkeit und Nötigung bejaht.

2. *Einführung eines speziellen Tatbestandes, um das Nötigungsopfer straflos zu stellen?*

Ein anderes Defizit, das die Einführung eines besonderen Tatbestandes der Bedrückungskorruption beheben könnte, besteht eventuell darin, dass der *Private*, der dem Ansinnen eines Amtsträgers nachkommt, spiegelbildlich zu dessen Bestechlichkeit eine Bestechung begeht, was etwa in den zuvor erörterten Beispielsfällen weder gerechtfertigt noch entschuldigt ist, und dies selbst dann, wenn der Private wirklich zur Bestechung genötigt wurde (Fall 4). Die Schaffung eines speziellen Tatbestandes der Bedrückungskorruption erleichtert es möglicherweise, deren Opfer straflos zu stellen.[47]

a) Dass man einen neuen Straftatbestand als Mittel der Entkriminalisierung einführen sollte, überrascht zunächst. Immerhin ist es nicht ausgeschlossen, wie der Blick auf das italienische Recht zeigt. Wer „aufgrund einer Erpressung im Amt gem. Art 317 CP dem Amtsträger einen Vorteil verspricht oder gewährt“, bleibt als Opfer dieser Erpressung „i. S. d. Korruptionsdelikte straflos“.[48] Rechtstechnisch ergibt sich das daraus, dass der Codice Penale die Strafbarkeit der Geberseite durch Verweis auf die korrespondierenden Amtsdelikte anordnet und dass ein solcher Verweis auf Art. 317 CP fehlt.[49] Zudem schließen nach überwiegender Auffassung die Concussione und die passiven Korruptionsdelikte einander aus, „eine tateinheitliche Begehung einer Erpressung im Amt (Art. 317 CP) mit Bestechlichkeit (Art. 318 ff. CP) ist daher nach h. M. nicht denkbar“.[50] Der durch eine Tat gem. Art. 317 CP genötigte Geber erfüllt deshalb schon den Tatbestand einer Vorteilsgewährung oder Bestechung nicht.

---

47 Darauf wurde ich in der an mein Referat anschließenden Diskussion hingewiesen. *Till Zimmermann* danke ich für weiterführende Literaturhinweise zu dieser Fragestellung.

48 *Rübenstahl*, Korruptionsstrafrecht (Fn. 4), Rn. 43 f. (mit Hinweis auf die Strafbarkeit „wegen etwaiger (Begleit-)Delikte zur Vorteilsgewährung“, die unberührt bleibt, in Rn. 46); *U. Pioletti*, Grundproblematik der Korruptionstatbestände aus rechtsvergleichender Sicht – zur Rechtslage in Deutschland und Italien – und zum Verhältnis von Recht und Moral im Spiegel der Korruptionsdelikte, NStZ 2016, 249 (257).

49 *Rübenstahl*, Korruptionsstrafrecht (Fn. 4), Rn. 21.

50 So *Rübenstahl*, Korruptionsstrafrecht (Fn. 4), Rn. 43 f. mit weiteren Hinweisen.

Im deutschen Recht ist demgegenüber Tateinheit zwischen Nötigung und Vorteilsannahme oder Bestechlichkeit des Amtsträgers möglich.[51] Und dass der Private zum Versprechen oder Gewähren eines Vorteils vom Amtsträger genötigt wurde, schließt eine tatbestandsmäßige Vorteilsgewährung oder Bestechung nicht aus.[52] Ungeachtet dieser Unterschiede könnte der deutsche Gesetzgeber an die Erfüllung des Tatbestandes einer Nötigung im Amt die Rechtsfolge knüpfen, dass eine dem Opfer abgenötigte Vorteilsgewährung oder Bestechung straflos bleibt. Der Sache nach würde damit für eine bestimmte Fallgruppe ein Nötigungsnotstand anerkannt,[53] dessen strafausschließende Wirkung sich entweder auf eine Rechtfertigung oder auf eine Entschuldigung des Privaten zurückführen ließe.[54]

Damit stellt sich zum einen die Frage, ob die dem Opfer einer Concussion abgenötigte Vorteilsgewährung oder Bestechung straflos bleiben sollte. Zum anderen fragt sich, ob es sinnvoll wäre, zur Erreichung dieses Ziels einen eigenen Straftatbestand der Bedrückungskorruption einzuführen.

b) Ob das deutsche Recht für bestimmte Fälle einer Nötigung im Amt die dem Privaten abgenötigte Vorteilsgewährung oder Bestechung straffrei stellen sollte, kann an dieser Stelle nicht vertieft erörtert werden.[55] Die Frage steht auch, schon wegen der völkerrechtlichen Vorgaben für die Gestaltung des deutschen Korruptionsstrafrechts,[56] nicht gerade auf der

---

51 Vgl. Fall 4 (Tiefbauamt).

52 Dazu oben IV.

53 Auch nach italienischem Recht bleibt der Private nur als Opfer einer Nötigung im Amt gem. Art. 317 CP straflos. Er ist dagegen (nach Art. 319 quater Abs. 1 CP) strafbar, wenn er vom Amtsträger zum Versprechen oder Gewähren eines Vorteils nicht genötigt, sondern in anderer Weise veranlasst wurde (vgl. dazu *Rübenstahl*, Korruptionsstrafrecht [Fn. 4], Rn. 48-50). Das führt zu erheblichen Schwierigkeiten bei der Abgrenzung der „concussione per costrizione“ (Art. 317 CP) von der „concussione per induzione“ (Art. 319 quater Abs. 1 CP). Vgl. dazu *Pioletti*, Korruptionstatbestände (Fn. 48), 257 f., sowie (zum bis 2012 geltenden Art. 317 CP, der beide Arten der Concussione umfasste) *M. Rübenstahl*, Die Amtsträgerkorruptionsdelikte nach italienischem und deutschem Recht, 2012, S. 187 ff.

54 Zur umstrittenen Frage, ob ein Nötigungsnotstand rechtfertigt oder entschuldigt, siehe etwa *G. Stratenwerth/L. Kuhlen*, Strafrecht Allgemeiner Teil, 6. Aufl. 2011, § 9 Rn. 105; *Rengier* (Fn. 41), § 19 Rn. 51 ff.; *C. Roxin/L. Greco*, Strafrecht Allgemeiner Teil I, 5. Aufl. 2020, § 16 Rn. 67 ff., jeweils mit weiteren Hinweisen.

55 Auch geht es hier nicht um eine kritische Beurteilung der italienischen Regelung.

56 Vgl. dazu den Überblick bei *Korte* (Fn. 43), § 331 Rn. 27–40, sowie den Hinweis von *Pioletti*, Korruptionstatbestände (Fn. 48), 257, der Tatbestand der Concussione sei „außerhalb Italiens (und von einigen Stimmen auch innerhalb Italiens) als

kriminalpolitischen Tagesordnung. Immerhin sei darauf hingewiesen, dass entsprechende Vorschläge international durchaus diskutiert werden.

So hat sich der renommierte Ökonom *Kaushik Basu*[57] dafür ausgesprochen, die Zahlung von „harassment bribes" zu legalisieren, d. h. Bestechungszahlungen Privater, die auf Initiative eines Amtsträgers erfolgen, um öffentliche Entscheidungen zu erlangen, die dem Privaten zustehen.[58] Harassment bribery, also das Fordern und Annehmen von Vorteilen als Gegenleistung für öffentliche Entscheidungen, auf die Private einen Rechtsanspruch haben,[59] sei in Indien weit verbreitet und außerordentlich sozialschädlich. Die Aufdeckung und Ahndung dieser Art von Korruption werde wesentlich dadurch behindert, dass die privaten Opfer einer solchen Nötigung im Amt bei Erstattung einer Anzeige gegen den Amtsträger gleichzeitig ihre eigene Straftat offenbaren und sich damit dem Risiko einer Bestrafung aussetzen würden. Um das zu ändern, solle man die Privaten straffrei stellen und ihnen Anreize für eine Überführung des korrupten Amtsträgers geben.[60] Das werde dazu führen, dass Amtsträger davon

---

eine rechtspolitisch verunglückte Vorschrift angesehen worden, weil sie die Gefahr gebracht hatte, den bestechenden Privaten fälschlicherweise als Opfer statt als Täter zu behandeln".

57 Professor an der Cornell University und Chefökonom zunächst (von 2009 bis 2012) der indischen Regierung, sodann (von 2012 bis 2016) der Weltbank.

58 *K. Basu*, Why, for a Class of Bribes, the Act of Giving a Bribe should be Treated als Legal, March 2011, MPRA Paper No. 50335. Zur dadurch ausgelösten Diskussion siehe *M. Dufwenberg/G. Spagnolo*, Legalizing Bribe Giving, Economic Inquiry 53 (2015), 836 ff. Für den Hinweis auf diese Debatte danke ich *Thomas Grosse-Wilde*.

59 Diese Art der Amtsträgerkorruption ist nach deutschem Recht eine Vorteilsannahme. Das Fordern eines Vorteils ist dabei mit der Drohung verbunden, bei Kooperationsverweigerung eine pflichtwidrige dienstliche Entscheidung zum Nachteil des Privaten zu treffen, enthält somit nicht nur nach der h.M., sondern auch nach der Vereinigungstheorie und der normativen Nötigungslehre, eine Drohung mit einem Übel. Ein und dieselbe Ankündigung – etwa die, nur bei Zahlung eines bestimmten Betrages den Reisepass auszustellen, der einem Bürger zusteht – kann also auch bei exklusiver Bestimmung der Begriffe „Drohen mit einem Übel" und „Versprechen eines Vorteils" den Tatbestand der Nötigung *und* den der Vorteilsannahme (nicht aber den der Bestechlichkeit) erfüllen (*Kuhlen*, Drohen [Fn. 9], S. 90 f.). Wo der Amtsträger zusätzlich mit einem Übel droht (wie im vierten Beispielsfall), kommt darüber hinaus auch nach der Vereinigungstheorie und nach der normativen Nötigungslehre Tateinheit zwischen Nötigung (bzw. Erpressung) und Bestechlichkeit in Betracht.

60 Ähnliche Überlegungen finden sich auch in der juristischen Diskussion. Vgl. *I. Androulakis*, Die Globalisierung der Korruptionsbekämpfung, 2007, S. 57 f. (mit Hinweis auf US-amerikanische Arbeiten in Fn. 71); *F. Palazzo*, in: W. Hassemer/

abgeschreckt werden, Vorteile für ohnehin gebotene Diensthandlungen zu fordern.[61]

Dufwenberg und *Spagnolo* kritisieren die von *Basu* befürwortete Regelung aufgrund einer ökonomischen Analyse.[62] Ihr eigener Vorschlag beansprucht größere Effizienz, geht allerdings in eine ähnliche Richtung. In Anlehnung an Kronzeugenregelungen im Kartellrecht sollen (nur) Private straffrei bleiben, die bei einer zuständigen Stelle anzeigen, dass sie dem Amtsträger einen Vorteil gewährt haben.[63]

M.E. wäre es in einem Rechtsstaat wie der Bundesrepublik Deutschland normativ verfehlt, Private, die auf ein nötigendes Angebot des Amtsträgers zu einer Vorteilsgewährung oder Bestechung eingehen, ebenso straflos zu stellen wie diejenigen, die ein derartiges Angebot ablehnen.[64] Dass nach deutschem Recht nicht schon jede amtliche Nötigung zu einer Vorteilsgewährung oder Bestechung deren Rechtfertigung oder Entschuldigung zur Folge hat, entspricht nicht nur der lex lata, ich halte es vielmehr auch de lege ferenda für richtig.

Im Übrigen bietet bereits das geltende Recht die Möglichkeit, dort zu einer Straflosigkeit des genötigten Privaten zu gelangen, wo dies sachlich angemessen ist, weil die Voraussetzungen eines rechtfertigenden oder entschuldigenden Notstandes erfüllt sind.[65] So kommt bei einer Vorteilsge-

---

E. Kempf/S. Moccia (Hrsg.), Festschrift für Klaus Volk, 2009, S. 525 (529 f.); *Pioletti*, Korruptionstatbestände (Fn. 48), 257.

61 *Basu*, Bribes (Fn. 58), 3 ff.

62 *Dufwenberg/Spagnolo*, Bribe Giving (Fn. 58), 837 ff.

63 *Dufwenberg/Spagnolo*, Bribe Giving (Fn. 58), 837, 846 f.

64 Es würde im Übrigen mit der Strafdrohung für die Privaten einen wichtigen Anreiz dafür beseitigen, einer amtlichen Nötigung zur Bestechung zu widerstehen, und damit einen Beitrag zur Korruption und nicht zu deren Zurückdrängung leisten. Ob und unter welchen gesellschaftlichen Bedingungen dieser unerwünschte Effekt durch die erhofften Auswirkungen der erörterten Entkriminalisierung ausgeglichen oder übertroffen würde, ist eine durchaus offene empirische Frage.

65 Zudem besteht dort, wo die Voraussetzungen einer Rechtfertigung oder Entschuldigung nicht (vollständig) erfüllt sind, die Möglichkeit, der Nötigung und deren Aufdeckung durch den Genötigten im Wege einer Verfahrenseinstellung nach §§ 153 ff. StPO Rechnung zu tragen. Eine Verfahrenseinstellung hätte sich m.E. etwa in dem Fall angeboten, der dazu führte, dass 2021 das AG Tübingen (nicht rechtskräftig) eine Zahnärztin (Z) wegen Bestechung (zu 90 Tagessätzen) verurteilte (AG Tübingen, Urteil vom 14.7.2021 – 12 Cs 11 Js 12344/20). Z wollte promovieren, der Hochschullehrer H machte die Übernahme der Betreuung von der Zahlung einer erheblichen Geldsumme (37.500 Euro) abhängig, die er als Entschädigung für den in seiner Freizeit zu leistenden Betreuungsaufwand forderte. Nachdem Z vereinbarungsgemäß die Hälfte des Betrages (als erste Rate) ge-

währung oder Bestechung, die erfolgt (und erforderlich ist), um einen Amtsträger der Vorteilsannahme oder Bestechlichkeit zu überführen, eine Rechtfertigung gemäß § 34 StGB in Betracht.[66] Das beruht nicht auf einer empirisch mehr oder weniger plausiblen ad hoc-Regelung, sondern auf Notstandsgrundsätzen, die allgemeine Richtigkeit beanspruchen,[67] und gilt deshalb nicht nur zugunsten von Privaten, sondern auch für Amtsträger, die den Tatbestand einer Vorteilsannahme oder Bestechlichkeit erfüllen, um eine Vorteilsgewährung oder Bestechung aufzudecken.[68] Und es gilt nicht nur für eine rechtspolitisch vielleicht besonders wichtige, normativ betrachtet aber willkürlich herausgegriffene Deliktsgruppe wie die Korruptionsdelikte, sondern ermöglicht auch eine Rechtfertigung oder Entschuldigung anderer Straftaten bis hin zur vorsätzlichen Tötung.

c) Betrachtet man die Möglichkeiten, die das geltende Recht für eine Rechtfertigung oder Entschuldigung bestimmter dem Privaten abgenötigter Vorteilsgewährungen oder Bestechungen sowie für eine Verfahrenseinstellung in derartigen Fällen bietet, als ausreichend, lässt sich die Schaffung eines speziellen Tatbestandes der Bedrückungskorruption offensichtlich nicht damit begründen, dass er zur Straffreiheit derjenigen führt, die sich zu einer derartigen Handlung nötigen lassen. Auch bei anderer Wertung wäre allerdings nicht ersichtlich, weshalb man einen neuen Straftatbestand einführen sollte, um eine über die derzeitige Rechtslage hinausgehende Straffreiheit der genötigten Privaten zu erzielen. Denn dieses Ziel ließe sich, jedenfalls im deutschen Recht, auch ohne diesen Umweg erreichen.

Nehmen wir an, es sei aus kriminalpolitischen Gründen wünschenswert, eine Vorteilsgewährung straflos zu lassen, wenn sie erfolgt, um eine pflichtgemäße öffentliche Entscheidung – wie beispielsweise die Ausstellung eines Reisepasses – zu erlangen, die der zuständige Amtsträger

---

zahlt hatte, erhob ihr Steuerberater rechtliche Bedenken und sie meldete den Vorgang der Universitätsverwaltung, was zur Verurteilung des H wegen Vorteilsannahme führte.

66 *Kuhlen* (Fn. 42), § 333 Rn. 8, 15; § 334 Rn. 3g, 10.

67 Vgl. zu diesem Unterschied – mit Blick auf das nach § 5 Nr. 2 GeschGehG straffreie Whistleblowing – *Leite*, GA 2021, 129 (132 ff.).

68 *Kuhlen* (Fn. 42), § 331 Rn. 31 f., § 332 Rn. 6, 29; *U. Kindhäuser/E. Schramm*, Strafrecht Besonderer Teil I, 10. Aufl. 2022, § 71 Rn. 43. Die h. M. verneint bei Überführungsabsicht des Amtsträgers bereits den Tatbestand einer Vorteilsannahme oder Bestechlichkeit. Vgl. etwa BGHSt 15, 88 (97); *J. Eisele*, in: A. Schönke/H. Schröder, StGB, 30. Aufl. 2019, § 331 Rn. 27; *S. Sinner*, in: H. Matt/J. Renzikowski, StGB, 2. Aufl. 2020, § 331 Rn. 29.

von der Gewährung eines Vorteils abhängig macht. Diese Anordnung könnte der Gesetzgeber ohne weiteres, also ohne Schaffung eines speziellen Tatbestandes der Nötigung im Amt, treffen.[69] Das wäre nicht nur gesetzgebungstechnisch einfacher, sondern hätte auch den Vorteil, dass klar wird, worum es eigentlich geht, nämlich nicht um eine Verschärfung des Strafrechts durch Bildung eines neuen Amtsdelikts, sondern um eine Entkriminalisierung durch eine Vorschrift, die bestimmte Vorteilsgewährungen oder Bestechungen straffrei stellt. Wie diese Vorschrift dogmatisch einzuordnen wäre, etwa als spezieller Fall eines rechtfertigenden oder entschuldigenden Notstandes, ist demgegenüber eine sekundäre Frage. Der Gesetzgeber könnte es Rechtsprechung und Lehre überlassen, sie zu beantworten, oder, bei größerem dogmatischem Ehrgeiz, dies auch selber tun.

Die Einführung eines Tatbestandes der Bedrückungskorruption ist also unnötig, um das erörterte Gesetzgebungsziel zu erreichen. Schon deswegen lässt sie sich als Mittel dazu nicht rechtfertigen. Das ist aber nicht alles. Es drängt sich vielmehr auf, einen solchen Tatbestand mit einer *schärferen* Strafdrohung zu verknüpfen als die Nötigung und die Vorteilsannahme, die in dem neuen Delikt jedenfalls enthalten sind.[70] Dafür spricht zum einen ganz allgemein, dass man die Schaffung eines Straftatbestandes ernst nehmen und nicht nur als Mittel zu einer Entkriminalisierung betrachten sollte. Dann aber ist es angemessen, dem gesteigerten Unrecht, das sich aus dem Zusammentreffen von amtlicher Nötigung und Korruptionsdelikt ergibt, durch eine entsprechend erhöhte Strafdrohung Rechnung zu tragen.[71] Zum anderen könnte gerade im Korruptionsstrafrecht eine Verschärfung der angedrohten Strafe als kriminalpolitisch opportuner Ausweis einer energischen Korruptionsbekämpfung fungieren und von der weniger im Trend liegenden Entkriminalisierung bestimmter Korruptionsdelikte Privater ablenken. Wie dem auch sei: Rechtfertigen lässt sich eine Verschärfung der Strafdrohung für Fälle der Bedrückungskorruption durch das erörterte Ziel der Straffreistellung jedenfalls nicht.

---

69 Ob die Straffreistellung verfassungsgemäß wäre oder internationalen Vorgaben entspräche, ist eine andere Frage. Falls insofern Probleme bestehen, werden diese jedenfalls nicht durch die flankierende Schaffung eines neuartigen Straftatbestandes gelöst.

70 Es läge zudem nahe, die Strafe gegenüber derjenigen für Erpressung und Bestechlichkeit zu schärfen, also für Delikte, die in Fällen der Bedrückungskorruption nicht notwendig, aber (jedenfalls nach Auffassung der Rechtspraxis) häufig verwirklicht werden.

71 Dafür spricht auch, dass ein Delikt der Bedrückungskorruption allgemeinere Delikte wie Nötigung und Vorteilsannahme (eventuell auch: Erpressung und Bestechlichkeit) doch wohl verdrängen würde.

3. Kapitel – Fighting Grand Corruption

Korruption als völkerrechtliches Verbrechen? – Eine Gedankenskizze

*Stefanie Bock**

A. *Einleitung: Die internationale Dimension der Korruption*

In den letzten Jahrzehnten hat sich die Erkenntnis durchgesetzt, dass Korruption – zumindest ab einem gewissen Ausmaß – keine rein nationale oder regionale Angelegenheit (mehr) ist. So werden in der Präambel der Anti-Korruptionskonvention der Vereinten Nationen die *„Schwere der korruptionsbedingten Probleme und [ihre] Gefahren für die Stabilität und Sicherheit der Gesellschaften“*, für Demokratie und Rechtsstaatlichkeit sowie die nachhaltige Entwicklung von Staaten hervorgehoben. Zugleich wird Korruption als transnationales Phänomen beschrieben, das *„alle Gesellschaften und Wirtschaftssysteme“* betreffe, und eine Verbindung zur (typischerweise grenzüberschreitend agierenden) organisierten Kriminalität und Wirtschaftskriminalität hergestellt.[1]

B. *Der status quo: Korruption als völkervertragliches Delikt*

Das Bewusstsein um die internationale Dimension von Korruption und ihre Bezüge zum Staat bzw. zur Legitimität staatlichen Handelns hat das Bedürfnis hervorgerufen, sie auf internationaler Ebene und in grenzüberschreitenden Kooperationssystemen zu bekämpfen. Zu diesem Zwecke wurden seit den 1990er Jahren verschiedene völkerrechtliche Verträge geschaffen. International wohl am wichtigsten ist das eingangs erwähnte Übereinkommen der Vereinten Nationen gegen Korruption aus dem Jahr 2003, in Kraft getreten 2005. Nach einigen Startschwierigkeiten – auch Deutschland ratifizierte das Übereinkommen erst Ende 2014 – entwickelte

* Für wertvolle und unerlässliche Hilfe bei der Manuskripterstellung danke ich herzlich meiner wissenschaftlichen Mitarbeiterin *Franziska Gruber*.

1 Alle Zitate stammen aus der Präambel des Übereinkommens der Vereinten Nationen gegen Korruption (UNCAC), amtliche deutsche Übersetzung in BGBl. 2014 II, S. 762.

es sich (zumindest dem ersten Anschein nach) zu einem „Erfolgsprodukt" der Vereinten Nationen: Es verfügt mittlerweile über 189 Vertragsstaaten (Stand: November 2022) – zu den wenigen UN-Mitgliedern, die sich nicht an der UNCAC beteiligen, gehören Eritrea, Syrien und Nordkorea. Hinzu kommen verschiedene, ebenfalls mitgliederstarke regionale Instrumente wie die Interamerikanische Konvention gegen Korruption von 1996 (IA-Konvention),[2] die 1997er Konvention der Organisation for Economic Co-operation and Development gegen die Bestechung ausländischer Amtsträger im internationalen Geschäftsverkehr (OECD-Konvention),[3] das Strafrechtsübereinkommen über Korruption des Europarates aus dem Jahr 1999 (ER-Übereinkommen)[4] mit seinem Zusatzprotokoll (2003)[5] oder die 2003 verabschiedete Konvention der Afrikanischen Union zur Verhütung und Bekämpfung von Korruption (AU-Konvention).[6]

I. Überblick über die wesentlichen Vertragsinhalte

Die genannten Anti-Korruptions-Abkommen folgen einem ähnlichen Muster und bestehen zumeist aus drei Bausteinen:

- Baustein I – Prävention: Die Vertragsstaaten verpflichten sich, Korruption vorzubeugen[7] und zu diesem Zweck bestimmte präventive Maßnahmen zu ergreifen, beispielsweise die Schaffung von Stellen

---

2 Die IA-Konvention wurde von 34 Staaten und damit von allen Staaten der Organization of American States mit Ausnahme Kubas ratifiziert (Stand: November 2022).

3 Der OECD-Konvention sind alle 34 OECD-Mitglieder plus sieben Nicht-Mitgliedsstaaten – Argentinien, Brasilien, Bulgarien, Kolumbien, Lettland, die Russische Föderation und Südafrika – beigetreten (Stand: November 2022).

4 Das ER-Übereinkommen wurde von allen 46 Mitgliedern des Europarats sowie von der Russischen Föderation und Belarus ratifiziert, die USA und Mexiko haben es unterzeichnet (Stand: November 2022).

5 Das Zusatzprotokoll wurde von allen Europaratsmitgliedern mit Ausnahme Italiens sowie von Belarus ratifiziert, Italien und die Russische Föderation sind Signatarstaaten (Stand: November 2022).

6 Die AU-Konvention wurde von 48 der 55 Mitgliedsstaaten der Afrikanischen Union ratifiziert (Stand: November 2022).

7 Arts. 5 ff. UNCAC; Arts. II Nr. 1, III IA-Konvention; Arts. 1 Abs. 2, 5 Abs. 8 AU-Konvention. Die OECD-Konvention und das ER-Übereinkommen verzichten auf den Baustein „Prävention" und fokussieren sich auf strafrechtliche Maßnahmen.

für Korruptionsverhütung,[8] Entwicklung von Verhaltenskodizes[9] oder Maßnahmen zur gesellschaftlichen Bewusstseinsbildung.[10]

- Baustein II – Pönalisierungspflichten und Strafrechtsharmonisierung: Bestimmte Handlungen werden als Korruption, Bestechung, Bestechlichkeit, Amtsuntreue etc. definiert. Die Vertragsstaaten werden verpflichtet, diese Handlungen im nationalen Recht unter Strafe zu stellen.[11]
- Baustein III – Kooperation: Die internationale Zusammenarbeit zwischen den Vertragsstaaten soll durch spezielle Vorschriften zur Auslieferung und Überstellung von Personen sowie zur sonstigen Rechtshilfe erleichtert werden.[12]

Diese ganzheitlichen Ansätze zur Vorbeugung und Bekämpfung von Korruptionshandlungen[13] sehen in der Theorie recht vielversprechend aus – zumal, wenn man sich vergegenwärtigt, dass die UNCAC von fast allen UN-Mitgliedstaaten ratifiziert wurde. In der Praxis bestehen aber erhebliche Durchsetzungsdefizite, die zumindest teilweise mit der Grundkonzeption der Korruption als Vertragsdelikt zusammenhängen.

Zunächst begründen die genannten Verträge keine unmittelbare strafrechtliche Verantwortlichkeit. Sie können daher nicht direkt auf internationaler Ebene durchgesetzt werden. Es gibt keinen internationalen Korruptionsstrafgerichtshof. Vielmehr müssen die völkervertraglichen Vorschriften ins nationale Strafrecht überführt und die einschlägigen Taten sodann auf nationaler Ebene verfolgt werden.[14] Dabei ist der internationale

---

8 Art. 6 UNCAC; siehe auch Art. III Nr. 9 IA-Konvention.

9 Art. 8 UNCAC; Art. III Nr. 1 IA-Konvention; Art. 7 Abs. 2 AU-Konvention.

10 Art. 13 UNCAC; Art. III Nr. 11 IA-Konvention; Art. 12 AU-Konvention.

11 Arts. 15 ff. UN-Konvention; Arts. VI-VII IA-Konvention; Art. 1 OECD-Konvention; Arts. 2 ff. ER-Übereinkommen; Art. 4 i.V.m. Art. 5 Nr. 1 AU-Konvention.

12 Arts. 43 ff. UNCAC; Arts. XIII ff. IA-Konvention; Arts. 9 ff. OECD-Konvention; Arts. 25 ff. ER-Übereinkommen; Arts. 15 ff. AU-Konvention.

13 Der Begriff der Korruption wird hier in einem weiten Sinne verstanden, der alle in den Antikorruptionsübereinkommen aufgelisteten Handlungen (also inklusive Geldwäsche, Amtsuntreue etc.) umfasst.

14 Allgemein zur Struktur und Wirkung von völkervertragsgestützten Delikten *K. Ambos*, Treatise on International Criminal Law – Volume II: The Crimes and Sentencing, 2. Aufl., Oxford: Oxford University Press 2022, S. 258 ff.; auch *N. Boister/S. Gless/F. Jessberger*, Introduction, in: N. Boister/S. Gless/F. Jessberger (Hrsg.), Histories of Transnational Criminal Law, Oxford: Oxford University Press 2021, S. 1 (3); *R. Cryer*, Transnational Crimes, Terrorism and Torture, in: R. Cryer/D. Robinson/S. Vasiliev (Hrsg.), An Introduction to Criminal Law and Procedure, 4. Aufl., Cambridge: Cambridge University Press 2019, S. 319 (320 f.).

Geltungsanspruch, den vertragsgestützte Delikte erheben, zudem typischerweise begrenzt.[15] So verpflichtet die UNCAC die Vertragsstaaten nur dazu, ihre Gerichtsbarkeit auf Korruptionstaten zu erstrecken, die in ihrem Hoheitsgebiet begangen werden[16] oder die nach dem Flaggenprinzip verfolgbar sind (Art. 42 Abs. 1 UNCAC). Angeregt, aber letztendlich freigestellt[17] wird die Etablierung des aktiven und passiven Personalitätsprinzips[18] – also die Verfolgung von Auslandstaten, die von bzw. gegen eigene Staatsangehörige begangen werden (Art. 42 Abs. 2 lit. a] und b] UNCAC). Gleiches gilt für die Verfolgung von Taten, die sich im Sinne des Staatsschutzprinzips gegen den jeweiligen Vertragsstaat richten (Art. 42 Abs. 2 lit. d] UNCAC) sowie wie für *aut dedere aut judicare*-Konstellationen, in denen der Vertragsstaat die Beschuldigten nicht ausliefert, dafür aber selbst strafrechtlich zur Verantwortung zieht (Art. 42 Abs. 4 UNCAC).

Die regionalen Instrumente gehen z.T. etwas weiter und verpflichten ggf. zur Einführung des aktiven Personalitätsprinzips.[19] Dessen ungeach-

---

15 Überblick über die Entwicklung völkervertraglicher Zuständigkeitsregeln bei *F. Jessberger*, A Short History of Jurisdiction in Transnational Criminal Law, in: Boister/Gless/Jessberger (Hrsg.), Histories (Fn. 14), S. 261 und passim.

16 Art. 42 Abs. 2 lit. c) UNCAC enthält eine fakultative Ausdehnung der Gerichtsbarkeit auf im Ausland begangene Vorbereitungshandlungen an einer (präsumtiven) Inlandshaupttat.

17 Zu dieser für völkerrechtliche Verträge typischen Unterscheidung zwischen „prescriptive jurisdiction" und „permissve jurisidiction" *Jessberger*, Jurisdiction (Fn. 15), S. 261 (272 f.); auch *Cryer*, Transnational Crimes (Fn. 14), S. 319 (321).

18 Nach Art. 42 Abs. 3 lit. b) UNCAC kann das aktive Personalitätsprinzip auf staatenlose Personen erstreckt werden, die in dem jeweiligen Vertragsstaat ihren gewöhnlichen Aufenthalt haben.

19 So Art. 13 Abs. 1 lit. b) AU-Konvention, der das aktive Personalitätsprinzip um das Domizilprinzip ergänzt, also die Vertragsstaaten verpflichtet, ihre Zuständigkeit auf Straftaten zu erstrecken, die im Ausland von Personen begangen werden, die ihren Wohnsitz in ihrem Hoheitsgebiet haben. Ebenso Art. 17 ER-Übereinkommen, der zudem die Erstreckung der Gerichtsbarkeit auf Auslandstaten inländischer Amtsträger*innen verlangt (aktives Amtsträgerprinzip); einschränkend Art. 4 Abs. 2 OECD-Übereinkommen, der zur Einführung des aktiven Personalitätsprinzip nur insoweit verpflichtet, als dies im jeweiligen nationalen Recht grundsätzlich anerkannt ist. Art. V IA-Konvention stellt die Einführung des aktiven Personalitäts- und Domizilprinzips grundsätzlich ins Ermessen der Vertragsstaaten; allerdings müssen diese Gerichtsbarkeit über eigene Staatsangehörige ausüben, wenn sie diese nicht an andere verfolgungsbereite Staaten ausliefern; allgemein zum aktiven Personalitätsprinzip als Kompensation für die Nichtauslieferung eigener Staatsangehöriger *K. Ambos*, Internationales Strafrecht. Strafanwendungsrecht – Völkerstrafrecht – Europäisches Strafrecht – Rechtshilfe, 4. Aufl., München 2018, § 3 Rn. 39.

tet bleibt es aber dabei, dass die Gerichtsbarkeit nur auf Straftaten erstreckt werden muss bzw. soll, die mit dem jeweiligen Vertragsstaat in irgendeiner Form verknüpft sind, zu denen also im Sinne des klassischen Strafanwendungsrechts ein legitimierender Link besteht.[20] Damit wird die Strafverfolgung primär den tatnahen Staaten – insbesondere dem Tatort- und dem Täterstaat – überantwortet. Dies ist grundsätzlich sinnvoll, weil hierdurch zum einen Konflikte mit dem völkerrechtlichen Nichteinmischungsgebot vermieden werden.[21] Zum anderen haben die tatnahen Staaten regelmäßig den besten Zugriff auf die Beschuldigten und die Beweismittel; übernehmen sie die Strafverfolgung, können aufwändige transnationale Beweiserhebungen und Rechtshilfeverfahren häufig vermieden werden.[22] Bei Korruptionstaten gilt insoweit aber auch, dass die Tatahndung durch die Staaten erfolgen soll, deren Verwaltung, Wirtschaft etc. in die Tat verstrickt sind und die deswegen ggf. kein oder nur ein geringes Interesse daran haben, die Tatvorwürfe effektiv aufzuklären.[23]

II. Durchsetzung völkervertraglicher Pönalisierungspflichten

Ganz grundsätzlich stellt sich die Frage, wie internationale Vorgaben durchgesetzt werden können, also wie sichergestellt wird, dass die Vertragsstaaten ihren völkerrechtlichen Pönalisierungs- und Strafverfolgungspflichten tatsächlich nachkommen. Keines der genannten Antikorruptionsübereinkommen etabliert zu diesem Zweck ein gerichtliches Kontroll-

20 Allgemein *Ambos*, Treatise II (Fn. 14), S. 254; *Cryer*, Transnational Crimes (Fn. 14), S. 319 (321).

21 Bereits in seiner grundlegenden *Lotus*-Entscheidung führte der Ständige Internationale Gerichtshof (StIGH) aus, dass ein Staat zwar grundsätzlich frei sei, sein Strafrecht auf Auslandssachverhalte auszudehnen, dabei aber nicht die Grenze überschreiten dürfe, „die das internationale Recht seiner Zuständigkeit zieht", StIGH, Urteil v. 7.9.1927 – *France v. Turkey, Case of the S.S. 'Lotus'*, StIGHE 5, 71 (90 f.); siehe auch *S. Bock*, Internationalisation of Criminal Law, in: H.-D. Horn/ S. Bock (Hrsg.), On the Correlation between National and International Law. Results of a Joint German-Russian Research Seminar, Marburg 2020, S. 29 (30 f.) m.w.N.

22 *Ambos,* Internationales Strafrecht (Fn. 19), § 3 Rn. 4.

23 Siehe z.B. *S. Fritzen*, Beyond "Political Will": How Institutional Context Shapes the Implementation of Anti-Corruption Policies, Policy & Society 24 (2006), 79 (80 f.); anschauliche Beispiele in *M. L. Wolf*, The World Needs an International Anti-Corruption Court, Dædalus, the Journal of the American Academy of Arts & Sciences 147 (2018), 144.

system beispielsweise nach dem Vorbild der internationalen Menschenrechtsgerichtshöfe. Vielmehr setzen sie auf Monitoring-Mechanismen wie die Konferenz der Vertragsstaaten auf UN-Ebene,[24] das Advisory Board der Afrikanischen Union[25] oder die GRECO-Staatengruppen gegen Korruption beim Europarat.[26] Ungeachtet der Unterschiede im Detail besteht die zentrale Aufgabe dieser Gremien darin, die Anwendung der Übereinkommen zu überprüfen und zu fördern, bestehende Defizite zu rügen und den Vertragsstaaten ggf. Verbesserungsvorschläge zu unterbreiten.[27] Ihr Kerninstrument sind Berichte zur jeweiligen nationalen Lage, ihr primäres Mittel zur Rechtsdurchsetzung liegt im „naming and shaming" von Vertragsverletzungen: Es sind *„soft instruments"*; inwieweit Kritik und Umsetzungsvorschlägen Taten auf nationaler Ebene folgen, ist (auch) eine politische Frage. *Non-compliance* hat selten spürbare Folgen. Für die faktische Wirksamkeit der Antikorruptionsverträge kommt es daher darauf an, ob (und in welchem Umfang) die beteiligten Staaten tatsächlich bereit und in der Lage sind, ihren völkerrechtlichen Pflichten nachzukommen.[28] Dies hängt von unterschiedlichen Faktoren ab. Entscheidend ist zunächst, ob überhaupt ausreichend Ressourcen für eine effektive Verfolgung der Vertragsdelikte zur Verfügung stehen[29] und in welchem Ausmaß staatliche Stellen in korrupte Strukturen verstrickt sind.[30] Relevant sind zudem der Grad des gesellschaftlichen Bewusstseins für korruptionsbedingte Proble-

---

24 Art. 63 UNCAC.

25 Art. 22 AU-Konvention.

26 Art. 24 ER-Konvention.

27 Vertiefend zur Funktionsweise des Monitoringmechanismus bei UNCAC siehe *P. Webb*, The United Nations Convention against Corruption. Global Achievement or Missed Opportunity? Journal of International Economic Law 8 (2005), 191 (220 ff.); *O. Brunelle-Quraishi*, Assessing the Relevancy and Efficacy of the United Nations Convention against Corruption: A Comparative Analysis, Notre Dame Journal of International and Comparative Law 2 (2011), 101 (134 ff.); zur AU-Konvention siehe *Webb*, UNCAC (aaO), 203; *Brunelle-Quraishi*, Relevancy (aaO), 160 f.; zur ER-Konvention siehe *Webb*, UNCAC (aaO), 200; *Brunelle-Quraishi*, Relevancy (aaO), 162 f.

28 Siehe hierzu am Beispiel der OECD-Working Group *H. Jongen*, Peer Review and Compliance with International Anti-Corruption Norms: Insights from the OECD Working Group on Bribery, Review of International Studies 47 (2021), 331 (350 f.).

29 *Jongen*, Peer review (Fn. 28), 349.

30 *Wolf*, Anti-Corruption Court (Fn. 23), 147 f; *T. Pogge*, Recognized and Violated by International Law: The Human rights of the Global Poor, Leiden Journal of International Law 18 (2005), 717 (736, 738); *Fritzen*, Political Will (Fn. 23), 80 f.

me[31] sowie die (vermeintlichen oder realen) „Kosten“ bzw. Folgen einer Strafverfolgung. Gerade auch in demokratischen Gesellschaften besteht ein erheblicher politischer Druck, die eigenen wirtschaftlichen Interessen zu schützen und Arbeitsplätze zu erhalten. Dies kann dazu führen, dass Korruptionsvorwürfe verschleiert oder heruntergespielt werden.[32]

Dass bei einer rein nationalen Durchsetzung völkervertraglicher Antikorruptionsregelungen Effektivitätseinbußen drohen, zeigt bereits das Beispiel Deutschlands – ein grundsätzlich völkerrechtsfreundlicher Staat, dessen Organe sogar verfassungsrechtlich verpflichtet sind, Völkerrecht zu befolgen.[33] Dennoch stufte die GRECO-Kommission des Europarates im März 2021 die Antikorruptionsbemühungen der Bundesrepublik zum wiederholten Male als „allgemein unbefriedigend“[34] ein. Bemängelt wurde insbesondere das Fehlen klarer Regeln für den Umgang von Abgeordneten mit Lobbyist*innen.[35] Im Januar 2022 sind nun immerhin die Regelungen zum Lobbyregister in Kraft getreten[36] – diese befanden sich zum Berichtszeitpunkt noch im Gesetzgebungsprozess und wurden von der GRECO-Kommission vorab als wichtiger Schritt zur Korruptionsvorbeugung be-

31 *K. Thompson*, Does Anti-Corruption Legislation Work, World Customs Journal 7 (2013), 40 (54 f.).

32 *J-A. Gilbert/J. C. Sharman*, Turning a Blind Eye to Bribery: Explaining Failures to Comply with the International Anti-corruption Regime, Political Studies 64 (2016), 74 (75).

33 BVerfGE 112, 1 (24). Aus dem Grundsatz der Völkerrechtsfreundlichkeit folgt auch die Pflicht „die die Bundesrepublik Deutschland bindenden Völkerrechtsnormen zu befolgen und Verletzungen nach Möglichkeit zu unterlassen.“, ebenda (26). Etwas relativiert wird diese allerdings insoweit, als der *lex-posterior*-Grundsatz nach Ansicht des BVerfG auch für völkerrechtliche Verträge gilt. Der demokratische Gesetzgeber ist also nicht dauerhaft an ein Zustimmungsgesetz zu einem völkerrechtlichen Vertrag gebunden, sondern kann diesem später (innerhalb der vom Grundgesetz vorgegebenen Grenzen) zuwiderhandeln. Aus dem Grundsatz der Völkerrechtsfreundlichkeit des Grundgesetzes folge nicht – so das BVerfG –, dass völkerrechtswidrige Gesetze verfassungswidrig seien; es bestünde keine „verfassungsrechtliche Pflicht zur uneingeschränkten Befolgung aller völkerrechtlichen Normen“, BVerfGE 141, 1. Kritisch hierzu *M. Steinbeis*, Völkerrechtsfreundlich heißt nicht unbedingt völkerrechtstreu, Verfassungsblog v. 12.2.2016, https://verfassungsblog.de/voelkerrechtsfreundlich-heisst-nicht-unbedingt-voelkerrechtstreu/ (abgerufen am 15.11.2022).

34 *GRECO*, Vorläufiger Umsetzungsbericht der vierten Evaluierungsrunde, 25.03.2021, Rn. 39, verfügbar unter: https://rm.coe.int/vierte-evaluierungsrunde-korruptionspravention-in-bezug-auf-abgeordnet/1680a57468 (abgerufen am 15.11.2022).

35 *GRECO*, Vorläufiger Umsetzungsbericht (Fn. 34), Rn. 8-13.

36 BGBl. 2021 I, S. 818.

wertet.[37] Dieser Fortschritt kann allerdings nicht darüber hinwegtäuschen, dass staatliche Compliance mit völkervertraglichen Antikorruptionsvorgaben ggf. mühsam erkämpft werden muss.

C. *Korruption als völkerrechtliches Verbrechen?*

An diesen strukturbedingten Durchsetzungsdefiziten setzen Vorschläge an, Korruption in den Kanon der völkerrechtlichen Verbrechen aufzunehmen. Dies hätte zur Folge, dass sich die Strafbarkeit der umschriebenen Handlungen unmittelbar aus dem Völkerrecht ergäbe.[38] Damit stünde auch die Möglichkeit im Raum, Korruptionstaten durch eine internationale Institution – sei es durch den Internationalen Strafgerichtshof (IStGH)[39] oder durch einen separaten Internationalen Anti-Korruptions-Gerichtshof[40] – zu verfolgen. Gleichzeitig könnte die Zuständigkeit nationaler Gerichte ausgedehnt werden, da völkerrechtliche Verbrechen grundsätzlich auf Basis des Universalitätsprinzip und damit unabhängig

---

37 *GRECO*, Vorläufiger Umsetzungsbericht, (Fn. 34), Rn. 10-12.

38 Allgemein zum Begriff des völkerrechtlichen Verbrechens und dem Grundsatz der unmittelbaren strafrechtlichen Verantwortlichkeit des*der Einzelnen nach Völkerrecht *Ambos,* Internationales Strafrecht (Fn. 19), § 5 Rn. 1; *H. Satzger,* Internationales und Europäisches Strafrecht. Strafanwendungsrecht, Europäisches Straf- und Strafverfahrensrecht, Völkerstrafrecht, 10. Aufl., München 2022, § 12 Rn. 1.

39 Siehe die Vorschläge bei *C. Eboe-Osuji*, Kleptocracy: A Desired Subject of International Criminal Law That Is in Dire Need of Prosecution by Universal Jurisdiction, in: E.A. Ankumah/E.K. Kwakwa (Hrsg.), African Perspectives on International Criminal Justice, Africa Legal Aid: Accra/Maastricht 2005, S. 121; *P. D. Ocheje*, Refocusing International Law on the Quest for Accountability in Africa: The Case Against the "Other" Impunity, Leiden Journal of International Law 15 (2002), 749 (777 ff.); *M. Boersma*, Corruption: A Violation of Human Rights and a Crime Under International Law?, Intersentia: Cambridge 2012, S. 340 ff. Zur Schaffung eines neuen Einzelakts der Korruption im Rahmen der Verbrechen gegen die Menschlichkeit *V. Sharma*, Prosecuting Grand Corruption as a Crime against Humanity, ISIL YearBook of International Humanitarian and Refugee Law 18 (2018/2019), 63 (87); siehe auch *B.C. Harms*, Holding Public Officials Accountable in the International Realm: A New Multi-Layered Strategy to Combat Corruption, Cornell International Law Journal 33 (2000), 159 (202 f.).

40 Vgl. *Wolf*, Anti-Corruption Court (Fn. 23), 144; *E. Medina*, Does the World need an International Anti-Corruption Court? Centre for Criminology Blog, University of Oxford, 1.11.2021, https://www.law.ox.ac.uk/centres-institutes/centre-criminology/blog/2021/11/does-world-need-international-anti-corruption (abgerufen am 15.11.2022).

vom Tatort und der Nationalität von Täter*in und Opfer verfolgt werden können.[41]

I. Das Malabo-Protokoll als Vorbild?

Ein entsprechender Vorstoß, Korruption zu einem internationalen Verbrechen zu erklären, findet sich im Malabo-Protokoll der Afrikanischen Union aus dem Jahr 2014. Mit diesem soll der *African Court of Justice and Human Rights* ermächtigt werden, bestimmte (internationale) Delikte strafrechtlich zu ahnden.[42] Ziel ist eine Regionalisierung des internationalen Strafrechts, die auch in einem gewissen Maße als Gegenkonzept zum IStGH in Den Haag zu verstehen ist. Dieser wird bzw. wurde zumindest in Teilen der Afrikanischen Union als neokolonialistisches Instrument des Westens zur Kontrolle afrikanischer Staaten wahrgenommen.[43] Jedenfalls erhofft man sich, dass ein tatortnahes Gericht besser auf regionale und kulturelle Besonderheiten eingehen und damit auf eine höhere Akzeptanz hoffen kann.[44] Im Gegensatz zum IStGH soll sich die Zuständigkeit des African Courts allerdings nicht nur auf die klassischen völkerrechtlichen Kernverbrechen (Völkermord, Verbrechen gegen die Menschlichkeit,

---

41 Hierzu *Ambos*, Internationales Strafrecht (Fn. 19), § 3 Rn. 95 ff.; *Satzger*, Internationales und Europäisches Strafrecht (Fn. 38), § 5 Rn. 77 ff.; *S. Gless*, Internationales Strafrecht. Grundriss für Studium und Praxis, 3. Aufl., Helbing Lichtenhahn: Basel 2021, Rn. 187 ff.

42 Zu der damit angestrebten dreifachen Funktion des African Courts (Verantwortlichkeit für die Auslegung der Verträge, Rechtsakte und Handlungen der Afrikanischen Union und andere völkerrechtliche Fragen – Menschenrechtsgerichtshof – Strafgerichtshof) *R. Murray*, The Human Rights Jurisdiction of the African Court of Justice and Human and Peoples' Rights, in: C. Jalloh/K. Clarke/V. Nmehielle (Hrsg.), The African Court of Justice and Human and Peoples' Rights in Context: Developments and Challenges, Cambridge University Press: Cambridge 2019, S. 965 (965 f.); *M. Sirleaf*, The African Justice Cascade and the Malabo Protocol, International Journal of Transitional Justice 11 (2017), 71 (73 f.).

43 Zusammenfassung der afrikanischen Kritik bei *S. Edelbi*, The Framing of the African Union in International Criminal Law: A Racialized Logic, Völkerrechtsblog v. 21.2.2018, https://voelkerrechtsblog.org/de/the-framing-of-the-african-union-in-international-criminal-law-a-racialized-logic/ (abgerufen am 15.11.2022); siehe auch G. Naldi/ K. D. Magliveras, The International Criminal Court and the African Union: A Problematic Relationship, in: *C. C. Jalloh/I. Bantekas* (Hrsg.), The International Criminal Court and Africa, Oxford University Press: Oxford 2017, S. 111.

44 *Sirleaf*, Cascade (Fn. 42), 74, 75 f., 87 ff.

Kriegsverbrechen und das Verbrechen der Aggression) beschränken. Sie soll vielmehr auch weitere Delikte mit typischerweise staatsübergreifender Dimension umfassen[45] – z.B. Terrorismus, Drogenhandel, aber eben auch Korruption (Art. 28A Abs. 1 Nr. 8 Malabo-Protokoll).

Dabei liegt dem Protokoll in materieller Hinsicht ein sehr weiter Korruptionsbegriff zugrunde. So ist eine strafrechtlich relevante Bestechlichkeit jedes Fordern oder Annehmen eines direkten oder indirekten, materiellen oder immateriellen Vorteils im Austausch für die Wahrnehmung oder Nicht-Wahrnehmung öffentlicher Aufgaben (Art. 28I Malabo-Protokoll). Weitere Einschränkungen erfolgen zumindest auf materieller Ebene nicht. Weder wird verlangt, dass der*die Amtsträger*in rechtswidrig handelt, noch muss die Tat grenzüberschreitende Wirkungen entfalten. Allerdings ist die gerichtliche Zuständigkeit auf schwerwiegende Fälle beschränkt, die die Stabilität eines Staates, einer Region oder der Afrikanischen Union beeinträchtigen.[46]

II. Zur Unterscheidung zwischen internationalen und transnationalen Delikten

Unabhängig von einer eventuellen Schwellenklausel stellt sich die grundsätzliche Frage, ob und unter welchen Voraussetzungen Korruption als völkerrechtliches Verbrechen eingestuft werden kann. Das Malabo-Protokoll macht keinen prinzipiellen Unterschied zwischen Korruption und den klassischen völkerrechtlichen Kernverbrechen – es begründet für alle in Art. 28A genannten Delikte eine unmittelbare individuelle Verantwortlichkeit nach Völkerrecht und weist dem African Court eine originäre Gerichtsbarkeit über diese Taten zu.[47] Damit wird der Unterschied zwischen transnationalen und internationalen bzw. völkerstrafrechten Delikten verwischt. Für letztere genügt es einerseits nicht, dass die Tat zwei oder mehr Staaten betrifft. Ein Banküberfall wird beispielsweise nicht dadurch zum

45 Kritisch *A. Abass*, The Proposed International Criminal Jurisdiction for the African Court: Some Problematical Aspects, Netherlands International Law Review 60 (2013), 27 (32 ff.).

46 Siehe Art. 28I Malabo-Protokoll sowie *C. C. Jalloh*, A Classification of the Crimes in the Malabo Protocol, in: Jalloh/Clarke/Nmehielle (Hrsg.), African Court of Justice (Fn. 42), S. 225 (253).

47 Art. 3 Malabo-Protokoll; auch *N. Boister*, Transnational Crimes Jurisdiction of the Criminal Chamber of the African Court of Justice and Human and Peoples' Rights, in: Jalloh/Clarke/Nmehielle (Hrsg.), African Court of Justice (Fn. 42), S. 339.

völkerrechtlichen Verbrechen, dass er in den Niederlanden geplant, in Deutschland ausgeführt und die Beute anschließend nach Frankreich gebracht wird. Diese Tat hat eine grenzüberschreitende Dimension und ist in diesem Sinne transnational, aber deswegen noch lange nicht von allgemein internationaler Relevanz. Anderseits steht es der Einstufung einer Handlung als völkerrechtliches Verbrechen nicht prinzipiell entgegen, dass sich ihre unmittelbaren Wirkungen auf ein Staatsgebiet begrenzen.[48] Der Völkermord an den Tutsi aus dem Jahr 1994 war innerstaatlich – er fand auf dem Staatsgebiet Ruandas statt. Konstituierend für die im IStGH-Statut genannten völkerrechtlichen Kernverbrechen ist vielmehr, dass es sich um staatliches bzw. staatlich unterstütztes Systemunrecht handelt, das mit einer methodischen, zielgerichteten und massenhaften Verletzung grundlegender individueller Menschenrechte verbunden ist. Dieser übergeordnete Gesamtkontext führt dazu, dass die Taten „die internationale Gemeinschaft als solche betreffen" (Art. 5 IStGH-Statut) und rechtfertigt ihre Verfolgung auf internationaler Ebene.[49]

III. Die Einordnung der Korruption

Korruptionsdelikte haben durchaus einige strukturelle Gemeinsamkeiten mit den völkerrechtlichen Kernverbrechen. So sind die Taten typsicherweise mit dem Staat verknüpft – sie werden in der Regel unter Beteiligung eines*r Amtsträgers*in, eines*r Abgeordneten etc. begangen. Inhaltlich geht es regelmäßig um den Missbrauch von Staatsmacht. Auch gibt es einen Bezug zu den Menschenrechten: Staaten, die nach Transparency International einen niedrigen Wert im Korruptionswahrnehmungsindex aufweisen, wie Südsudan, Syrien und Somalia, wird regelmäßig auch die Verletzung von Menschenrechten – auch in Form von Verbrechen gegen die Menschlichkeit – vorgeworfen.[50] In diesem Sinne gehen auch die Vereinten Nationen davon aus, dass der Kampf gegen Korruption dem

---

48 *S. Starr*, Extraordinary Crimes at Extraordinary Times: International Justice beyond Crisis Situations, Northwestern University Law Review 101 (2007), 1257 (1268).

49 *S. Bock*, Ökozid – ein neues völkerstrafrechtliches Kernverbrechen?, ZRP 2021, 187; siehe auch *K. Ambos*, Treatise on International Criminal Law. Volume I: Foundations and General Part, 2. Aufl., Oxford University Press: Oxford 2021, S. 113 ff.

50 *Transparency International*, Korruptionswahrnehmungsindex 2021, https://www.transparency.de/cpi/ (abgerufen am 15.11.2022).

Schutz und der Stärkung von Menschenrechten dient.[51] Dessen ungeachtet betrifft aber nicht jedes Korruptionsdelikt die internationale Gemeinschaft als solche. Dies gilt nur für die sog. „grand corruption“. Nach der von Transparency International entwickelten Definition handelt es sich hierbei um Korruptionstaten, die

- Teil eines übergeordneten Systems sind,
- an denen Personen beteiligt sind, die hochrangige öffentliche Ämter bekleiden und
- die eine schwerwiegende Zweckentfremdung öffentlicher Mittel oder Ressourcen bzw. die schwerwiegende Verletzung von Menschenrechten eines erheblichen Teils der Bevölkerung oder einer vulnerablen Gruppe zur Folge haben oder darauf abzielen.[52]

Diese Form der Korruption führt schlussendlich dazu, dass das gesamte staatliche System korrupt ist und gleichsam rechtsgelöst agiert. Vereinzeltes Fehlverhalten individueller Staatsdiener*innen, das die Funktionsfähigkeit des Staatsapparates als solche nicht in Frage stellt, hat diese Auswirkungen nicht. Man denke nur an den Schulfotografen, der der Lehrerschaft als „Dankeschön“ für den mit der Organisation des Fototermins verbundenen Aufwand Geschenke im Wert von mehreren hundert Euro zukommen lässt.[53] Solche isolierten Fälle einfacher Korruption verdienen die Gleichstellung mit den völkerrechtlichen Verbrechen nicht. Das Malabo-Protokoll trägt dem insoweit Rechnung, als es – wie gesehen – nur Fälle staats- bzw. regionsgefährdender Korruption der Zuständigkeit des

---

51 *HRC*, The negative impact of corruption on the enjoyment of human rights, A/HRC/RES/47/7, 12.07.2021, Rn. 2, 6.

52 *Transparency International*, Submission to the 8th UNCAC CoSP. Grand Corruption as a Major Obstacle to Achievement of the Sustainable Development Goals, 2019, CAC/COSP/2019/NGO/1. Im Original heißt es: “Grand corruption means the commission of any of the offences in UNCAC Articles 15–25 as part of a scheme that 1. involves a high-level public official; and 2. results in or is intended to result in a gross misappropriation of public funds or resources, or gross violations of the human rights of a substantial part of the population or of a vulnerable group.” Siehe auch den Ansatz von *E. Hava*, Grand Corruption: Strategies for Preventing International Impunity, Indonesian Journal of International & Comparative Law 2015, 481 (485 ff.), die zudem systemisch bedingte Straflosigkeit / Nichtverfolgung als zentrales Element von “grand corruption” ansieht.

53 Siehe zu diesen Fällen *K. Ambos / P. Ziehn*, Zur Strafbarkeit von Schulfotografen wegen Bestechung oder Vorteilsgewährung gemäß §§ 333, 334 StGB – Zugleich eine Besprechung von BGH - I ZR 112/03 und OLG Celle – 2 Ws 261/07 –, NStZ 2008, 498.

African Courts unterstellt. Ob dies eine ausreichende und hinreichend klare Beschränkung ist, sei zunächst dahingestellt.

Jedenfalls die einfache Korruption kann aus den genannten Gründen weder international verfolgt noch dem Universalitätsprinzip unterstellt werden. Der Verzicht auf den völkerrechtlich grundsätzlich erforderlichen Link zwischen Tat und aburteilendem Staat[54] ist nur dann und soweit gerechtfertigt, wenn die zu verfolgende Tat universell anerkannte Rechtsgüter in systematischer Weise verletzt und damit die gemeinsame Wertgrundlage der gesamten Staatengemeinschaft erschüttert. Der Staat, der eine Tat auf Basis des Universalitätsprinzips verfolgt, wird damit nicht (nur) im eigenen Interesse tätig, sondern gleichsam als Stellvertreter der internationalen Staatengemeinschaft.[55] Während sich dies für die systematisch menschenrechtsfeindliche „grand corruption" wohl konstruieren ließe, sind einfache Korruptionshandlungen in ihren Wirkungen durchaus national beschränkbar und betreffen nicht die internationale Gemeinschaft als solche. Würde der bereits erwähnte deutsche Schulfotograf sich auf einmal vor einem argentinischen Gericht wegen Bestechung verantworten müssen, könnte sich Deutschland dies mit guten Gründen als unzulässige Einmischung in innere Angelegenheiten verbitten.

D. *Sanktionsmöglichkeiten für „grand corruption" nach bestehendem Völkerstrafrecht*

Nach dem bisher Gesagten kann also die staatsdestabilisierende und menschenrechtsfeindliche „grand corruption" völkerstrafrechtlich relevant sein. Bevor dabei aber vorschnell die Schaffung neuer Strafvorschriften gefordert wird, sollte zunächst das Potenzial des bestehenden Regelungssystems ausgelotet werden. Dies gilt namentlich für die Verbrechen gegen die

54 Siehe oben Fn. 20 und dazugehörigen Text.

55 Ausführlich *K. Ambos*, Treatise on International Criminal Law. Volume III: International Criminal Procedure, Oxford University Press: Oxford 2016, S. 224 ff.

Menschlichkeit,[56] die keinen Nexus mehr zu einem bewaffneten Konflikt erfordern und damit auch in Friedenszeiten begangen werden können.[57]

I. Einschlägige Einzelakte der Verbrechen gegen die Menschlichkeit

Um als Verbrechen gegen die Menschlichkeit eingestuft werden zu können, muss die Korruptionshandlung zunächst die Voraussetzungen eines der in Art. 7 Abs. 1 IStGH-Statut genannten Einzelakte erfüllen. Hier kommt es auf die Umstände des Einzelfalls an: Wenn beispielsweise Amtsträger*innen einer korrupten Regierung Bestechungsgelder annehmen, um gewaltsam die lokale Bevölkerung aus einem bestimmten Gebiet zu evakuieren und anschließend das Land und Schürfrechte an einen ausländischen Investor verpachten, kann der Einzelakt der Vertreibung bzw. der zwangsweisen Überführung (Art. 7 Abs. 1 lit. d] IStGH-Statut) erfüllt sein. Kommen bei der Aktion Menschen zu Tode – entweder weil Personen, die Widerstand leisten, erschossen werden oder weil es auf der Flucht an einer hinreichenden Versorgung mit Wasser, Lebensmitteln und Medikamenten fehlt – ist noch an Tötung (Art. 7 Abs. 1 lit. a] IStGH-Statut) oder Ausrottung (Art. 7 Abs. 1 lit. b] IStGH-Statut) zu denken. Gleiches gilt, wenn ein*e ranghohe*r Beamter*in humanitäre Hilfslieferungen nicht an die

56 Siehe hierzu auch *I. Bantekas*, Corruption as an International Crime and Crime against Humanity. An Outline of Supplementary Criminal Justice Policies, Journal of International Criminal Justice 4 (2006), 466; *B. Bloom*, Criminalizing Kleptocracy? The ICC as a Viable Tool in the Fight Against Grand Corruption, American University International Law Review 29 (2014), 627 (649 ff.); *Starr*, Crisis (Fn. 48), 1297 ff.; auch *B. Schmidt*, The Fight against Impunity for Grand Corruption – Prosecuting Kleptocracy as an International Crime, The European Conference on Politics, Economics and Law 2015, 49. Nach *C. Kirch-Heim*, Grand Corruption. A New Crime Under International Law, Bucerius Law Journal 2009, 35 (36ff.) kann „grand corruption“ zwar die Voraussetzungen eines Verbrechens gegen die Menschlichkeit erfüllen, er bevorzugt aber eine separate Behandlung von Korruption. Kritisch zur Einordnung von Korruption als Verbrechen gegen die Menschlichkeit *C. Albin-Lackey*, Corruption, Human Rights and Activism: Useful Connections and their Limits in: D. N Sharp (Hrsg.) Justice and Economic Violence in Transition, Springer: New York 2014, S. 129 (160); *Hava*, Grand Corruption (Fn. 52), 500 ff.; auch *Boersma*, Violation (Fn. 39), S. 331 ff., 336 ff. und *Sharma*, Prosecuting (Fn. 39), 87.

57 *Ambos*, Treatise II (Fn. 14), S. 50 ff.; *Satzger*, Internationales und Europäisches Strafrecht (Fn. 38), § 16 Rn. 36; *Gless*, Internationales Strafrecht (Fn. 41) Rn. 911.

Not leitende Bevölkerung weiterleitet, sondern sie auf dem internationalen Markt veräußert, um sich persönlich zu bereichern.[58]

II. *Insbesondere: „grand corruption“ als andere unmenschliche Handlung*

Zudem ließe sich erwägen, „grand corruption“ im Sinne der Auffangklausel des Art. 7 Abs. 1 lit. k) IStGH-Statut als *„andere unmenschliche Handlung ähnlicher Art, mit der vorsätzlich große Leiden oder eine schwere Beeinträchtigung der körperlichen Unversehrtheit oder der geistigen oder körperlichen Gesundheit verursacht wird“*, zu klassifizieren.[59] „Unmenschlich“ ist eine Handlung dabei dann, wenn mit ihr ein schwerer Verstoß gegen Völkergewohnheitsrecht und die internationalen Menschenrechte verbunden ist.[60] Neben dem bereits erwähnten allgemeinen Zusammenhang zwischen Korruption und Menschenrechtseinbußen lässt sich hierbei konkret darauf abstellen, dass in korrupten Staatsstrukturen die individuelle Ausübung von Menschenrechten erschwert wird.[61] Müssen beispielsweise an einer Schule Schmiergelder für die Aufnahme bzw. die Ausstellung von Zeugnissen gezahlt werden, werden hierdurch Bildungs- und Berufsfreiheit beeinträchtigt.[62] Wirtschaften Amtsträger*innen mit den ihnen anvertrauten Mitteln ausschließlich zu eigenen Gunsten, kann hier eine Verletzung des kollektiven Rechts eines Volkes, frei über seine Ressourcen zu verfügen, liegen.[63] Werden öffentliche Aufträge an diejenigen vergeben, die die höchsten Bestechungsgelder zahlen, liegt hierin möglicherweise eine Verletzung der wirtschaftlichen Betätigungsfreiheit der unterlegenen Bieter*innen.[64] Jedenfalls dürfte diese Form der Korruption zu einer Preissteigerung bei den Endverbraucher*innen führen. Hierin kann eine Menschenrechtsrechtsverletzung liegen, wenn die Wahrnehmung menschenrechtlich geschützter Positionen nicht mehr finanzierbar ist[65] – wenn also beispielsweise bestimmte Medikamente zwar noch auf dem Markt erhältlich sind, aber nur

58 Beispiele nach *Bantekas*, Corruption (Fn. 56), 474 f.

59 *Bloom*, Kleptocracy? (Fn. 56), 649 ff.; *Starr*, Crisis (Fn. 48), 1297 ff.

60 IStGH (PTC I), Entscheidung v. 30.9.2007, *Prosecutor v. Katanga and Ngudjolo Chui – Decision on the Confirmation of Charges*, ICC-01/04-01/07-717, Rn. 448.

61 *A. Peters*, Corruption as a Violation of Human Rights, The European Journal of International Law 29 (2019), 1251 (1256 f.).

62 *Peters*, Corruption (Fn. 61), 1255.

63 *Bantekas*, Corruption (Fn. 56), 478.

64 *Peters*, Corruption (Fn. 61), 1255.

65 *Peters*, Corruption (Fn. 61), 1255; CESCR, General Comment No. 14: The Right to the Highest Attainable Standard of Health (Art. 12), 2000, Rn. 12.

zu einem so hohen Preis, dass sie für einen Großteil der Bevölkerung nicht mehr erschwinglich sind. An diesen Beispielen zeigt sich zugleich, dass korrupte Staatsstrukturen generell eine Gefahr für wirtschaftliche, soziale und kulturelle Rechte beinhalten.[66]

Auch demokratische Partizipationsrechte sind bedroht: Sind Politiker*innen in einem hohen Maße in ihren Entscheidungen von Geldgeber*innen und Financiers abhängig, werden dadurch demokratische Gestaltungsrechte und ggf. das Wahlrecht entleert.[67] Darüber hinaus dürften korrupte Systeme häufig diskriminierend sein, wenn und weil Entscheidungen an sachfremden Erwägungen ausgerichtet werden – nämlich an Eigentum und Vermögen der Beteiligten – und dadurch der Gleichbehandlungsgrundsatz verletzt wird.[68] Je nach den Umständen des Einzelfalles kann Korruption damit durchaus unmenschlich im Sinne von Art. 7 IStGH-Statut sein.

Darüber hinaus muss durch die Korruptionshandlung vorsätzlich eine der genannten schweren Folgen herbeigeführt werden. Hier dürften je nach Einzelfall erhebliche Beweisschwierigkeiten liegen.[69] Allerdings muss die schwere Beeinträchtigung der körperlichen Unversehrtheit etc. wohl nicht zwingend *unmittelbare* Folge der unmenschlichen Handlung sein; auch entferntere Kausalbeiträge genügen.[70] Da es wohl als hinreichend

66 *Ocheje*, Quest (Fn. 39), 750 ff., 779.

67 *Peters*, Corruption (Fn. 61), 1255 f., 1266.

68 *Peters*, Corruption (Fn. 61), 1265; *HRC*, Progress report of the Human Rights Council Advisory Committee on the issue of the negative impact of corruption on the enjoyment of human rights, A/HRC/26/42, 14.5.2014, Rn. 12.

69 *Hava*, Grand Corruption (Fn. 52), 502 f.; zu den vergleichbaren Problemen, die sich stellen, wenn man die Verursachung von „Hunger" / Hungersnöten völkerstrafrechtlich erfassen will *R. C. DeFalco*, Conceptualizing Famine as a Subject of International Criminal Justice: Towards a Modality-Based Approach, University of Pennsylvania Journal of International Law 38 (2017), 1113 (1175 ff.).

70 *Starr*, Crisis (Fn. 48), 1301; *Bloom*, Kleptocracy? (Fn. 56), 639; *Schmidt*, Fight (Fn. 56), 52 f. Restriktiver *C. Stahn* in: K. Ambos (Hrsg.), Rome Statute of the International Criminal Court. Article-by-Article Commentary, 4. Aufl., München 2022, Art. 7 Rn. 198 unter Verweis auf IStGH (PTC II), Entscheidung v. 23.1.2014, *Prosecutor v. Muthaura u.a., Decision on the Confirmation of Charges Pursuant to Article 61(7)(a) and (b) of the Rome Statute*, ICC-01/09-02/11-382-Red, Rn. 279. Hier verneint die Kammer das Vorliegen einer sonstigen unmenschlichen Handlung, da „no evidence has been presented to the effect of establishing the occurrence, the type and the intensity of the alleged mental suffering caused, in itself, by the loss of property. Accordingly, the Chamber finds that the requisite elements of other inhumane acts as a crime against humanity in the form of destruction of property have not been established."

gesichert geltend kann, dass staatliche Korruption ab einem gewissen Ausmaß in einem Zusammenhang mit geringerer Lebenserwartung, höherer Kindersterblichkeit, Armut und Defiziten im Gesundheitssystem steht,[71] wird man zumindest bei Taten auf höchster Staatsebene das Kausalitätserfordernis wohl häufig bejahen können.

Des Weiteren muss die Folge vorsätzlich herbeigeführt werden (*„mit denen vorsätzlich große Leiden […] verursacht werden"*). Inwieweit dieses Erfordernis in Korruptionsfällen erfüllt ist bzw. erfüllt sein kann, hängt auch davon ab, wie man das Vorsatzerfordernis versteht. Sieht man hierin einen rein deklaratorischen Verweis auf den allgemeinen Art. 30 Abs. 2 IStGH-Statut,[72] so muss sich der*die Täter*in bewusst sein, dass die Folgen nach dem gewöhnlichen Verlauf der Ereignisse eintreten. Nach wohl überwiegender Meinung genügt hier *dolus eventualis* nicht,[73] gefordert wird sicheres Wissen im Sinne eines *dolus directus* 2. Grades.[74] Dies ist eine hohe Schwelle, die aber in bestimmten Einzelfällen durchaus erfüllt sein kann – gerade, wenn man berücksichtigt, dass die gesellschaftlichen Folgen von „grand corruption" in den betroffenen Kreisen häufig bekannt sein dürf-

71 Siehe nur *Q. Li/L. An/J. Xu/M. Baliamoune-Lutz*, Corruption costs lives: evidence from a cross-country study, The European Journal of Health Economics 19 (2018), 153; *S. Gupta/H. Davoodi/R. Alonso-Terme*, Does corruption affect income inequality and poverty? Economics of Governance 3 (2002), 23; *J. M. Sommer*, Corruption and Health expenditure: A Cross-National Analysis on Infant and Child Mortality, The European Journal of Development Research 32 (2020), 690; *V. Negin/Z. B. Abd Rashid/H.Nikopour*, The Causal Relationship between Corruption and Poverty: A Panel Data Analysis, Munich Personal RePEc Archive 2010; *Ocheje*, Quest (Fn. 39), 757 ff.

72 So *Boersma*, Violation (Fn. 39), S. 335 ff.; *Bloom*, Kleptocracy? (Fn. 56), 656 ff.; *Ambos*, Treatise I (Fn. 49), S. 400; *D. K. Piragoff/D. Robinson* in: K. Ambos (Hrsg.), Rome Statute (Fn. 70), Art. 30 Rn. 40.

73 Für eine weitere Auslegung von Art. 30 IStGH hingegen *Piragoff/Robinson* in: K. Ambos (Hrsg.), Rome Statute (Fn. 70), Art. 30 Rn. 27; *Bloom*, Kleptocracy? (Fn. 56), 656 ff.; *Kirch-Heim*, Grand Corruption (Fn. 56), 37 f.; *Starr*, Crisis (Fn. 48), 1301.

74 ICC (AC), Urteil v. 1.2.2014, *Prosecutor v. Lubanga, Public redacted Judgment on the Appeal of Mr Thomas Lubanga Dyilo against his Conviction*, ICC-01/04-01/06 A 5, Rn. 447; ICC (TC II), Urteil v. 7.2.2014, *Prosecutor v. Katanga, Judgment Pursuant to Article 74 of the Statute*, ICC-01/04-01/07-3436, Rn. 770-779; *Boersma*, Violation (Fn. 39). S. 323 f.; *A. Eser*, Mental Elements – Mistake of Fact and Mistake of Law in: A. Cassese/P.Gaeta/J.R.W.D. Jones (Hrsg.) The Rome Statute of the International Criminal Court. A Commentary, Vol. 1, Oxford University Press Oxford 2002, S. 889 (913 ff., 932 f.); ausführlich *Ambos*, Treatise I (Fn. 49), S. 374 ff.

ten.[75] Alternativ ließe sich überlegen, ob für Art. 7 Abs. 1 lit. k) IStGH-Statut nicht ein abweichender, niedriger subjektiver Standard gilt. So soll es nach den einschlägigen Verbrechenselementen genügen, wenn sich der*die Täter*in der maßgeblichen tatsächlichen Umstände bewusst ist.[76] Bei einer hieran anknüpfenden, weiten Auslegung der Auffangklausel[77] wären die subjektiven Tatvoraussetzungen beispielsweise bereits dann erfüllt, wenn der*die Täter*in über Jahre der Staatskasse öffentliche Gelder in großem Umfang entzieht und dabei um die Armut der Bevölkerung und Defizite im Gesundheitssystem weiß.[78]

III. Kontextelement

Um als Verbrechen gegen die Menschlichkeit eingestuft werden zu können, muss der Einzelakt zudem im Rahmen eines ausgedehnten oder systematischen Angriffs gegen die Zivilbevölkerung begangen werden. Dies ist bei Korruptionshandlungen eine nicht zu unterschätzende Hürde. Dabei darf allerdings nicht übersehen werdet, dass der Begriff Angriff gerade nicht in einem militärischen Sinne zu verstehen ist.[79] Es genügt die mehrfache Begehung der pönalisierten Einzelakte – also z.B. die mehrfache Begehung sonstiger unmenschlicher Handlungen in Ausführung oder zur Unterstützung der Politik eines Staates (Art. 7 Abs. 2 lit. a] IStGH-Statut). Daher lässt sich durchaus überlegen, ob nicht der systematischen Fehlleitung öffentlicher Mittel, dem Verkauf hoheitlicher Leistungen und anderen Formen des staatlichen Machtmissbrauchs Angriffsqualität zukommt. Zudem dürfte systematische, menschrechtsfeindliche Korruption, die das gesamte staatliche System betrifft, häufig mit anderen Verbrechen gegen die Menschlichkeit zusammenfallen – beispielsweise der Freiheitsentziehung (Art. 7 Abs. 1 lit. e] IStGH-Statut) und der Verfolgung (Art. 7 Abs. 1 lit. h] IStGH-Statut).

---

75 Siehe *Starr*, Crisis (Fn. 48), 1303; *Bloom*, Kleptocracy? (Fn. 56), 658; *Kirch-Heim*, Grand Corruption (Fn. 56), 37 f.

76 Wörtlich heißt es in den ICC, Elements of Crimes, Article 7 (1) (k): the perpetrator „was aware of the factual circumstances that established the character of the act“.

77 Kritisch hierzu *Stahn* (Fn. 70), Art. 7 Rn. 196.

78 Siehe *Starr*, Crisis (Fn. 48), 1302 f.

79 *Ambos*, Treatise II (Fn. 14), S. 58 m.w.N.; siehe auch *Bantekas*, Corruption (Fn. 56), 474.

IV. Alternative: Korruption als Unterstützungshandlung

Die größte Hürde des „Verbrechen gegen die Menschlichkeit-Ansatzes“ dürfte darin bestehen, Korruptionshandlungen als tauglichen Einzelakt einzuordnen. Im Anwendungsbereich des IStGH-Statuts ergeben sich jedoch mögliche Weiterungen daraus, dass neben der täterschaftlichen Tatbegehung auch die Förderung von Kollektivtaten strafbar ist. Individuell verantwortlich für völkerrechtliche Verbrechen ist hiernach auch, wer auf sonstige Weise zur Begehung eines solchen Verbrechens durch eine mit einem gemeinsamen Ziel handelnde Gruppe von Personen beiträgt, sofern dieser Beitrag in Kenntnis des Vorsatzes der Gruppe, das Verbrechen zu begehen, geleistet wird (vgl. Art. 25 Abs 1 Nr. 3 lit. d) IStGH-Statut). Geht man mit Teilen der Rechtsprechung davon aus, dass hierfür jedwede Unterstützungshandlung genügt,[80] die Strafbarkeit also nicht auf direkte, wesentliche oder spürbare Unterstützungshandlungen begrenzt ist, wird sich die Zahlung von Bestechungsgeldern usw. an Amtsträger*innen eines Staates, in dem völkerrechtliche Verbrechen begangen werden, unter Umständen als Beteiligung an diesen Taten werten lassen.

Dieser Ansatz ließe sich – um einen ersten, vorsichtigen und sehr kursorischen Vorschlag zu einer Rechtsfortentwicklung *de lege ferenda* zu präsentieren – ggf. ausbauen. Überlegen ließe sich, ob man eine Art korruptionsspezifische Beteiligungsstrafbarkeit entwickelt. Ein entsprechendes Vorbild findet sich im europäischen Recht. Nach der Richtlinie zum strafrechtlichen Schutz der finanziellen Interessen der Europäischen Union ist die Annahme von Vorteilen durch eine*n öffentliche*n Bedienstete*n als Gegenleistung für eine Diensthandlung dann von den Mitgliedstaaten strafrechtlich zu ahnden, wenn hierdurch die finanziellen Interessen der Union geschädigt werden oder wahrscheinlich geschädigt werden.[81] Die Korruptionshandlung wird also nicht für sich, sondern in ihrer Gefährlichkeit

---

80 In diesem Sinne ICC (TC VII), Urteil v. 19.10.2019, *Prosecutor v. Bemba Gombo, Public Redacted Version of Judgment pursuant to Article 74 of the Statute*, ICC-01/05-01/13-1989-Red, Rn. 167; ICC (PTC I), Entscheidung v. 24.3.2016, *Proseucutor v. Al Mahdi, Decision on the Confirmation of Charges against Al Faqi Al Mahdi*, ICC-01/12-01/15-84-Red, Rn. 26.; ICC (PTC II), Entscheidung v. 4.2.2013, *Proseuctor v. Ruto and Sang, Decision on the Confirmation of Charges Pursuant to Article 61(7)(a) and (b) of the Rome Statute*, ICC-01/09-01/11-373, Rn. 354; vertiefend hierzu und zur uneinheitlichen Rechtsprechung *S. Bock*, Zurechnung im Völkerstrafrecht, ZIS 2017, 410 (423 f.).

81 Art. 4 Abs. 2 Richtlinie (EU) 2017/1371 des Europäischen Parlaments und des Rates vom 5. Juli 2017 über die strafrechtliche Bekämpfung von gegen die finanziellen Interessen der Union gerichtetem Betrug, ABl. EU 2017 L 29.

für ein anderes Rechtsgut betrachtet; sie wird als eine Art Vorbereitungshandlung für den unionsschädlichen Betrug und andere finanzschädliche Handlungen konzipiert. Überträgt man dies auf den völkerstrafrechtlichen Bereich, so könnte eine korruptionsspezifische Beteiligungsstrafbarkeit wie folgt definiert werden:

> *Strafbar ist, wer als Amtsträger für sich selbst oder eine andere Person einen ungerechtfertigten Vorteil dafür fordert oder annimmt, dass er in Ausübung seiner Dienstpflichten eine Handlung vornimmt oder unterlässt, wodurch die Begehung eines völkerrechtlichen Verbrechens gefördert wird oder gefördert werden könnte.*

Parallel hierzu ließe sich auch eine entsprechende aktive Korruptionsstrafbarkeit konstruieren. Durch die Ausdehnung der Strafbarkeit in den Gefährdungsbereich (*„gefördert werden könnte"*) wird der Nexus zu einer konkreten Tat gelockert und die genannten Beweis- und Schwellenprobleme abgemildert. Zugleich wird hierdurch dem besonderen Gefährdungspotenzial von „grand corruption" für die Menschenrechte Rechnung getragen. Näher zu überlegen wäre allerdings, ob eine solche erweiterte Beteiligungsstrafbarkeit hinreichend bestimmt und praktisch handhabbar ist.

E. Transnationale Korruption

Offen ist nach den bisherigen Überlegungen, wie Korruptionshandlungen einzustufen sind, die unterhalb der Schwelle der klassischen völkerrechtlichen Kernverbrechen bleiben – beispielsweise weil sie nicht vor dem Hintergrund eines systematischen oder ausgedehnten Angriffs gegen die Zivilbevölkerung begangen werden. Nach dem Malabo-Protokoll soll es sich dann um international verfolgbare Taten handeln, wenn sie die Stabilität eines Staates, einer Region oder der Afrikanischen Union insgesamt beeinträchtigen.[82] „Grand corruption" wird also über ihre potenziell staatszersetzende Wirkung definiert. Will man diesen Ansatz verallgemeinern und auf das Völkerstrafrecht im Allgemeinen bzw. den Internationalen Strafgerichtshof im Besonderen übertragen, so muss man zunächst in formeller Hinsicht festhalten, dass die Anerkennung der Korruption als eigenständiges völkerstrafrechtliches Delikt keine gewohnheitsrechtliche

---

82 Art. 28l Malabo-Protokoll.

Grundlage hat.[83] So ist auch das ambitionierte Malabo-Protokoll bislang reine Theorie geblieben. Von den 55 AU-Staaten haben das Protokoll bislang nur 15 unterzeichnet, keiner hat es ratifiziert.

Auch wertungsmäßig überzeugt der Ansatz des Malabo-Protokolls nicht gänzlich. Zunächst ist die Schwellenklausel rein prozessualer Natur; der Tatbestand selbst ist in seinem materiellen Unrechtsgehalt nicht auf Taten mit internationaler Dimension begrenzt. Zudem ist sie staatszentristisch – die internationale Dimension der Taten wird allein über ihre potenziell staatszersetzende Wirkung begründet. Es fehlt die die klassischen völkerrechtlichen Kernverbrechen kennzeichnende Verletzung fundamentaler Menschenrechte.[84] Generell gilt, dass der Menschenrechtsbezug bei Korruptionsdelikten regelmäßig weniger fassbar, weniger unmittelbar ist als bei den völkerrechtliche Kernverbrechen. Gerade dieser ist es aber, der dazu führt, dass die Taten die Staatengemeinschaft als solche erschüttern und damit die spezifisch völkerstrafrechtliche Reaktion legitimieren. Würde man die Definition des Malabo-Protokolls erweitern und verlangen, dass durch die Tat in systematischer Weise konkrete Menschenrechte verletzt werden, dürfte sie regelmäßig nur dann erfüllt sein, wenn auch die Voraussetzungen der Verbrechen gegen die Menschlichkeit vorliegen. Auch dies spricht dagegen, Korruption zu einem eigenständigen völkerrechtlichen Verbrechen zu machen.[85]

Dies bedeutet aber nicht, dass bei staatszersetzender und immerhin potenziell menschenrechtsfeindlicher Korruption kein legitimes internationales Reaktionsbedürfnis bestünde. Dieses kann aber auf vielfältige Weise befriedigt werden. Zu denken ist insbesondere an die Schaffung hybrider Aufarbeitungsmechanismen, also Institutionen mit gemischt national-in-

---

83 So die überzeugende, wohl herrschende Meinung, siehe *Boister*, Transnational Crimes (Fn. 47), S. 340; *Boersma*, Violation (Fn. 39). S. 294 f. aA. *Kirch-Heim*, Grand Corruption (Fn. 56), 39; für entstehendes Völkergewohnheitsrecht *N. Kofele-Kale*, The Right to a Corruption-Free Society as an Individual and Collective Human Right: Elevating Official Corruption to a Crime under International Law, The International Lawyer 34 (2000), 149 (170 ff.); *Ocheje*, Quest (Fn. 39), 770.

84 *Ambos*, Treatise I (Fn. 49), S. 114.

85 Zu Korruption als transnationales Verbrechen auch *J. Chella*, A Review of the Malabo Protocol on the Statute of the African Court of Justice and Human Rights – Part I: Jurisdiction over International Crimes, ILA Reporter v. 4.1.2021, https://ilareporter.org.au/2021/01/a-review-of-the-malabo-protocol-on-the-statute-of-the-african-court-of-justice-and-human-rights-part-i-jurisdiction-over-international-crimes-jessie-chella/ (abgerufen am 15.11.2022); *Boister*, Transnational Crimes (Fn. 47), S. 339 f. für eine Einordnung von Korruption als „partly transnational" *Jalloh*, Classification (Fn. 46) S. 252 f.

ternationaler Rechtsgrundlage und gemischt national-internationalem Personal. Beispielhaft sei die durch einen Vertrag zwischen den Vereinten Nationalen und Guatemala geschaffene *„International Commission against Impunity and Corruption“* (CICIG) genannt. Diese hatte u.a. die Kompetenz, in Korruptionsfällen zu ermitteln, Strafanzeige zu erstatten und in Strafverfahren als eine Art Nebenklägerin aufzutreten.[86] Solche hybriden Ansätze haben den Vorteil, dass sie an den Tatortstaat rückgekoppelt sind und damit Konflikte mit dem völkerrechtlichen Nichteinmischungsverbot vermeiden. Durch ihre internationale Dimension, insbesondere, wenn sie auch mit internationalem Personal bestückt sind, gewährleisten sie eine gewissen Unabhängigkeit von dem ggf. in die Korruptionstaten involvierten Verfolgungsstaat.[87] Auch dieses Konzept hat freilich seine Grenzen. So lief das Mandat der CICIG 2019 aus und wurde nicht verlängert, nachdem Ermittlungen gegen den damaligen Präsidenten Morales und einige seiner Familienmitglieder eingeleitet worden waren.[88] Seither sind die Anti-Korruptionsbemühungen in Guatemala unter Druck geraten, Richter*innen und Strafverfolger*innen traten zurück,[89] wurden suspendiert[90] oder verhaftet.[91] Hieraus darf aber nicht geschlossen werden, dass hybride Maßnahmen sinnlos wären – es zeigt lediglich, welche zentrale Bedeutung dem politischen „good will“ der Staaten für eine effektive Korruptionsbekämpfung zukommt. Zudem war die CICIG während ihrer Mandatslaufzeit durchaus erfolgreich: Neben der Initiierung von Strafverfolgungen in 120 Fällen, die zu Verurteilungen von hochrangigen Personen wie dem

---

86 Ausführlicher zur CICIG *A. Hudson/A.W. Taylor*, The International Commission against Impunity in Guatemala, Journal of International Criminal Justice 8 (2010), 53.

87 *S. S. Yeh*, Why UN Inspections? Corruption, Accountability, and The Rule of Law, South Carolina Journal of International Law and Business 11 (2015), 227 (230 ff.).

88 *M. Reischke*, UN-Korruptionsjäger in Guatemala: Am Erfolg gescheitert, Deutsche Welle, 03.09.2019, https://www.dw.com/de/un-korruptionsj%C3%A4ger-in-guatemala-am-erfolg-gescheitert/a-50270135 (abgerufen am 15.11.2022).

89 *Beck aktuell*, Guatemala: Wichtige Antikorruptions-Richterin gibt auf, 22.03.22, https://rsw.beck.de/aktuell/daily/meldung/detail/guatemala-wichtige-antikorruptions-richterin-gibt-auf (abgerufen am 27.4.2022).

90 *S. Menchu*, Guatemala's Supreme Court Suspends Senior Anti-Corruption Judge, U.S. News, 22.03.2022, https://www.usnews.com/news/world/articles/2022-03-22/guatemalas-supreme-court-suspends-senior-anti-corruption-judge (abgerufen am 15.11.2022).

91 *T. Mattiace/J. Pappier*, In Guatemala, A Fresh Crackdown on Prosecutors, Americas Quarterly, 28.02.2022, https://www.americasquarterly.org/article/in-guatemala-a-fresh-crackdown-on-prosecutors/ (abgerufen am 15.11.2022).

ehemaligen Vize-Präsidenten des Landes führten, trug die CICIG auch entscheidend zur Stärkung des Vertrauens in das Justizsystem des Landes bei.[92] Letztlich sei die Kommission Opfer ihrer eigenen Erfolge geworden, so der langjährige Leiter der Kommission *Iván Velásquez Gómez*.[93]

F. Zusammenfassung: Korruptionsbekämpfung als Mehrebenen-Ansatz

Korruption ist ein vielschichtiges Konzept, das in unterschiedlichen Ausprägungen und Ausmaßen auftreten kann. Dem kann Rechnung getragen werden, indem zwischen drei Ebenen der Korruption unterschieden wird:

1. Besonders schwerwiegende Fälle der „grand corruption“ können als Verbrechen gegen die Menschlichkeit oder Beteiligung hieran völkerstrafrechtlich geahndet werden (völkerstrafrechtliche Ebene).
2. Korruptionshandlungen, die unter dieser Schwelle liegen, aber staatsdestabilisierend und potenziell menschenrechtsfeindlich sind, sollten im Rahmen internationaler Kooperationen, beispielsweise durch die Schaffung hybrider Institutionen, bekämpft werden (internationale bzw. transnationale Ebene).
3. Sonstige Korruptionstaten sind nach nationalem Recht zu behandeln (nationale Ebene).

In jedem Fall obliegt es der internationalen Staatengemeinschaft durch politischen Druck bzw. politische Anreize auf eine Verfolgung von Korruptionstaten durch die tatnahen Staaten hinzuwirken. Bleiben Korruptionshandlungen straflos, liegt dies regelmäßig nicht an fehlenden rechtlichen Handlungsmöglichkeiten, sondern an mangelndem Verfolgungswillen. Dieser aber kann auch durch das Völkerstrafrecht nicht erschaffen werden.

---

92 *Washington Office on Latin America*, Fact Sheet: the CICIG's Legacy in Fighting Corruption in Guatemala, 27.08.2019, https://www.wola.org/analysis/cicigs-legacy-fighting-corruption-guatemala/ (abgerufen am 15.11.2022).

93 *C. Gurk*, Iván Velásquez, SZ, 04.09.2019, verfügbar unter: https://www.sueddeutsche.de/politik/profil-ivan-velasquez-1.4587224 (abgerufen am 15.11.2022).

Non-conviction-based confiscations – Wundermittel gegen Grand Corruption?

Frank Meyer

A. Einleitung

Non-conviction-based confiscations sind in Mode. In der rechtspolitischen und wissenschaftlichen Diskussion verbinden sich große Erwartungen mit diesem Instrument, das eine Einziehung unrechtmäßig erlangter Vermögenswerte ohne vorherige strafrechtliche Verurteilung der Eigentümer ermöglicht. Während das Verhältnis der Wissenschaft zu solchen selbständigen Einziehungen ambivalent ist, weil dessen rechtsstaatliche Grenzen in wichtigen Punkten weiterhin klärungsbedürftig erscheinen,[1] treiben internationale Organisationen ihre Verbreitung entschieden voran.

Der Tagungsbeitrag wird sich nicht weiter mit den Voraussetzungen und Verfahrensgarantien für non-conviction-based confiscations (ncbcs) befassen,[2] sondern sein Hauptaugenmerk auf die besonderen Anforderungen der Grand Corruption richten. Dazu wird die Bedeutung der Einziehung bei Grand Corruption beleuchtet. Herkunft, Definition, Typologien und Anwendungshindernisse werden unter diesem spezifischen Blickwin-

---

1 *F. Meyer*, Recognizing the Unknown – the New Confiscation Regulation, EuCLR 2020, 140, 146 ff.

2 Dazu *T. Bettels*, Gewinnabschöpfung zur Bekämpfung Organisierter Kriminalität am Beispiel Italiens, Baden-Baden 2016, S. 273 ff.; *M.-L. Marstaller/T. Zimmermann*, Non-conviction-based confiscation in Deutschland? Eine straf- und verfassungsrechtliche Untersuchung zur Legitimität der erweiterten selbständigen Tatertragseinziehung nach § 76a IV StGB i.V.m. § 437 StPO, Baden-Baden 2018, S. 59 ff.; *Meyer*, Confiscation (Fn. 1), 146 ff. Die Zulässigkeitsgrenzen sogenannter non-conviction-based forfeitures sind gerade in praktisch erheblichen Fragen wie z.B. Verfahrensstandards in Einziehungsverfahren, Gegenrechten, der Zulässigkeit einer Beweislastumkehr und Anforderungen an den Gegenbeweis, rechtsstaatlichen und menschenrechtlichen Verfahrensgarantien im Rechtshilfeverfahren weder in der EU noch anderweitig völkerrechtlich geklärt; s. neu Europäische Kommission, Vorschlag für eine Richtlinie des Europäischen Parlaments und des Rates über die Abschöpfung und Einziehung von Vermögenswerten, KOM(2022) 245 endg.; dort Art. 15 und Art. 16.

kel erläutert. Dafür ist es unerlässlich, eingangs zunächst den schillernden Begriff der Grand Corruption zu präzisieren.

Im Schlussteil werden die zahlreichen Herausforderungen zur Sprache kommen, die in der aktuellen Diskussion zur Vorsicht mahnen. Der Ruf nach ncbcs ist regelmäßig mit übersteigerten Erwartungen verbunden. Die rechtspolitische Diskussion leidet an einem Wirksamkeitsbias. Wirft man einen klaren, unverstellten Blick auf Rechtslage und Rechtspraxis, dann fällt die Bilanz von ncbcs ernüchternd aus. Nur selten bewirken die neuen Instrumente durchschlagende Erfolge. Sie machen sich demgegenüber gut als kriminalpolitische tough-on-crime-Symbolpolitik. Dass ncbcs nicht erfolgreicher sind, hat allerdings weniger mit immanenten Schwächen des Instruments als vielmehr mit Mängeln im allgemeinen Rechtsrahmen und Ressourcenknappheit zu tun. Die aktuellen Bemühungen, Vermögenswerte sanktionierter russischer Oligarchen mit diversen Task Forces auf G7-Ebene und bei der EU-Kommission aufzuspüren und einzufrieren, offenbaren Kernprobleme im Umgang mit bemakelten Vermögenswerten. Es werden nicht die personellen und finanziellen Mittel zur Verfügung gestellt, um illegal erlangte Vermögenswerte wirksam aus dem Verkehr zu ziehen. Es mangelt beispielsweise an proaktiven Finanzermittlungen und funktionierenden Transparenzregistern. Abgesehen von Zufällen, Daten-Leaks und konkreten Hinweisen von vereinzelten Whistleblowern bleibt man damit auf die Finanzdienstleistungs- und Enabler-Industrie als Melder und Vollzugshelfer angewiesen. Diese nunmehr auch einer größeren Öffentlichkeit bewusst werdenden Schwachstellen kennzeichnen staatliche Bemühungen, illegales Vermögen zu identifizieren und aus dem Verkehr zu ziehen, schon lange. Wie die wirksame Durchsetzung von Sanktionen erfordert ein effektives Vorgehen gegen Grand Corruption in der Regel intensive Rechtshilfezusammenarbeit einschließlich des Austauschs von financial intelligence. Doch gerade in der Rechtshilfezusammenarbeit zeigen sich besondere Schwierigkeiten bei der Nutzung von ncbcs, weil ein verlässlicher Rechtsrahmen nur in Ansätzen besteht und zentrale Kompatibilitätsfragen unbeantwortet lässt. Einschlägige Rechtsakte befassen sich nur rudimentär mit den Bedingungen der Anerkennungsfähigkeit.[3] Sie erklären diese für wünschenswert oder versuchen, diesen Aspekt zu prozeduralisieren.

3 VO (EU) 2018/1805 des Europäischen Parlaments und des Rates vom 14. November 2018 über die gegenseitige Anerkennung von Sicherstellungs- und Einziehungsentscheidungen; *Meyer*, Confiscation (Fn. 1), 163.

Für Grand Corruption tritt als weitere Erschwernis zum ohnehin fragilen Rechtsrahmen hinzu, dass man es mit einer besonders vermögenden und in der Regel sowohl politisch gut vernetzten als auch rechtlich vorzüglich beratenen Tätergruppe zu tun bekommt. Das Repertoire, sich gegen Einziehungsversuche zu wehren, ist groß und reicht von der kunstvollen Verschleierung über die Nutzung politischer und justizieller Kontakte zur Einflussnahme auf Verfahren bis hin zu Verleumdungsklagen und physischen Bedrohungen. Sind sie zugleich politische Mandats- oder staatliche Amtsträger, können sie sogar von diesem Sonderstatus rechtlich profitieren und z.B. Immunität von Verfolgung, Ermittlung oder Beschlagnahme für sich beanspruchen.

Gelingt die Einziehung trotz alledem, ist die Rückführung der Vermögenswerte damit noch nicht gesichert. Ihre Rückführung und Verwendung gestaltet sich bei Grand Corruption besonders herausfordernd und riskant. Nur wenige Länder haben mit dem sog. social re-use entzogener Vermögensgegenstände[4] oder ihrer Rückführung an Herkunftsstaaten Erfahrung. Um nicht einer erneuten Zweckentfremdung den Boden zu bereiten, gehen einer solchen Rückführung oft diffizile Verhandlungen voraus.

Übersteigerte Erwartungen erscheinen daher fehl am Platz, wenn es nicht gelingt, sich diesen Problemen gesamthaft und grenzüberschreitend zu stellen. Der Beitrag möchte dabei helfen, einen breiteren und differenzierteren Verständnishorizont für die notwendige Sachdebatte aufzuspannen.

4 S. *F. Meyer*, Zivilgesellschaftliche Nutzung konfiszierter Vermögenswerte – ein zukunftsträchtiges Paradigma?, ZRP 2015, 244 ff. für eine überblicksartige Vorstellung der Optionen m.w.N. Unter social re-use wird typischerweise die Nutzung umgewidmeter eingezogener Gegenstände durch die tatbetroffene Zivilgesellschaft verstanden. Dies können neben Luxusautos und Villen auch ganze Wirtschaftsbetriebe sein. Als unechtes oder indirektes social re-use bezeichnet man demgegenüber Modelle, in denen der Staat eingezogene Vermögensgegenstände verwertet und die Erträge über staatliche Fonds mit sehr unterschiedlichen Prozeduren und Zielsetzungen verteilt.

B. *Grand Corruption – Versuch einer begrifflichen Annäherung*

I. *Sprachgebrauch und Wesenszüge*

Grand Corruption ist kein etablierter juristischer, geschweige denn ein strafrechtlicher Begriff. Auch internationale Abkommen, die sich augenscheinlich mit dem Phänomen befassen, bieten keine völkervertragliche Legaldefinition an. Offensichtlich bildet Grand Corruption einen Teilausschnitt des allgemeinen völkerrechtlichen Korruptionsverständnisses, wie es in Dokumenten der Vereinten Nationen oder des Europarats Ausdruck findet, doch bleibt eine präzisere Vermessung aus. Bislang gehört der Begriff eher zum kriminologischen, rechts- und entwicklungspolitischen Fachjargon. Er beschreibt ein Verbrechensphänomen und drückt kriminalpolitischen Handlungsbedarf aus.

Verwandte Begriffe sind Kleptokratie (kleptocracy) und state capture. Ersterer beschreibt eine Herrschaftsform, in der die Machthaber die Ressourcen eines Landes und seiner Bürger plündern und sich der Zweck des Staates und seiner Institutionen darin erschöpft, persönliche Bereicherung zu ermöglichen und institutionell abzusichern. Von state capture wird gesprochen, wenn organisierte Netzwerke (inklusive politischer Eliten in kollusivem Zusammenwirken mit mächtigen Geschäftsleuten) staatliche Mechanismen zur Steuerung und politischen Kontrolle des Wirtschaftslebens einschließlich seiner Schlüsselunternehmen zum Zwecke der eigenen Bereicherung über Strohleute, Schattenfirmen, Aufsichtsmandate usw. übernehmen.[5] Man kann state capture auch als extreme Form von Grand Corruption bezeichnen, bei der ein Staat kein Gemeinwohlinteresse mehr kennt und selbst zur Verbrecherorganisation (mit Land und Leuten als Beute) mutiert.

Berührungspunkte gibt es mit dem Begriff des authoritarian capitalism. Ein solcher Kapitalismus, der sich Markt und Kapital antiliberal zur Verwirklichung einer Ideologie oder autoritärer staatlicher Machtinteressen bedient, kann sich staatsintern auch kleptokratischer Strukturen oder der Verteilung von Pfründen im Wirtschaftsleben zur Machtkonsolidierung und -ausbeutung bedienen.

---

5 *A. Fiebelkorn*, State Capture Analysis: How to Quantitatively Analyze the Regulatory Abuse by Business-State Relationships, Discussion Paper, Governance Global Practice, No. 2 June 2019, Bl. 5; vgl. ferner zum Beispiel Südafrikas die Reports der Judicial Commission of Inquiry into Allegations of State Capture in sechs Bänden vom 24.6.2022; abrufbar unter https://www.statecapture.org.za/site/information/reports.

Gemein ist diesen Termini, dass sie sich phänomenologisch auf Herrschaftsdelikte beziehen. Kennzeichnend ist die Komplizenschaft oder Duldung politischer, wirtschaftlicher, gesellschaftlicher und militärischer Eliten (private gain over public interest). Ihr Unrechtsverhalten weist eine Tiefendimension auf, die weit über schwere Vermögenskriminalität hinausgeht. Grand Corruption trägt zur Erosion bzw. Verhinderung demokratischer, rechtsstaatlicher, menschenrechtskonformer Herrschaftsausübung, zur Unterwanderung von Entwicklungszusammenarbeit, wirtschaftlichem Fortschritt und Armutsbekämpfung bei. Rent-Seeking hat Vorrang vor solidem Wirtschaften und Innovation. An die Stelle der Bestenauslese tritt der Kauf von Posten, die dann in der Logik des Systems zur Amortisierung des eigenen „Investments" genutzt werden müssen. Profitinteresse steht über Pflichterfüllung und Allgemeinwohl. Wo Grand Corruption grassiert, können keine modernen Zivilgesellschaften und professionelle, bürgerorientierte Verwaltungen entstehen. Schlimmstenfalls nährt sie chauvinistische autoritäre Systeme und ermöglicht politische Strukturen, die weder nach innen noch nach außen vor brutalsten Menschenrechtsverletzungen und Völkerrechtsverbrechen zurückschrecken.

II. Definitionsangebote

Mit juristischen Definitionsversuchen warten UNODC[6] und Transparency International[7] auf. Zur Domestizierung des stark assoziativen Charakters des Begriffs „Grand Corruption" („You know it when you see it") wird auf drei prägende Eigenschaften abgestellt:

1. Begehung einer in Art. 15–27 UNCAC definierten Straftat
2. als Teil einer systemartig vorbedachten Struktur („as part of a scheme"), an dem ein hochrangiger öffentlich Bediensteter („high level public official") beteiligt war und die

---

6 Grand Corruption occurs when: A public official or other person deprives a particular social group or substantial part of the population of a State of a fundamental right; or causes the State or any of its people a loss greater than 100 times the annual minimum subsistence income of its people; as a result of bribery, embezzlement or other corruption offence: https://www.unodc.org/documents/NGO/Multistakeholder-workshops/Grand_Corruption_definition_with_explanation_19_August_2016_002_1.pdf: (letzter Abruf: 20.06.2022).

7 Transparency International Submission to the 8th UNCAC CoSP, Grand Corruption as a Major Obstacle to Achievement of the Sustainable Development Goals, CoSPCAC/COSP/2019/NGO/1, Bl. 1 f.

3. eine erhebliche schwere Zweckentfremdung und Unterschlagung öffentlicher Mittel oder Ressourcen („gross misappropriation of public funds or resources“) oder schwere Verletzungen von Menschenrechten eines erheblichen Teils der Bevölkerung oder einer besonders verletzlichen Gruppe zur Folge hatte oder dies beabsichtigte.

Für den rechtspolitischen Gebrauch erscheint diese Definition wegen ihrer Abstraktheit und technischen Sprache nur bedingt nützlich zu sein. Es gelingt nicht, die Essenz von Grand Corruption einzufangen. Der Definition fehlt es an Plastizität, wobei fairerweise einzuräumen ist, dass das Phänomen und seine Ränder bereits empirisch nicht leicht zu fassen sind und es sich zudem unterschiedlich weit verstehen lässt.

Auch für den rechtsdogmatischen Gebrauch bedarf die Formel einer materiellen Substantiierung und strukturellen Nachschärfung. Die Kernelemente des Tatbestandes sind: Grunddelikt, Kontextelement, schwere Folge. Als geschütztes Rechtsgut des Grand Corruption-Tatbestands kommen nach der Definition der Schutz des Vertrauens in rechtskonformes Verwaltungshandeln (Nr. 1, Nr. 2), Vermögensinteressen von Staat und Bürgern (Nr. 1, Nr. 3 Alt. 1), Schutz von Menschenrechten als Individualrechten (Nr. 1, Nr. 3 Alt. 2), Schutz des Gemeinwesens, der Rechtsstaatlichkeit und der Selbstbestimmung als Kollektivinteresse (Nr. 1, Nr. 2, Nr. 3) in Betracht. Die vorgeschlagene Definition drückt in der Gesamtschau aus, dass Grand Corruption nicht primär als Finanzdelikt, sondern als schwere Menschenrechtsverletzung eingestuft wird. Denn auch die Zweckentfremdung öffentlicher Mittel ist in diesem Kontext und nicht rein fiskalisch zu sehen. Das „oder“ zwischen den Fallgruppen schwerer Verletzungsfolgen signalisiert insofern eine Alternativität, die in der Rechtswirklichkeit selten vorkommen dürfte. Veruntreuung und Menschenrechtsverletzungen sind nicht trennbar, denn Rechtsverletzungen sind wohl in der Regel entweder Voraussetzung oder Folge der Bereicherung.

Grundelement des Tatbestands sind die Straftaten aus Kap. III UNCAC. Der Tatbestand hat damit eine auf den ersten Blick klare völkervertragliche Ausgangsbasis. Die Anbindung an UNCAC als universales Korruptionsbekämpfungsübereinkommen erscheint auch wegen seiner Reichweite sinnvoll. Allerdings darf nicht übersehen werden, dass für Taten gem. Art. 18–22 keine völkerrechtliche Kriminalisierungspflicht besteht. Andere Artikel stellen die Reichweite der Umsetzungspflicht unter den Vorbehalt der Vereinbarkeit mit nationalen Rechtsprinzipien. Andererseits wird keine Kriminalisierungspflicht durch die Hintertür eingeführt, sondern konventionswidriges Verhalten definiert, das zu bestrafen sein soll, wenn Kontextelement und schwere Folge hinzutreten.

An der Tat muss ein hochrangiger öffentlicher Bediensteter beteiligt gewesen sein, was die Tat aber nicht zu einem Sonderdelikt (Pflichtdelikt) oder Amtsträgerdelikt macht, sondern herausstreicht, dass es zu einem systemischen Missbrauch von Herrschaftsmacht gekommen sein muss. Dieses Kriterium verkörpert innerhalb der Deliktsstruktur den Gedanken der Systemkriminalität. Besondere Pflichtenträger, die mit besonderer Verantwortung für die geschützten Rechtsgüter ausgestattet sind, kommen ihrer Aufgabe nicht nach, weil sie in eine Gesamtstruktur eingebunden sind, die Korruptionstaten begeht, um eigennützig bestimmte Rechtsfolgen zu erreichen. „Scheme" ist also weniger im Sinne eines Plans wie bei Mittäterschaft oder Conspiracy zu verstehen, sondern vielmehr auf die Ausnutzung und Unterhaltung eines korrupten Systems oder korrupter Gesellschafts- und Wirtschaftsstrukturen bezogen. „Scheme" und Amtsträgerbeteiligung bringen dieses Moment indessen nicht klar zum Ausdruck, sondern lassen sich sehr weit interpretieren. Würde man die vorgeschlagene Definition einführen, müsste die Frage einer Grenze nach unten durch schutzzweckbezogene Auslegung gestellt werden.[8]

Systeme der vorliegend skizzierten Art sind auf die Generierung politischer und wirtschaftlicher Vorteile angelegt. So gelagerte materielle oder immaterielle Besserstellungen sollen aber nicht genügen. Gefordert sind schwere Zweckentfremdung und Unterschlagung öffentlicher Mittel oder Ressourcen, schwere Verletzungen von Menschenrechten, womit sich der Tatbestand deutlich von der Systematik des UNCAC abhebt, das in Art. 3 Abs. 2 für die Tatbestände der Konvention ausdrücklich auf ein Erfolgs- oder Schadenserfordernis verzichtet. Normsystematisch scheint es sich um ein erfolgsqualifiziertes Delikt zu handeln. In der Gerichtspraxis dürften Kausalität und objektive Zurechenbarkeit bei schweren Menschenrechtsverletzungen allerdings nicht leicht zu belegen sein. Zudem geben die Qualifikationsmerkmale nicht preis, ob bei der Festlegung der Schwelle ein qualitativer oder quantitativer Ansatz zu wählen sein soll. Das UNODC konkretisiert seinerseits, dass sich der monetäre Verlust auf das Hundertfache des jährlichen Existenzminimums im betroffenen Land („loss greater than 100 times the annual minimum subsistence income") belaufen muss. Das Existenzminimum entspricht 60 % des letzten offiziell bekannt gemachten Median-Haushaltseinkommens oder einem vergleich-

---

8 Paternalistisch oder tribal geprägte Gesellschaften gelten als anfällig dafür, Familie oder Stamm über den Staat zu stellen und sich untereinander zu begünstigen. Diese Erkenntnis erhellt die Motive für korruptes Verhalten innerhalb bestimmter Gesellschaftsstrukturen. Es ist aber eine offene Frage und wohl nur im konkreten Fall zu entscheiden, ob man hier von systemischer Kriminalität sprechen kann.

baren Einkommensgrenzwert („equivalent measure of a State's official designation“), der zum Bezug von bedürftigkeitsabhängigen Sozialhilfeleistungen berechtigt. Eine rein quantitative Berechnung sieht das UNODC aber nicht vor. Einzubeziehen sind neben Geld, Wertpapieren, Eigentum auch alle nichtdinglichen Güter und Interessen und schuldrechtliche Ansprüche, solange sie einen ökonomisch messbaren Wert haben, doch dürfte eine solche Berechnung mehr Wertung als Kalkulation erfordern. Der Gegenstand, an dem sich der Verlust materialisiert, ist insgesamt sehr weit angelegt.[9] Ausgerichtet an der vielfarbigen und gestaltreichen Phänomenologie ist das sachgerecht. In ihrer Breite und Größenordnung und ihrer Bezugsgröße, die an die Lebenswirklichkeit und Bedürfnisse der Menschen im Herkunftsstaat anknüpft, gelingt mit diesem Richtmaß auch eine plausible Ausprägung der besonderen Rechtsgutsbetroffenheit. Die handwerklich saubere juristische Umsetzung dieser Formel in einem konkreten Strafverfahren dürfte die Praxis allerdings vor größte Schwierigkeiten stellen. Die Berechnung erscheint ebenso anspruchsvoll wie anfällig für rechtsmittelfähige Fehler.

Die rechtliche Bewertung birgt ferner Grand Corruption-typische Schwierigkeiten. Das Merkmal der Zweckentfremdung ist schon in Rechtsstaaten nicht immer leicht anzuwenden. Grand Corruption und deren Implementierungshandlungen sind im Gegensatz zu organisierter Kriminalität im Herkunftsstaat womöglich oft schon gar nicht rechtswidrig, weil die Täter selbst an den Schaltstellen der Macht sitzen und formell rechtmäßige Prozesse auf sich lenken können oder sich durch Ausübung legislativer und regulatorischer Kompetenzen selbst eine formell-rechtlich wirksame Rechtsgrundlage oder Autorisierung schaffen können. Die Trennlinien zur Zweck- und Rechtswidrigkeit lassen sich daher nicht nur schwer ziehen, sondern erfordern in Einziehungsverfahren in Drittstaaten gegebenenfalls, dass deren Justizorgane staatliches Handeln im Herkunftsstaat zumindest implizit für nichtig oder rechtlich unmaßgeblich erklären müssen.

Weniger ausgeprägt ist dieses Problem auf dem Gebiet der Menschenrechte. Den Terminus des Grundrechts („fundamental right“) konkretisiert das UNODC durch eine nicht abschließende Bezugnahme auf den IPbpR und IPwsR. Aus UN-Sicht ist das schlüssig und schließt regionale Verstärkungen und Spezifika nicht aus. Das Tatbestandsmerkmal der Rechtsver-

---

9 Definition „Loss“ bei UNODC, https://www.unodc.org/documents/NGO/Multistakeholder-workshops/Grand_Corruption_definition_with_explanation_19_August_2016_002_1.pdf: (letzter Abruf: 20.06.2022).

letzung knüpft dogmatisch schlüssig an den Eingriffsbegriff der jeweiligen Konvention an.[10] Zur erforderlichen Schwere und Größe der betroffenen Gruppe bleibt man dagegen vage. An völkervertraglich gesicherten benchmarks dürfte es in diesem Kontext auch fehlen.

Legt man den empirischen Kurzbeschrieb und den Tatbestand übereinander, fällt auf, dass der Vorschlag eng an UNCAC-Ausgangstaten und damit an das allgemeine Korruptionsverständnis der UN angebunden ist. Das ist juristisch sicherlich nachvollziehbar, um dem Bestimmtheitsgrundsatz zu genügen, ohne die einzige Option zu sein, um diese Messlatte zu passieren. Mit Kontext- resp. Systemelement und schwerer Folge versuchen die Schöpfer der Definition den spezifischen Unrechtsgehalt und die schwersten Folgen des Phänomens tatbestandlich zu erfassen. Die Tiefendimension von Grand Corruption, die sich auch an den betroffenen Rechtsgütern ablesen lässt, ist tatbestandlich in ihrer ganzen Komplexität schwer in so präzise Worte zu gießen, dass eine vorhersehbare und nachvollziehbare Subsumtion möglich wird. Ersatzweise wird auf die gravierendsten Symptome und die abstrakte Formel „scheme" zurückgegriffen, die teleologisch präzisierungsfähig genug ist, um das Phänomen Grand Corruption in der Normanwendung sukzessive dogmatisch herauszuarbeiten. Bezüglich der schweren Folgen sei aber die Frage gestellt, ob die Strafbarkeitsschwelle damit nicht zu hoch angesetzt wird. Es erscheint zwar richtig, nicht auf die Verletzung der Individualrechtsgüter Einzelner, sondern auf kollektive Schäden abzustellen. Dennoch droht der Tatbestand auf dieser Stufe ins Leere zu laufen, weil Zurechnungszusammenhänge einerseits justiziell nur schwer nachzuzeichnen sein werden und er andererseits zu einem Führungsverbrechen wird, weil Personen unterhalb der Spitzen der lokalen Nomenklatura mit ihrem Verhalten voraussichtlich selten derart gravierende Folgen auslösen werden können. Je enger die Norm gefasst ist, desto stärker wächst umgekehrt die potenzielle Bedeutung von nicht urteilsbasierten Einziehungsmechanismen. Ncbcs müssten dann die Nachteile bei der strafrechtlichen Normanwendung und individualstrafrechtlichen Verfolgung kompensieren, indem sie zumindest illegale Vermögenswerte für weitere Rechtsverletzungen unverfügbar machen und das „scheme" schwächen.

Anders sähe es aus, wenn man die funktional gewichtige Mitwirkung an einem „scheme", das derartige Folgen kumulativ auslöst oder auslösen

---

10 Definition „Fundamental Right" bei UNODC, https://www.unodc.org/documents/NGO/Multistakeholder-workshops/Grand_Corruption_definition_with_explanation_19_August_2016_002_1.pdf (letzter Abruf: 20.06.2022).

kann, genügen ließe. Dies vertrüge sich mit dem Phänomen Grand Corruption. Gelockert werden sollte schließlich der Bezug auf die „Bevölkerung“. Grand Corruption richtet sich in den Herkunftsstaaten zwar primär gegen die eigenen Bürger und auch diskriminierte ausländische und ethnische Minderheiten im eigenen Land wären nach dem Wortlaut als lokale Bevölkerung erfasst. Ein Binnenbezug ist aber nicht zwingend. Menschenrechtsverletzungen infolge von Grand Corruption sind empirisch nicht auf die eigene Bevölkerung beschränkt. Korruptionsgetragenes Verhalten kann sich auch gegen Rechte dritter Gruppen im Ausland oder gar die Bevölkerung anderer Regionen und Staaten wenden.

Die begriffliche Erfassung des Kerns von Grand Corruption durch diese Definition ist aber zumindest akkurat genug, um eine Trennlinie zu anderen Phänomenen zu ziehen. Sie ist auf Täterseite von organisierter, Mafia- oder sog. Clan-Kriminalität zu unterscheiden, obwohl es auf operativer Ebene fraglos Verknüpfungen geben kann. Denn zum eigenen Schutz oder zur Ausführung krimineller Handlungen greifen Kleptokraten auch auf Kriminelle außerhalb der staatlichen oder betrieblichen Strukturen zu, um gesetzliche Fesseln abzustreifen und im Entdeckungsfall jegliche Beteiligung bestreiten zu können (sog. deniability). Diese Verflechtung mit allgemeinen kriminellen Strukturen gilt es im Blick zu behalten. Sie nimmt für die weitere Bearbeitung der Thematik aber keine entscheidende Rolle ein.

C. *Handlungsdruck*

Ziel des Beitrags ist es nicht, eine konkrete, tatbestandsgleiche Definition zu entwickeln. Das Interesse ist auf die aktuelle Diskussion und den mit ncbcs assoziierten Nutzen zur Überwindung von Grand Corruption gerichtet. Ncbcs kompensieren und komplementieren Strafverfolgung von Grand Corruption, wobei es, wie oben gesehen, durchaus Wechselwirkungen geben kann.

Handlungsbedarf lässt sich vor diesem Begriffshintergrund qualitativ und quantitativ formulieren. Die Auflistung der betroffenen Rechtsgüter untermauert zunächst den Handlungsbedarf auf diesem Feld. Wie groß ist nun aber der Handlungsdruck? Der Angriffskrieg Russlands gegen die Ukraine illustriert in düstersten Farben, wofür Grand Corruption den Boden bereiten kann, wenn sie sich mit Imperialismus, Faschismus und einem Unterdrückungsapparat paart.[11] Es darf dabei freilich nicht aus dem Blick geraten, dass auch der angegriffene Staat Ukraine lange Zeit ein schillerndes Beispiel für kleptokratische Wirtschaftsstrukturen und politische Seilschaften war,[12] unter Überlebensdruck aber Resilienz, Gemeinsinn und Organisationstalent demonstriert, wie sie in Gesellschaften, die von Grand Corruption zerrüttet sind, nur selten angetroffen werden.

Normativ ist es diese Tiefendimension von Grand Corruption, die wachrütteln soll. Es geht eben nicht um die unethische Bereicherung Einzelner, sondern infolge ihres systemisch-korrumpierenden Charakters um Verhaltensweisen, welche die ökonomischen, ökologischen, rechtsprinzipiellen und ethischen Existenzgrundlagen von Gesellschaften erodieren oder deren Selbstbestimmungsrecht unterwandern bzw. negieren. Es schwindet nicht nur korruptionstypisch das Vertrauen in die Rechtmäßigkeit staatlichen Handelns, sondern es kommt zu einem massiven Verlust öffentlicher Ressourcen, einer Erosion der Rechtsstaatlichkeit, Armut und Repression, der Störung von Märkten durch illegale Investments, Unerreichbarkeit von entwicklungspolitischen und Nachhaltigkeitszielen oder gar zur Finanzierung von Staatsterrorismus. Drittstaaten müssen ihrerseits ihre Rechtssysteme sowie die öffentlichen Finanzhaushalte (inkl. desjenigen der Europäischen Union) bei entsprechenden Kontakten oder Infiltration gegen Ausbeutung und Missbrauch schützen.

Auf diesem Weg lassen sich unter Umständen auch freiheitsrechtliche Schutzpflichten zur Kriminalisierung und effektiven Bekämpfung von Grand Corruption herleiten. Die Beendigung der Impunität von Kleptokratien ist eine Grundvoraussetzung für einen Wandel. Dogmatisch wird allerdings sehr behutsam bei der Anerkennung neuer positiver Gewährleistungspflichten vorgegangen (s.u. S. 159). Vielmehr versucht man in der Regel, den Handlungsdruck zur Bekämpfung von Grand Corruption durch Vermögensabschöpfung vorrangig über die finanziellen Schäden zu erzeugen, da sie einen fassbaren Ansatzpunkt für ncbcs liefern. Vermögensflüsse sind messbar, nachweisbar und enden anders als Menschenrechtsgefährdungen fast immer im unmittelbaren Jurisdiktionsbereich von Drittstaaten.

---

11 Hellsichtig *C. Belton*, Putins Netz, 4. Aufl., New York 2022, S. 223 ff.; *D. Satter*, Darkness at Dawn: The Rise of the Russian Criminal State, New Haven 2003.

12 *O. Bullough*, Butler to the World, London 2022, S. 154 ff; *ders.*, Moneyland, London 2018, S. 1 ff., 105 ff.; *J. C. Sharman*, The Despot's Guide to Wealth Management, New York 2017, S. 16, 144 ff.

D. Umfang von Grand Corruption

Der Schadensumfang von Grand Corruption lässt sich wie bei Korruptionsdelikten und schwerer Finanzkriminalität allgemein kaum quantifizieren. Zuletzt haben Initiativen zur Messung sog. illicit financial flows (IFFs) mit statistischen Methoden Fahrt aufgenommen.[13] Unter dem Akronym IFF werden Finanzströme verstanden, die aufgrund ihrer Herkunft, ihrer Verwendung oder der Art ihres Transfers illegal sind. Ihre Messung stellt Rechtspolitik und empirische Wissenschaften bislang jedoch vor erhebliche methodische Probleme. Dass Grenzen für Finanzströme kaum noch eine Rolle spielen, ist lange bekannt. Das vernetzte internationale Finanzsystem befördert aber nicht nur das internationale Wirtschaftswachstum, sondern schafft zugleich Infrastruktur und Know-how für illegale Finanzströme. Ihre methodisch belastbare Erfassung scheitert in der Regel an dieser Hürde. Man ist daher auf indirekte Methoden wie den Vergleich von Handels- und Zahlungsbilanzen angewiesen. Für den Moment bleibt es damit meist notgedrungen bei überschlägigen Schätzungen und politisch motivierten Prognosen. Die methodische Belastbarkeit der bekannten zirkulierenden Zahlen ist daher mit einem Fragezeichen zu versehen.

Die Weltbank schätzt, dass den betroffenen Volkswirtschaften jährlich 20 bis 40 Milliarden USD an sog. Potentatengeldern entzogen werden.[14] Die OECD vermutet einen Abfluss von 850 Milliarden USD in Steuerparadiese, wobei diese Zahl sowohl legale Werte als auch schlicht unversteuerte Gelder und Verbrechenserträge aus unterschiedlichsten Quellen erfasst.[15] Laut GIZ verlieren Entwicklungsländer nach ersten wissenschaftlichen Erkenntnissen jährlich ca. 1,6 Billionen USD durch illicit financial

---

13 UNCTAD und UNODC, Conceptual Framework for the Statistical Measurement of Illicit Financial Flows, 2020; GIZ (Deutsche Gesellschaft für internationale Zusammenarbeit GmbH), Combating illicit financial flows (https://www.giz.de/en/worldwide/39748.html); ein früherer Versuch findet sich bei *G. Zucman*, The Hidden Wealth of Nations, University of Chicago Press 2015, S. 34 ff.

14 So erwähnt in Stolen Asset Recovery (StAR) Initiative: Challenges, Opportunities, and Action Plan, United Nations Office on Drugs and Crime, World Bank, Juni 2007, http://www.unodc.org/pdf/Star_Report.pdf (letzter Abruf: 20.06.2022); Strategie der Schweiz zur Sperrung, Einziehung und Rückführung von Potentatengeldern („Asset Recovery“), Bl. 4/24 (letzter Abruf: 20.06.2022).

15 Gemäß Schätzungen der OECD, auf die sich der Schweizer Bundesrat in seinem Bericht vom April 2012 über Vor- und Nachteile von Informationsabkommen mit Entwicklungsländern (erstellt vom EFD) abstützt, fließen jedes Jahr rund 850 Milliarden Dollar aus den Entwicklungsländern in ausländische Steuerparadiese, Bl. 8.

flows.[16] Das Transcrime Joint Research Centre on Transnational Crime veranschlagt schließlich die Gewinne aus organisierter Kriminalität in der EU auf rund 110 Milliarden EUR.[17] Das sind beeindruckende Zahlen, die sich aber nicht nur auf unterschiedliche Sachverhalte beziehen, sondern auch weitestgehend nicht auf wissenschaftlich belastbaren Erkenntnissen beruhen. Auch die umgekehrte Suche, die bei mutmaßlichen Kleptokraten ansetzt und nach deren Vermögenswerten fahndet, führt nur selten ans Ziel. Zwar stößt man immer wieder auf Einzelfälle, die sich im Netz der Justiz verfangen und Vermögensverhältnisse offenlegen. Und größere Daten-Leaks haben wiederholt eine eklektische Gruppe von Reichen ins Scheinwerferlicht gezerrt, die ihre Vermögenswerte auf ähnliche Weise versteckt haben; zuletzt im Emirat Dubai. Beides ist jedoch kein zielführender Weg, um an belastbares Zahlenmaterial zu gelangen. Der Forschungsbedarf ist mithin immens, aber nur schwer stillbar, da es in der Natur des Forschungsgegenstandes liegt, die Existenz und/oder Zuordnung von Vermögen zu verschleiern.

Bereits die verfügbaren Erkenntnisse lassen aber keinen Zweifel daran zu, dass Grand Corruption ein gravierendes Problem von globaler Reichweite darstellt, das einer energischen Adressierung bedarf. Damit soll nicht gesagt werden, dass Grand Corruption weltweit endemisch ist. Aber es ist ein globales Problem, wenn transnational agierende Finanz-, Anwalts-, und Beraterindustrien bei der illegitimen Erwirtschaftung und der nachträglichen versteckten Reinvestition der Mittel auf verschiedenen Märkten und in verschiedenen Volkswirtschaften beflissen helfen und Kleptokraten in westlichen Ländern als zahlungskräftige Kundschaft oder gar Neubürger (mit Golden Passport-Programmen und günstigen Steuersätzen oder mit Aufenthaltsrechten gegen Investments) herzlich willkommen geheißen werden. Grand Corruption ist also kein nationales oder postkoloniales Problem, sondern globaler Natur, das entsprechend nach einer Reaktion auf internationaler Ebene verlangt und sowohl upstream als auch downstream betrachtet werden muss.

---

16 GIZ (Deutsche Gesellschaft für internationale Zusammenarbeit GmbH), Combating illicit financial flows (https://www.giz.de/en/worldwide/39748.html), S. 1.

17 Transcrime Joint Research Centre on Transnational Crime Studie; zitiert in Commission Staff Working Document Analysis of non-conviction-based confiscation measures in the European Union, SWD(2019) 1050 final, S. 1 und Europol, Does Crime still pay? Criminal Asset Recovery in the EU, Survey of Statistical information 2010-2014, 2016, S. 4.

E. Rechtsrahmen und Gegenmittel auf internationaler Ebene

Nachdem man im Globalen Norden das Problem der Grand Corruption bis zum Ende der 1990er Jahre geflissentlich übersehen wollte, hat sich mit der Jahrtausendwende auf internationaler Ebene ein rudimentärer Rechtsrahmen herausgebildet, der erste Regelungen und Gegenmittel enthält. Er setzt sich aus Rechtsakten gegen Korruption und Geldwäsche sowie Rechtshilferegelungen zur Asset Recovery einschließlich ncbcs zusammen, die aus der Feder verschiedener internationaler Organisationen stammen, sich aber untereinander beeinflussen. Hinzu treten soft law-Instrumente wie die FATF Recommendations oder Principles for Disposition and Transfer of Confiscated Stolen Assets in Corruption Cases des Global Forum on Asset Recovery, die mit variierender Lenkungskraft Normgebung oder Normanwendung beeinflussen. Aktionsbündnisse wie die StAR-Initiative von UNODC und World Bank (Stolen Asset Recovery) leisten komplementierend praktische Hilfe bei der technischen Anwendung des Rechtsrahmens sowie der Überwindung politischen Unwillens. Wie der spätere Abschnitt zu den Reformvorhaben illustrieren wird, ist Asset Recovery zu einem Tummelplatz von Akteuren und einem Wirrwarr von Instrumenten unterschiedlicher Verbindlichkeitsgrade geworden, deren Erfolgsbilanz allerdings weitaus übersichtlicher ausfällt. In der Gesamtschau wird sich nichtsdestotrotz aber dennoch offenbaren, dass bei Korruption und Anschlusstaten ein noch größerer Fokus auf Asset Recovery gelegt wird, als es schon sonst bei grenzüberschreitender Kriminalität der Fall ist. Dabei wird die Wichtigkeit von ncbcs geradezu mythisch beschworen.

I. Vereinte Nationen

Auf Ebene der Vereinten Nationen sieht das Wiener Suchtstoffübereinkommen erstmals die Einziehung von Erträgen, gewaschenem Vermögen und Tatmitteln aus Drogenhandel vor.[18] Später findet das Instrument der Einziehung auch Eingang in Konventionen gegen transnationale organisierte Kriminalität und Terrorismusfinanzierung.[19] Eine selbständige Ein-

---

18 United Nations Convention against Illicit Traffic in Narcotic Drugs and Psychotropic Substances, UN 1988.

19 International Convention for the Suppression of the Financing of Terrorism, UN 1999; United Nations Convention against Transnational Organized Crime (UNTOC), UN 2000.

ziehung ist in diesen völkerrechtlichen Verträgen aber noch nicht vorgesehen. Dies ändert sich 2003 mit dem Übereinkommen der Vereinten Nationen gegen Korruption (UN Convention against Corruption/UNCAC; seit 14. Dezember 2005 in Kraft).[20] Art. 31 Abs. 1 UNCAC fordert die Einführung von Maßnahmen zur Einziehung von Korruptionserträgen im größtmöglichen, nach dem nationalen Rechtssystem zulässigen Umfang. Art. 31 Abs. 8 UNCAC drängt Mitgliedstaaten, wiederum im Rahmen des nach der nationalen Rechtsordnung Zulässigen, die Nachweislast auf Inhaber mutmaßlich unrechtmäßig erlangten Vermögens zu verlagern.

Der Wiedererlangung illegal erworbener Vermögenswerte widmet die UNCAC ein ganzes Kapitel. Artikel 51 eröffnet Kap. V zur Asset Recovery mit dem Leitprinzip, dass die Rückgabe von Vermögenswerten einen wesentlichen Grundsatz der Konvention darstellt und dass die Vertragsstaaten sich in dieser Hinsicht größtmögliche Zusammenarbeit und Unterstützung gewähren. Art. 54 UNCAC greift die Idee selbständiger Einziehungsmechanismen dezidiert auf. Art. 54 Abs. 1 lit. c begründet eine diesbezügliche Erwägungspflicht. Die Vertragsstaaten haben (im Einklang mit nationalem Recht) die Ermöglichung von non-conviction based confiscations danach zumindest zu erwägen.[21] Die Vertragsparteien dokumentieren damit, dass sie selbständige Einziehungen für ein wichtiges Instrument zur Erreichung der Vertragsziele halten („shall consider"), scheuen aber davor zurück, eine echte Einführungspflicht zu begründen. Die hierfür indikativen Formeln „shall adopt", „is to provide" werden vermieden. Diese Pflicht ist dennoch kein rhetorisches Beiwerk, sondern gerade auch vor dem Hintergrund des Leitprinzips in Art. 51 UNCAC ernst zu nehmen. Im rechtspolitischen Prozess wird gezielt auf diesen Artikel rekurriert, der normativ zum Ausdruck bringt, was zur Bekämpfung von Korruption auf internationaler Ebene sachlich richtig wäre.

---

20 *D. Ziouvas*, International Asset Recovery and the United Nations Convention Against Corruption, in: C. King et al. (eds.), The Palgrave Handbook of Criminal and Terrorism Financing Law, Basel 2018, S. 591, 597 ff.; Open-ended Intergovernmental Working Group on Asset Recovery, CAC/COSP/WG.2/2019/CRP.1, S. 2: Mutual recognition of non-conviction-based freezing orders and confiscation judgments.

21 „Each State Party, in order to provide mutual legal assistance pursuant to article 55 of this Convention with respect to property acquired through or involved in the commission of an offence established in accordance with this Convention, shall, in accordance with its domestic law … (c) Consider taking such measures as may be necessary to allow confiscation of such property without a criminal conviction in cases in which the offender cannot be prosecuted by reason of death, flight or absence or in other appropriate cases."

Art. 57 UNCAC adressiert schließlich die im Kontext des Themas eminent wichtigen Fragen der Rückführung eingezogener Vermögenswerte.[22] Zu ihrer effektiven Ermöglichung durch die zuständigen Behörden sind die nationalen Rechtsgrundlagen adäquat anzupassen, Art. 57 Abs. 2 UNCAC. Für die Umsetzung und praktische Handhabung der UNCAC-Artikel und Standards kommt den Konkretisierungen durch die Resolutions der Conference of State Parties (CoSP) sowie dem Technical Guide to the United Nations Convention Against Corruption große Bedeutung zu. Sie führen zu einer versteckten Dynamisierung der Implementierung. Unter dem Strich bleibt aber zu konstatieren, dass es trotz dieses Evolutionsprozesses an einer Verpflichtung zur Einführung von ncbcs auf UN-Ebene fehlt.

II. Europarat

Der Europarat startete seine Aktivitäten ähnlich zurückhaltend. Nach dem Übereinkommen über Geldwäsche sowie Ermittlung, Beschlagnahme und Einziehung von Erträgen aus Straftaten (Strasbourg Convention, 1990, CETS 141) soll die Einführung von Einziehungsinstrumenten wegen strafbarer Handlungen, ggf. auch auf zivilverfahrensrechtlichem Weg (Art. 2), erwogen werden. Auch das spätere Übereinkommen über Geldwäsche sowie Ermittlung, Beschlagnahme und Einziehung von Erträgen aus Straftaten und über die Finanzierung des Terrorismus (Warsaw Convention, 2005, CETS 198) begründet zwar nicht nur eine Verpflichtung zur Einführung von Einziehungsinstrumenten gegen Erträge und Surrogate (Art. 5), sondern sogar zur Einführung von Beweiserleichterungen bei schweren Straftaten (Art. 3 Abs. 4). Ncbcs sind davon aber nicht eingeschlossen. Neue Pflichten werden nicht geschaffen. Auf dem Gebiet der Rechtshilfe verlangt das Übereinkommen lediglich größtmögliche Bereitschaft zur grenzüberschreitenden Vollstreckung (Art. 23 Abs. 5) von Einziehungen, die von einer Justizbehörde im Zusammenhang mit einer Straftat unter Nachweis illegaler Herkunft angeordnet wurden. Diese Option steht wie üblich unter dem Vorbehalt, im Einklang mit nationalem Recht stehen zu müssen.

Diese Rechtslage hat bis heute Bestand. Im Juni 2018 forderte die Parlamentarische Versammlung des Europarats in einer Empfehlung, ncbc

22 *Ziouvas*, International Asset Recovery and the United Nations Convention Against Corruption, in: C. King et al. (eds.), Handbook (Fn. 20), S. 591, 604 ff.

als „realistischstes" Mittel im Kampf gegen OK einzuführen.[23] Realistisch kann dabei nur bedeuten, dass das Instrument in einer Weise rechtlich ausgestaltet werden und in der Praxis Anwendung finden muss, dass es überhaupt zu einem messbaren Faktor in der Verbrechensbekämpfung machen kann.

Die Economic Crime and Cooperation Division (CDD) des Europarats veröffentlichte zuletzt eine Studie zur Verbreitung und Nutzung von ncbcs.[24] Gestützt auf einen Überblick der vorfindbaren ncbc-Ansätze in den Mitgliedstaaten sieht die CDD eine wachsende Anerkennung des Instruments und eine Bestätigung seiner Nützlichkeit. Zu den zentralen Einsichten der Studie zählt, dass ncbc-Mechanismen vor allem dann Akzeptanz finden, wenn sie Einzelanfertigungen sind, die sorgfältig auf die nationale Rechtsordnung abgestimmt wurden. Ebenso wird betont, dass die nationale Regelung unbedingt eine Rechtsgrundlage für die Sicherstellung und Einziehung von Vermögenswerten auf Ersuchen ausländischer Behörden vorsehen sollte.

III. EU

Die Europäische Union hat sich in zwei wichtigen Rechtsakten mit dem Einziehungsrecht befasst.[25] Mit RL 2014/42 schuf sie im Anwendungsbereich der EU-Straftaten (i.S.v. Art. 83 Abs. 1 und 2 AEUV) gemeinsame Mindeststandards für Einziehung, erweiterte Einziehung (Art. 5), Dritteinziehung (Art. 6) sowie in geringem Umfang selbständige Einziehungen (Art. 4 Abs. 2: Flucht, Krankheit). Art. 4 Abs. 2 RL 2014/42 beschränkt sich damit auf wenige altbekannte, typische Fallgruppen, in denen selbständige bzw. objektive Einziehungsverfahren in vielen Staaten schon lange etabliert sind. In kontroversere Bereiche wagt sich die Richtlinie nicht vor. Dennoch ist RL 2014/42 bis heute das einzige verpflichtende supranationa-

---

23 Empfehlung PACE, Committee on Legal Affairs and Human Rights, Juni 2018.

24 Council of Europe, The Use of non-conviction-based seizure and confiscation, 2020, S. 10 ff.

25 Vgl. auch *J. Boucht*, Asset confiscation in Europe – past, present, and future challenges, Journal of Financial Crime 2019, 26 (2), 526–548; EUROJUST: Report on Eurojust's Casework in Asset Recovery, 2019; *M. Marstaller*, Grenzüberschreitende Einziehung, Baden-Baden 2022, S. 52 ff., 202 ff.

le Instrument, das selbständige Einziehung fordert.[26] Daran hat sich auch mit Verordnung (EU) 2018/1805 zur gegenseitigen Anerkennung von Sicherstellungs- und Einziehungsentscheidungen nichts geändert, denn diese Verordnung statuiert weder eine Pflicht noch ein Modell für ncbcs.[27]

Erst ein im letzten Jahr publizierter Kommissionsvorschlag enthält Annäherungsvorgaben für non-conviction-based confiscations und unexplained wealth orders (UWO).[28] Paradoxerweise wird dieses Instrument von der Verordnung aber als rechtlich existent und legitim vorausgesetzt, denn es soll ebenso in den Anwendungsbereich der Verordnung fallen wie traditionelle Mechanismen. Die EU setzt damit auf Anerkennung anstelle von Harmonisierung, schürt damit aber zugleich Probleme. Fehlende gemeinsame Mindeststandards produzieren zwangsläufig Inkompatibilitäten, die dann zum Ausfall der Zusammenarbeit führen können.

In institutioneller Hinsicht verdient Erwähnung, dass die EU, wenngleich bruchstückhaft, auch die Rahmen- bzw. in letzter Konsequenz Funktionsbedingungen in den Blick nimmt, die erfüllt sein müssen, damit ncbcs als Instrument wirksam genutzt werden können. Zu nennen sind der Ratsbeschluss (2007/845/JHA) zur Einrichtung von Asset Recovery Offices (ARO) sowie multiple Rechtsakte zu Financial Intelligence Units und Registern; insb. zum Transparenzregister, das Aufschluss über wirtschaftlich Berechtigte geben soll. Die so geschaffenen Strukturen sind wiederum in weitere EU-externe Netzwerke wie CARIN (Camden Assets Recovery Inter-Agency Network)[29] für AROs und die Egmont Group[30] für FIUs eingebunden. Auch Whistleblower können beim Aufspüren von verstecktem

---

26 VO (EU) 2018/1805 des Europäischen Parlaments und des Rates vom 14. November 2018 über die gegenseitige Anerkennung von Sicherstellungs- und Einziehungsentscheidungen.

27 Commission Staff Working Document Analysis of non-conviction based confiscation measures in the European Union, SWD(2019) 1050 final; Transparency International EU: Into the Void: The EU's struggle to recover the proceeds of grand corruption, 2019; Report from the Commission to the European Parliament and the Council, Asset recovery and confiscation: Ensuring that crime does not pay, Brussels 2.6.2020, COM(2020) 217 final, S. 13.

28 Europäische Kommission, Vorschlag für eine Richtlinie des Europäischen Parlaments und des Rates über die Abschöpfung und Einziehung von Vermögenswerten, KOM(2022) 245 endg.

29 Dabei handelt es sich um ein informelles, globales Netzwerk nationaler Asset Recovery Offices mit Sekretariat bei Europol, das dem gegenseitigen Austausch von Fachwissen, Methoden und Techniken dient.

30 *F. Meyer/N. Hachmann*, Institutionelle Bedingungen effektiver Geldwäschebekämpfung, ZStW 134 (2022), 391 (396, 402 f.).

illegalem Vermögen oder der Aufklärung ihrer Herkunft eine vitale Rolle spielen und erfahren durch eine EU-Richtlinie besonderen Schutz.[31]

Auch dieser institutionelle Rahmen weist Schwächen bei der Implementierung auf, die im Ausblick thematisiert werden. Vor allem bei den Registern und der Zusammenarbeit der AROs und FIUs soll nachgelegt werden.[32] Seit einiger Zeit prüft die Kommission zudem, ob weiterer Harmonisierungsbedarf für ncbcs selbst besteht.[33] Das deutsche Modell der selbständigen Einziehung nach § 76a Abs. 4 StGB scheint sich dabei einer gewissen Popularität als Diskussionsgrundlage erfreuen zu dürfen. Zusätzliche Dynamik könnte dadurch entstehen, dass die Einziehung als strategische Priorität im Kampf gegen die organisierte Kriminalität figuriert[34] und auch die neue EUStA das Einziehungsrecht intensiv nutzen soll.

IV. Financial Action Task Force (FATF)

Die FATF legt es ihren Mitgliedern in Recommendation No. 4 nahe, zum einen die oben skizzierten Pflichten aus UN-Abkommen umzusetzen und zum anderen Verfahren zur Vermögensentziehung einzuführen, die

31 Richtlinie (EU) 2019/1937 des Europäischen Parlaments und des Rates v. 23. Oktober 2019 zum Schutz von Personen, die Verstöße gegen das Unionsrecht melden (Hinweisgeberschutz-Richtlinie), ABl. L 305/17.

32 *Meyer/Hachmann*, Geldwäschebekämpfung (Fn. 30), 391, 406 ff., 439 f. Eine EU-Anti-Geldwäsche-Aufsichtsbehörde (AMLA) soll nationale FIUs bei der Analyse transnationaler Sachverhalte unterstützen und ihre Zusammenarbeit in diesen Fällen stärken; Europäische Kommission, Vorschlag des Europäischen Parlaments und des Rates zur Errichtung der Behörde zur Bekämpfung der Geldwäsche und Terrorismusfinanzierung und zur Änderung der Verordnungen (EU) Nr. 1093/2010, (EU) Nr. 1094/2010 und (EU) Nr. 1095/2010 vom 20.7.2021, KOM(2021) 421 endg., S. 16; Erwägungsgründe 13 ff., 43; Vorschlag für eine Richtlinie des Europäischen Parlaments und des Rates über die Abschöpfung und Einziehung von Vermögenswerten, KOM(2022) 245 endg.

33 Report from the Commission to the European Parliament and the Council, Asset recovery and confiscation: Ensuring that crime does not pay, 2.6.2020, COM(2020) 217 final, S. 6 ff., in dem die Kommission die Umsetzung von RL 2014/42/EU bewertet. Kürzlich wurde ein Richtlinienvorschlag vorgestellt, der neben einer Regelung zu ncbcs auch die Möglichkeit einer unexplained wealth vorsieht, Vorschlag für eine Richtlinie des Europäischen Parlaments und des Rates über die Abschöpfung und Einziehung von Vermögenswerten, KOM(2022) 245 endg. Dieser Vorschlag wird aktuell im Rat diskutiert.

34 Europäische Kommission, EU Internal Security Strategy in Action: Five steps towards a more secure Europe, KOM(2010) 673 endg., S 6.

nicht auf vorherige strafrechtliche Verurteilung angewiesen sind. Ncbcs figurieren hier als best practice, deren Verpflichtungsgrad aber nicht über soft law hinausreicht.

V. OECD

Hauptbeitrag der OECD im Kampf gegen Grand Corruption ist die Convention on Combating Bribery of Foreign Public Officials in International Business Transactions (in Kraft seit 1999). Mit ihr wurde erstmalig der Fokus auf die Bestechung ausländischer Amtsträger gerichtet und deren wirksame Verfolgung gefordert. Sie hat damit nicht nur das Verhalten westlicher Unternehmen bei der Akquise von Aufträgen nachhaltig verändert. Zieht man eine Bilanz über zwei Jahrzehnte, steht unter dem Strich zudem eine beachtliche Zahl von Strafverfolgungsmaßnahmen zu Buche.[35]

Auch wenn es für die OECD bei dieser einen strafrechtlichen Konvention geblieben ist und diese keine Vorgaben zu ncbcs trifft, ist die OECD ein wichtiger rechtspolitischer Akteur geworden. Durch Recommendations zur Anti-Bribery-Convention, multilaterale Leitlinien[36] und wissenschaftliche Untersuchungen zu unzähligen Facetten von Wirtschafts- und Steuerkriminalität produziert die OECD soft law und rechtspolitische Vorschläge zur Fortentwicklung des Rechtsrahmens.[37] So nimmt die OECD neuerdings die sog. Enabler ins Visier, die mit ihren professionellen

35 OECD Working Group on Bribery, 2020 Enforcement of the Anti-Bribery Convention: Investigations, Proceedings, and Sanctions, 23.12.2021: „Seit dem Inkrafttreten des Übereinkommens wurden bis Ende 2020 nach den Erkenntnissen der OECD-Arbeitsgruppe 684 natürliche und 245 juristische Personen wegen Bestechung ausländischer Amtsträger strafrechtlich abgeurteilt oder sanktioniert. Weitere 87 natürliche und 119 juristische Personen wurden in zivilrechtlichen oder verwaltungsrechtlichen Verfahren verurteilt oder sanktioniert. Eine dreistellige Zahl von Verfahren betraf Begleitdelikte wie Bilanzfälschung, Geldwäsche und Steuerhinterziehung. Die Vertragsparteien berichteten zudem, dass eine noch größere Zahl an Ermittlungen und Strafverfahren mit einem Überhang bei natürlichen Personen anhängig ist, was die zunehmende Dynamik der Verfolgung unterstreicht."

36 OECD (2011), OECD Guidelines for Multinational Enterprises, OECD Publishing.

37 OECD, Development Co-Operation Tips, Tools Insights Practices: Fighting global illicit financial flows at home, 2021.

Dienstleistungen aus eigenem Profitinteresse Geldwäsche und Wirtschaftsdelikte ermöglichen.[38]

VI. Zwischenfazit

Zu verzeichnen ist eine sukzessive, aber alles andere als rapide Ausdehnung des Einziehungsrechts.[39] Zu den hochgehandelten ncbcs finden sich kaum völkerrechtliche Vorgaben in Abkommen von UN oder Europarat. Politisches Momentum ist zwar spürbar, hat aber noch keine sichtbaren rechtlichen Durchbrüche auf internationaler Ebene in größerem Ausmaß herbeigeführt. Diese Erkenntnis steht in einem Spannungsverhältnis zum Impetus der Initiativen, die ncbcs gegen Grand Corruption in Stellung bringen wollen. Sie gibt auch menschenrechtlich zu denken. Denn Korruptionshandlungen und ungenügende Korruptionsbekämpfung können, wie eingangs erwähnt, zu massiven Menschenrechtsverletzungen führen. Als potenziell durch Korruption gefährdet, käme hier eine ganze Palette von Grundrechten in Frage; namentlich Art. 3, 5, 6, 8 EMRK, Art. 1 ZP I EMRK, Art. 10, 14 IPbpR, Art. 12 IPwskR, Art. 13 IPwskR.[40]

Verschiebt man die Perspektive des Vorgehens gegen Korruption und organisierte Kriminalität auf die menschenrechtlichen Folgen, hat dies zwei unmittelbare rechtsdogmatische Konsequenzen. Zum einen stellt sich eine menschenrechtliche Individualisierung der Kriminalität ein und zum anderen wird die systemische Verantwortung des Staates zur positiven Gewährleistung effektiven Schutzes gegen grundrechtsgefährdende Kriminalität aktiviert. Dass den Staaten bei der Erfüllung ein margin of appreciation zusteht und positive Handlungspflichten in der Regel unter einen Ressourcenvorbehalt gestellt werden dürfen, ändert nichts an der Grundverpflichtung.

---

38 OECD, Ending the Shell Game: Cracking Down on The Professionals Who Enable Tax and White-Collar Crimes, 2021.

39 Council of Europe, Impact Study on Civil Forfeiture, 2013; Council of Europe, The Use of Non-Conviction Based Seizure and Confiscation, 2020, S. 7 ff.; Open-ended Intergovernmental Working Group on Asset Recovery, CAC/COSP/WG.2/2019/CRP.1, S. 8: Mutual recognition of non-conviction-based freezing orders and confiscation judgments.

40 *A. Peters*, Korruption und Menschenrechte, JZ 2016, 217 (218 f.); skeptisch *C. Rose*, The Limitations of a Human Rights Approach to Corruption, International & Comparative Law Quarterly 65 (2016), S. 405, wegen der dogmatischen Limitierungen von Menschenrechten, die Folgen von Korruption auszudrücken und die Lebensbereiche vollständig zu erfassen, in denen Korruption stattfindet.

Grundrechtsdogmatisch herausfordernd scheint eher die Frage, welche Pflichten aus diesen Normquellen im Hinblick auf korruptes Verhalten und in Bezug auf dessen Erträge resultieren, wenn die Menschenrechtsverletzungen im Ausland erfolgten und daher weniger eigene Strafverfolgung als vielmehr Einziehungen und Finanzermittlungen im Wege der Rechtshilfe relevant werden. Die Reichweite der Schutz- und Kooperationspflichten kristallisiert sich lediglich zwischen EMRK-Vertragsparteien deutlicher heraus. Hochinteressant, aber ungeklärt ist zugleich, wann und wie Drittstaaten eingreifen dürfen oder sogar müssen, wenn die verantwortlichen Staatsorgane unwillig oder unfähig sind, Grand Corruption den Kampf anzusagen. Damit verbindet sich die Grundfrage, an welche Adressaten sich diese Pflichten richten. Der korruptionsverstrickte Herkunftsstaat dürfte wenig Bereitschaft zur effektiven Umsetzung hegen. Damit fällt der Blick auf Drittstaaten und deren menschenrechtliche Verantwortung für Geschehnisse in anderen Jurisdiktionen. Hier setzen z.B. Lieferkettensorgfaltspflichten und Konzernverantwortungsinitiativen an. Die mit ihnen verbundenen Kontroversen veranschaulichen, dass die dogmatisch tragfähige Ableitung von kollektiven Pflichten und extraterritorialen Verantwortlichkeiten keinesfalls leichtfällt.

F. Internationale Initiativen gegen Grand Corruption

Dreh- und Angelpunkt der aktuellen internationalen Initiativen ist die UNCAC. Mit der Open-ended Intergovernmental Working Group on Asset Recovery 2019 hat ein Nebenorgan der Conference of State Parties of UNCAC eine Implementierungsstudie zu ncbcs vorgelegt.[41] Die Arbeitsgruppe gelangt darin zu dem Ergebnis, dass ncbcs in vielen der befragten Jurisdiktionen eine entscheidende Rolle bei der Einziehung von Erträgen aus Korruption spielen (Rz. 15). Sie werden in vielen Landesberichten als good practice oder Gegenstand von gesetzgeberischen Reformen benannt (Rz. 16). Fortbestehende Rechtsunterschiede verursachen nach den Erkenntnissen der Studie aber Kooperationsschwierigkeiten, wenn sich im ersuchten Staat kein analoger ncbc-Mechanismus findet (Rz. 25). Eine Pflicht zur Zusammenarbeit besteht nach dem UNCAC bei zivilrechtli-

41 Open-ended Intergovernmental Working Group on Asset Recovery, Best practices for the identification and compensation of all different types of victims in accordance with the Convention, and third-party challenges and their impact on asset recovery under chapter V, CAC/COSP/WG.2/2019/CRP.1.

chen oder verwaltungsrechtlichen Einziehungen nicht, obgleich den Vertragsstaaten das Bemühen, auch unbekannte Einziehungstypen zu vollstrecken, nach dieser Studie nicht abzusprechen ist.[42]

In ihrem Oslo Statement hat die Global Expert Group Meeting on Corruption involving Vast Quantities of Assets (VQA) unter dem Dach des UNODC aus dem gleichen Jahr eine Vielzahl von Vorschlägen auf den Tisch gelegt, wie Rechtsrahmen und Infrastruktur verbessert werden müssten, um Grand Corruption effektiv sanktionieren zu können.[43] An erster Stelle wird betont, dass neue internationale Standards für asset verification, die Gewährleistung der Transparenz der wirtschaftlich Berechtigten an Vermögenswerten, öffentliche Register juristischer Personen und Gesellschaften sowie Vereinheitlichung und Präzisierung der Geheimhaltungsrechte und -pflichten relevanter Berufsgruppen benötigt würden. Empfohlen werden auch Ausbau und Beschleunigung des internationalen Informationsaustauschs (insb. zu Finanztransaktionen), globale Netzwerke von Verfolgungsbehörden und gemeinsame Ermittlungen in transnationalen Fällen. Ferner werden weitere Studien angemahnt, um bessere Einblicke in Systeme zur Erfassung wirtschaftlich Berechtigter und die Praktiken sog. Enabler von Grand Corruption zu gewinnen.

Die UN General Assembly hat dem Anliegen der Asset Recovery kürzlich sogar eine Sondersitzung (Special Session against Corruption 2021/UNGASS) gewidmet.[44] Zu dem Reigen von Maßnahmen, die die Mitgliedstaaten ergreifen sollen, um durch Korruption verlorenes Vermögen zurückzuerlangen, werden auch ncbcs gezählt. Diese werden sogar als „powerful tool to recover illicit assets“ ausgemacht. In ihren Schlussfolgerungen betont die Versammlung, dass Asset Recovery zu den Hauptzwecken von UNCAC zählt und die Rückführung illegal erlangter Vermögenswerte ein grundlegendes Prinzip der Konvention verkörpere. Die Vertragsstaaten sollten einander in diesem Licht weiterhin die größtmögliche Unterstützung zuteilwerden lassen (Ziff. 41). Ziff. 47 verstärkt frühere Bekenntnisse, verfügbare Einziehungsinstrumente wie üblich im Einklang mit nationalem Recht und einschließlich ncbcs entschlossen zu nutzen.

Zur Erhöhung der politischen Schlagkraft stellt die UN-Generalversammlung sogar eine Verbindung zu den UN Sustainable Development

42 Dieses Bemühen drückt sich in der Suche nach funktional äquivalenten Konzepten und Instrumenten in der eigenen Rechtsordnung aus, die eine Einziehung im konkreten Fall zulassen.

43 Oslo Statement on Corruption involving Vast Quantities of Assets, 14.6.2019, Oslo, Norwegen.

44 United Nations, General Assembly, A/S-32/2/Add.1, 17. Mai 2021.

Goals (SDG) her und überträgt der UN Conference for Trade and Development (UNCTAD) und dem UNODC eine Hüterfunktion (custodian).[45] Die Veruntreuung öffentlicher Mittel gefährde ihre Erreichung. In der Tat sieht Target 16.4 vor, dass bis 2030 eine signifikante Reduzierung illegaler Finanzflüsse und Waffentransporte erreicht werden und dabei auch eine Stärkung der Einziehung und Rückführung gestohlener Vermögenswerte erfolgen soll. Target 16.5 zielt speziell auf Korruption ab. Auch sie soll eine substanzielle Reduzierung erfahren. In diesem Zusammenhang wird auch empirische Kärrnerarbeit unterstützt. Die Messung von IFFs (Illicit Financial Flows) wird gezielt gefördert.[46]

Transparency International knüpft in der Eingabe zum 8. UNCAC CoSP an diese Perspektive an und fordert, Grand Corruption als eine Gefahr für die SDG anzuerkennen.[47] Begriffsjuristisch sei es notwendig, eine überfällige Diskussion über die Definition von Grand Corruption (s.o.) zu führen. Auch die Ausarbeitung eines optionalen Zusatzprotokolls zur UNCAC, das sich mit Grand Corruption befasst, sei zu lancieren.

Auch das deutsche Entwicklungsministerium hat ein Programm mit drei Feldern aufgelegt: Prävention, Finanzermittlungen und Asset Recovery.[48] Damit integriert es die wesentlichen Teilaspekte für ein erfolgreiches Vorgehen gegen Kleptokratie. Denn weder die Einführung von ncbcs noch die angestrebte Unterstützung in Schwellen- und Entwicklungsländern wird zu Einziehungserfolgen führen, wenn sowohl transnational als auch national keine wirksamen Finanzermittlungen geführt werden kön-

45 United Nations, General Assembly, Resolution „Transforming our world: the 2030 Agenda for Sustainable Development", A/RES/70/1; United Nations, General Assembly, Rahmen globaler Indikatoren für die Ziele und Zielvorgaben für nachhaltige Entwicklung der Agenda 2030 für nachhaltige Entwicklung, Anlage zu A/RES/71/313; United Nations, General Assembly, Resolution adopted by the General Assembly on 19 December 2019, Promotion of international cooperation to combat illicit financial flows and strengthen good practices on assets return to foster sustainable development, A/RES/74/206 A/RES/74/206, Rz. 29; UNCTAD und UNODC, Conceptual Framework for the Statistical Measurement of Illicit Financial Flows, 2020, S. 7.

46 UNCTAD und UNODC, Conceptual Framework for the Statistical Measurement of Illicit Financial Flows, 2020; UNCTAD, Economic Development in Africa, Report 2020, Tackling Illicit Financial Flows for Sustainable Development in Africa.

47 Transparency International Submission to the 8th UNCAC CoSP, Grand Corruption as a Major Obstacle to Achievement of the Sustainable Development Goals, CoSPCAC/COSP/2019/NGO/1.

48 GIZ (Deutsche Gesellschaft für internationale Zusammenarbeit GmbH), Combating illicit financial flows (https://www.giz.de/en/worldwide/39748.html).

nen und auch der allgemeine Rechtsrahmen nicht daraufhin angepasst wird, die Nachverfolgbarkeit von Vermögensflüssen und die Identifizierung von wirtschaftlich Berechtigten zum Beispiel durch UBO-Register zu erleichtern. Dabei muss Transparenz bei Eigentümerstrukturen gerade auch grenzüberschreitend zwischen den Staaten gewährleistet sein, aus denen ein Vermögenswert stammt, in denen er vermutlich versteckt und finanziell integriert wurde und in denen Enabler von Ausbeutung und klandestiner Transaktion zu Hause sind. Das erfordert neben intensiver behördlicher Zusammenarbeit zwischen den beteiligten Ländern auch innovative Ermittlungsmethoden.

Der Internationale Währungsfonds (IMF) zeigt ebenfalls gewachsene Sensibilität. Der IMF betrachtet Korruption als ökonomisches und Good Governance-Problem, das in der täglichen Arbeit proaktiv angegangen werden müsse, wenn sie für wirtschaftliche Verwerfungen in den betroffenen Ländern sorgt. Auf Anti-Korruption ist als Governance-Standard auch gegenüber widerwilligen oder desinteressierten Staaten zu beharren. Der IMF befindet sich insoweit selbst in einem Lernprozess.[49] Analyse, Mittelvergabe, Monitoring sollen konsequent Anzeichen und Auswirkungen von Korruption aufspüren und aufgreifen.

Die Weltbank unterstützt Brancheninitiativen (z.B. Extractive Industries Transparency Initiative/EITI), die vorgeblich dazu beitragen, durch Schaffung globaler Transparenzstandards Korruption zu reduzieren und Menschenrechte besser zu achten. Ein besonderes Augenmerk liegt auf Transparenzerfordernissen in Finanzwirtschaft und Regierungsarbeit. Die Weltbank interagiert auch mit schon zuvor genannten Akteuren. Besonderen Nachhall für Einziehungsfragen hat die StAR-Initiative gemeinsam mit dem UNODC, die sich gezielt mit dem Aufspüren und Repatriieren von stolen assets befasst.

Alles in allem ist rechtspolitisches Momentum spürbar. Getragen wird es von einem gewachsenen Verständnis für die Schädlichkeit von Grand Corruption. Der Bezug zu den UN SDGs bestätigt die schon zuvor betonte Erkenntnis, dass Grand Corruption manifeste gesamtgesellschaftliche und menschenrechtliche Folgen hat. Es wird zu Recht betont, dass Infrastruktur, Gesundheitswesen oder Bildung sich nicht nachhaltig entwickeln können, wenn die verantwortlichen Stellen Hausmittel abzweigen oder

49 IMF, Weltbank und weitere Entwicklungsorganisationen zeigten sich lange sehr nachsichtig oder wenigstens zurückhaltend gegenüber Korruption in ihren Klienten-Staaten, *Sharman*, Management (Fn. 12), S. 42 f.

diese Sektoren für Ihre Zwecke ausbeuten und damit zwangsläufig einen mangelfreien bürgerorientierten Betrieb verunmöglichen.

Ebenso eindrücklich tritt aber zutage, dass der auf internationaler Ebene bestehende Rechtsrahmen trotz aller Verlautbarungen und Beschwörungen weiterhin fragmentarischer Natur ist. Berücksichtigungs- und Prüfungspflichten dominieren an neuralgischen Punkten. Davon sind auch ncbcs betroffen, für die es an einer Mindestharmonisierung für die innerstaatliche Nutzung und den grenzüberschreitenden Rechtshilfeverkehr fehlt. Ebenso deutlich lässt sich aus den genannten Quellen ablesen, dass Gesamtrahmen und Infrastruktur mitbedacht werden müssen. Andernfalls erwächst die Gefahr von politischem Aktionismus und symbolischer Rechtssetzung, wenn Mittel, Normumgebung und politische Bereitschaft fehlen, neues Instrumentarium entschlossen zu nutzen. Diese Überlegungen müssen aber im Ausgangspunkt bei den Voraussetzungen und Möglichkeiten von ncbcs selbst ansetzen. Im nächsten Abschnitt wird dazu der Vorhang gelüftet und ein genauer Blick auf Grundzüge, Typen und Vorteile der ncbcs geworfen.

G. *Non-conviction-based confiscations – Funktion, Typen*

Non-conviction-based confiscations zeichnen sich dadurch aus, dass sie die Einziehung von Vermögen unabhängig von der vorherigen strafrechtlichen Verurteilung eines Straftäters gestatten. Es handelt sich um Verfahren *in rem,* die direkt auf Vermögenswerte gerichtet sind, die illegaler Herkunft sein sollen; vgl. illustrativ United States v. One 1990 Beachcraft (619 F.3d 1275), United States v. One White Crystal-Covered "Bad Tour" Glove (Case No. CV 11-03582-GW), Département fédéral des finances contre Fondation Brouilly (BVGE 2013/40). Zur Einziehung ist es gleichwohl unerlässlich, eine kriminelle Herkunft nachzuweisen und zu belegen, dass der betroffene Vermögenswert auch aus diesen Straftaten resultiert.

Wie bereits hinlänglich an anderer Stelle ausgeführt, haben non-conviction-based confiscations ihren Ursprung im Seerecht.[50] Anstelle der für Schmuggel und Blockadebrüche verantwortlichen, aber meist unerreichbar auf dem europäischen Kontinent ansässigen Reeder wurde das Tatmittel stellvertretend als „Blockadebrecher“ in einem allerdings zivilrechtlichen Verfahren gegen die „verantwortliche“ Sache (*in rem*) verurteilt und eingezogen. Die Einziehung diente dabei sowohl der Kompensation für

50 *S. D. Cassella*, Asset Forfeiture Law in the United States, New York 2013, S. 29.

Schäden als auch der Belohnung von Seeleuten, welche die Schiffe inkl. ihrer Fracht aufgebracht hatten.

Dieser Grundgedanke tauchte zu Beginn des 20. Jahrhunderts zu Zeiten der Prohibition auch an Land gegen Alkoholschmuggel auf. Erst viel später keimte im Fahrwasser der Drogen- und OK-Bekämpfung die Idee, non-conviction-based confiscations nicht mehr repressiv, sondern vor allem präventiv zu nutzen und gegen die Erträge aus Straftaten zu richten. Erst ab diesem Zeitpunkt tritt der Gedanke des „Crime must not pay!" als neues Leitmotiv auf den Plan und findet mit dieser Stoßrichtung gegen illegal erworbene Vermögenswerte Eingang in die Gesetzgebung vieler Länder. In ihren Akzentuierungen können sich diese Rechtsgrundlagen und Mechanismen erheblich unterscheiden. Auf der einen Seite stehen allgemeine Proceeds of Crime Acts (Vereinigtes Königreich, Irland oder auch USA)[51] und auf der anderen spezifische Anti-Mafia-Gesetze wie in Italien.[52] In Common Law-Systemen wird typischerweise weiter nach Vermögensgegenständen differenziert. So existieren Sonderregelungen für Bargeld (cash forfeiture).

Einzelne Staaten, die sich nicht zuletzt aufgrund der dort offerierten Dienstleistungen besonders exponiert mit dem Problem von Zuflüssen aus Grand Corruption konfrontiert sehen, haben besondere Gesetze und Maßnahmen erlassen, die (auch) dem Schutz des eigenen Finanzplatzes dienen sollen; z.B. die Schweiz und das Vereinigte Königreich. Die politischen Systemwechsel nach dem Ende der Sowjetunion haben zu einer weiteren Ausbreitungswelle in osteuropäischen Staaten geführt. Erhebungen zur Klärung ungewöhnlicher Vermögenszuwächse und Einziehungsverfahren dienen hier der Korruptionsbekämpfung und Säuberung von Verwaltung und Politik (z.B. Estland, Georgien, Bulgarien, Slowakei, Slowenien). In

---

51 *C. King*, Civil Forfeiture in Ireland: Two Decades of the Proceeds of Crime Act and the Criminal Assets Bureau, in: K. Ligeti/M. Simonato, Chasing Criminal Money: Challenges and Perspectives On Asset Recovery in the EU, London 2016, S. 77; *S. D. Cassella*, Asset Forfeiture Law in the United States, in: C. King/C. Walker/J. Gurulé (eds.), The Palgrave Handbook of Criminal and Terrorism Financing Law, 2018, S. 427 ff.; *L. Knepper/J. McDonald/K. Sanchez/E. Smith Pohl*, Policing for Profit – The Abuse of Civil Asset Forfeiture, Institute of Justice, 3rd ed. 2020.

52 *Bettels*, Gewinnabschöpfung (Fn. 2), S. 179 ff.; *M. Panzavolta*, Confiscating Dirty Assets: The Italian Experience, in: King/Walker/Gurulé (eds.), Handbook (Fn. 51), S. 491 ff; *D. Cardamone*, Criminal Prevention in Italy: From the "Pica Act" to the "Anti-Mafia Code", Vortragsmanuskript 2016; abrufbar unter http://www.europeanrights.eu/public/commenti/bronzini1-Cardamone_Criminal_prevention_in_Italy_2.0.pdf.

besonders gravierenden Fällen wie Bulgarien sollen sie dabei helfen, den Zustand der state capture aufzubrechen.

Es koexistieren mithin verschiedene öffentliche Ziele, die eine Einziehung rechtfertigen sollen und deren unterschiedliche Ausgestaltung erklären. Abzugrenzen sind diese selbständigen Einziehungen von illicit enrichment und unexplained wealth orders, wobei diese Begriffe ihrerseits nicht immer eindeutig und konsistent gehandhabt werden.[53] Illicit enrichment ist nach der Grundidee aus Art. 20 UNCAC ein eigenständiger Straftatbestand, der die signifikante illegale Bereicherung eines Amtsträgers als solche zu kriminellem Unrecht macht.[54] Bei unexplained wealth orders handelt es sich dagegen um zivilgerichtliche Verfügungen, die dem Adressaten auf Antrag einer staatlichen Behörde aufgeben, die Herkunft großer Vermögenswerte zu erklären, die außer Verhältnis zu den eigenen deklarierten Einkünften stehen.

Trotz der Unterschiede und nationalen Spezifika lassen sich im Sinne einer Typologie für die weitere Diskussion ihrer Nutzbarkeit gegen Grand Corruption drei Idealtypen identifizieren. Im polizeirechtlichen Modell wird mit der Einziehung polizeilichen Gefahren begegnet und mithin präventive Zwecke verfolgt. Mit ihr sollen gefährlichen Personen Tatmittel aus den Händen genommen und damit eine Unterbindung künftiger Straftaten erreicht werden. Im zivilrechtlichen Modell hat die Einziehung einen kondiktionell-ordnenden Charakter. Sie dient der Wiederherstellung der rechtmäßigen Vermögenslage und mittelbar der Generalprävention, weil sie Anreize zur Begehung von Straftaten nimmt und durch Wiederherstellung des rechtmäßigen Zustands der Vermögensordnung das Normbewusstsein der Allgemeinheit stärken soll. Das verwaltungsrechtliche Modell ähnelt in seinem Kernanliegen dem zivilrechtlichen. Die Hauptunterschiede liegen im Verfahrensrecht. Die Einziehung illegal erworbenen Vermögens erfolgt hier aus verschiedenen öffentlichen Interessen, die sich mit denjenigen des zivilrechtlichen Modells überschneiden. Es bestehen keine großen materiellen Unterschiede zwischen Idealtypen

53 Sie sind auch von der Einziehung von Tatinstrumenten (instrumentalities or facilitating property) zu trennen. Das können in den USA beispielsweise geliehene Autos oder eine Mietwohnung sein, in der Drogen verkauft werden, *Cassella*, Asset (Fn. 50), S. 937 ff.

54 Illicit enrichment wird definiert als „significant increase in the assets of a public official that he or she cannot reasonably explain in relation to his or her lawful income"; ausf. basierend auf einer Auswertung der Ansätze in 103 Jurisdiktionen, zuletzt *A. Dornbierer*, Illicit Enrichment: A Guide to Laws Targeting Unexplained Wealth; verfügbar unter illicitenrichment.baselgovernance.org.

2 und 3. Hingegen gelten nicht zuletzt wegen der unterschiedlichen Stellung der einziehenden Behörden und etwaiger damit verbundener verfassungsrechtlicher Anforderungen unterschiedliche Begründungsanforderungen und Verfahrensregelungen.

I. Vorteile

Die gemeinsamen Vorteile dieser Einziehungsverfahren sind schnell erzählt. Sie ermöglichen ein selbständiges *in rem*-Verfahren, wenn sich die mutmaßlich kriminellen Vermögensinhaber außerhalb der Jurisdiktionsreichweite der Staaten befinden, in denen illegal erworbenes Vermögen zu belegen ist. Herkömmliche strafrechtliche Verfahrenshindernisse verlieren gleichfalls ihre Relevanz (z.B. Tod, Flucht, Verjährung), weil sie der Durchführung eines objektiven Verfahrens, das allein auf die Einziehung von Verbrechenserträgen gerichtet ist und keine Verurteilung einer natürlichen oder juristischen Person erfordert, nicht entgegenstehen. Zwingende Exklusivität herrscht allerdings nicht. Ncbcs können parallel oder komplementierend zu Strafverfahren gegen erreichbare Personen durchgeführt werden.[55]

Solange sich das Einziehungsverfahren einer repressiv-expressiven Missbilligung der Vermögensinhaber enthält und die Einziehungsbeträge nicht nach den Gesichtspunkten von Schuld und Strafbedürfnis bestimmt sind, sondern rein kondiktionell-restitutiv, kann eine ncbc nicht als strafrechtliche Sanktion i.S.d. Kriterien des EGMR oder des BVerfG qualifiziert werden.[56] Aus diesem Grund finden auch die typischen strafprozessualen Garantien wie Unschuldsvermutung, Konfrontationsrecht oder nemo tenetur keine Anwendung. Sie setzen ein Verfahren gegen Personen voraus, die in einer persönlichen strafrechtlichen Sanktion münden können. Bezüglich der Unschuldsvermutung gilt es allerdings zu beachten, dass die

---

55 Z.B. wenn bereits eine Verurteilung im Ausland erfolgt ist, aber die Behörden dort am Erlass einer Einziehungsentscheidung scheitern.

56 S.a. *F. Meyer*, „Reformiert die Rückgewinnungshilfe!“ – Denkanstöße für eine Generalüberholung der Vermögensabschöpfung, ZStW 127 (2015), 241 (262); *Marstaller/Zimmermann*, Non-conviction-based confiscation (Fn. 2), S. 71; EGMR, Urt. v. 12.5.2015, Gogitidze u.a. v. Georgien, Beschwerde-Nr. 36862/05; Bundesverwaltungsgericht, 24.09.2013, C-2528/2011, Erw. 6.4.3, 6.5. Das Schweizer Bundesverwaltungsgericht hat das restitutive *in rem*-Einziehungsverfahren des SRVG im Duvalier-Fall anhand der Engel-Kriterien des EGMR vermessen und dessen strafrechtliche Natur überzeugend verneint. ausf. zur Einordnung auch *F. Saliger*, Grundfragen der Vermögensabschöpfung, ZStW 129 (2017), 995 (1000 ff.).

Entscheidung im objektiven Verfahren keine Vorverurteilungen oder Feststellungen individueller strafrechtlicher Schuld enthalten darf.

Die nicht-strafrechtliche Natur der Verfahren entbindet zugleich vom Erfordernis eines konkreten Tatnachweises. Selbständige Einziehungsverfahren lassen es regelmäßig genügen, wenn eine deliktische Herkunft aus grob umrissenen, aber nicht individualisierten Straftaten bewiesen wird.[57] An dieser Stelle soll nicht verschwiegen werden, dass die Anforderungen an den Nachweis einer illegalen Herkunft alles andere als konsentiert sind. Kennzeichnend ist gleichwohl, dass der Reiz eines solchen Instruments auch darin liegt, Beweiserleichterungen (z.B. wenn das Vermögen während der Dienstzeit eines Amtsträgers signifikant zunimmt und dies nicht mit seinem Einkommen und sonstigem deklariertem Vermögen erklärbar ist)[58] gegenüber einem subjektiven Sanktionsverfahren zu gestatten. So finden sich neben Beweislastumkehr und Vermutungsregelungen auch innovative Verfahren wie die unexplained wealth orders,[59] durch die Vermögensinhabern Erklärungspflichten zur Herkunft ihres Vermögens auferlegt werden können, wenn dessen Höhe sich nicht aus den bekannten Einkommensquellen erklären lässt. Scheitern die Betroffenen mit ihren Erklärungsversuchen zu einer legalen Quelle, kann die UWO auf nächster Stufe die endgültige Einziehung der betroffenen Werte erleichtern.[60] Diese Modifikationen im Vergleich zu individualstrafrechtlichen Verfahren machen die Einziehung aber nicht zu einem Selbstläufer. Der Nachweis einer

---

57 Vgl. *Cassella*, Asset (Fn. 50), S. 453 ff., *Bettels*, Gewinnabschöpfung (Fn. 2), S. 221 ff., *Marstaller/Zimmermann*, Non-conviction-based confiscation (Fn. 2), S. 44 zu Art. 76a StGB.

58 Vgl. illustrativ Abachi-Fall, Basel Institute on Governance, Case study: Upholding an unexplained wealth judgement in Kenya's Anglo Leasing affair, 12.8.2021: Abschluss fiktiver Verträge mit Phantom-Gesellschaften und Zahlungen während der Zeit als oberster Buchhalter im Finanzministerium Kenias. Die Beurteilung nach kenianischem Antikorruptionsrecht stützte sich darauf, dass ein begründeter Korruptionsverdacht über einen längeren Zeitraum bestand und das Vermögen des Amtsträgers während dieses Zeitraums im Verhältnis zu seinem bescheidenen Gehalt und den deklarierten eigenen Vermögenswerten unverhältnismäßig angewachsen war.

59 Transparency International UK, Empowering the UK to Recover Corrupt Assets: Unexplained Wealth Orders and other new approaches to illicit enrichment and asset recovery, 2015; *T. Kolarov*, Challenges in settling non-conviction based civil confiscation of unexplained wealth, Journal of Money Laundering Control 24 (2021), 483; *P. Sproat*, Unexplained Wealth Orders: An Explanation, Assessment and Set of Predictions, The Journal of Criminal Law 82 (2018), 232.

60 Vgl. Abachi-Fall, Basel Institute on Governance, Case study: Upholding an unexplained wealth judgement in Kenya's Anglo Leasing affair, 12.8.2021.

deliktischen Herkunft bleibt eine enorme Herausforderung. Mangelnde Ressourcen und Fachkenntnisse führen leicht zu einem Scheitern der Einziehung. Die Praxis der UWOs in England legt ein eindrucksvolles Zeugnis davon ab, wie ein hochgehandeltes Instrument in der Realität scheitern kann, wenn der Staat nicht die Voraussetzungen dafür schafft, dass es wirksam angewendet werden kann.[61] Die schmerzhaften Erfahrungen der National Crime Agency veranschaulichen, dass gerade Oligarchen und hochrangige PEPs aus korruptionsgebeutelten Staaten alles andere als wehrlos sind.

Ist die Abschöpfung illegalen Vermögens rechtlich als Maßnahme eigener Art mit kondiktionsähnlichem Charakter eingeführt worden, dann gilt für sie auch nicht das strenge strafrechtliche Rückwirkungsverbot, sondern das allgemeine Rückwirkungsverbot, das eine Rückbewirkung von Rechtsfolgen unter bestimmten Voraussetzungen zulässt. Das BVerfG hat dies bei § 76a StGB wegen überragender Belange des Gemeinwohls zugelassen, weil die nachträgliche Vermögensneuordnung Gerechtigkeit und Unverbrüchlichkeit der Rechtsordnung garantiert und damit die Rechtstreue der Bevölkerung stärkt; und zwar gerade, weil es sich um Gewinne aus strafbaren Rechtsbrüchen, die das Rechtsbewusstsein der Gemeinschaft typischerweise besonders intensiv berühren, handelt.[62]

Der letzte „Vorteil“ lässt den Blick sogleich auf die Besonderheiten von Grand Corruption hinübergleiten. Da die selbständigen Einziehungen in Beziehung zu Straftaten stehen bzw. Erträge aus einer Straftat zum Gegenstand haben, gehen h.M. und EU-Rechtsakte davon aus, dass im zwischenstaatlichen Verkehr das Regelwerk für die Rechtshilfe in Strafsachen Anwendung findet. Das ist auch notwendig, da Vermögensabschöpfung regelmäßig nur dann erfolgreich sein kann, wenn effektive Rechtshilfeinstrumente zur Verfügung stehen. Es dürfte nur äußerst selten vorkommen,

---

61 RUSI, Unexplained Wealth Orders - UK Experience and Lessons for British Columbia, 2020, S. 14 ff.; *Bullough*, Butler (Fn. 12), S. 179, 196 ff. Die problematische Rolle professioneller Dienstleister endet nicht bei der Verdeckung und Behinderung von legislativen Reformvorhaben. Aufhellungsbemühungen können in jahrelangen Gerichtsschlachten enden. Vertreten durch eine Schar hochdotierter, fachlich äußerst versierter Juristen lässt sich nicht nur Sand ins Rechtshilfegetriebe streuen. Versuche, mit UWO die Allgemeinheit zu sensibilisieren und Inhaber mutmaßlich illegaler Großvermögen vor Gericht und ins Licht der Öffentlichkeit zu zerren, um ihre Geschäftsroutinen zu stören und Ressourcen zu binden, kann sich schnell ins Gegenteil verkehren und dazu führen, dass die Kapazitäten des Staates in fruchtlosen Verfahren erschöpft werden, ohne der Vermögensquelle näher gekommen zu sein.

62 BVerfG NStZ 2021, 413, 415 ff.

dass sich Ausgangstat und Vermögensverwaltung im selben Land konzentrieren. Es kommt mithin nicht von ungefähr, dass die Forderung nach effektiver Zusammenarbeit international auch bei ncbcs (z.B. Art. 55 Abs. 1 UNCAC) erhoben wird. Diese strafrechtliche Rechtshilfe umfasst spontanen Informationsaustausch, Asset tracing, Vollstreckungshilfe und Restitution bzw. Sharing.

Neben der disparaten Rechtslandschaft in den Nationalstaaten sind es vor allem Eigenheiten, die Grand Corruption auszeichnen, welche die Praxis vor vielfältige Probleme stellen. Ihnen ist im folgenden Abschnitt nachzugehen.

II. Besondere Anforderungen bei Grand Corruption

Bereits die Definitionen von Grand Corruption lassen erahnen, warum ihre Verfolgung mit besonderen Herausforderungen verbunden ist. Sie können chronologisch drei Problemkreisen zugeordnet werden: Aufspüren illegalen Vermögens und Nachweis der illegalen Herkunft, Einziehung illegalen Vermögens, Rückführung des eingezogenen Vermögens. Neben der Differenzierung nach den Stadien des Rückgewinnungsprozesses spielt durchgängig die politische Situation im Herkunftsland eine entscheidende Rolle.

1. Aufspüren illegalen Vermögens

Die hohe Professionalität bei der Verschleierung von Vermögenswerten und ihrer Herkunft ist ein Markenzeichen von Grand Corruption. Sie ist ein besonders tragischer Anschauungsfall für die Bereitschaft westlicher Finanzplätze und ihrer Dienstleistungseliten, ihre hochprofessionellen Fähigkeiten ungeachtet der Folgen für das ausgebeutete Herkunftsland und die Auswirkungen auf Gesellschaft und Wirtschaft im Zielstaat in den Dienst reicher, ertragsstarker Kunden zu stellen.

Gegenmittel wie Transparenz- und Vermögensregister oder UWOs, um Klarheit über Besitz- und Kontrollstrukturen zu erlangen, markieren wichtige Fortschritte, leiden aber an Implementierungsschwächen. So sind die Transparenzregister bis heute lückenhaft und keine Garanten für inhaltliche Richtigkeit der Einträge, weil diese von staatlicher Seite nicht engagiert kontrolliert wird. Die Sanktionen, die Unternehmen bei unvollständigen oder unrichtigen Angaben drohen, sind bloße Theorie, aber kein konsequent genutztes Durchsetzungsmittel.

Das Aufspüren illegalen Vermögens und der für eine Einziehung notwendige Nachweis der illegalen Herkunft scheitern häufig aber schon schlicht daran, dass im Herkunftsstaat kein Interesse an Zusammenarbeit besteht und schlimmstenfalls Obstruktion betrieben wird. Russland ist ein prominentes Beispiel für politischen Missbrauch von Einziehungsverfahren einerseits und die Abschirmung von regimenahen Tätern andererseits.[63] Ohne Bereitschaft von Herkunfts- und Sitzstaaten zu umfangreichen Rechtshilfeleistungen wird es zumeist nicht möglich sein, einen Vermögenswert mit hinreichender Gewissheit oder Wahrscheinlichkeit verbrecherischen Aktivitäten zuordnen zu können. Solange die wirtschaftlich und politisch Mächtigen ein Interesse daran haben, dass derartige Zusammenhänge unbekannt bleiben, weil sie selbst involviert sind oder ein Eigeninteresse daran haben, korruptionsbemakelte Vermögenswerte zugriffssicher im Ausland deponieren zu können, werden ausländische Behörden keine Unterstützung erwarten können.

Die weitgehende Impunität von Grand Corruption wird im Inland durch die Kontrolle des Justizsystems abgesichert, wodurch die Beteiligten national gegen Verfolgungsmaßnahmen weitgehend geschützt sind. Nach außen können solche Tätergruppen sodann die nationale Souveränität als Schutzschirm gegen ausländische Ermittlungen aufspannen und Rechtshilfeersuchen im eigenen Justizsystem versanden lassen. Wie das Beispiel 1MDB schlaglichtartig aufzeigt, sind wirksame Verfolgung und Einziehungsbemühungen bei Grand Corruption meist nur im Nachgang eines Machtwechsels erwartbar.

Sind die Vermögensinhaber zugleich politische Mandats- oder staatliche Amtsträger, können sie sogar von diesem Sonderstatus rechtlich profitieren und z.B. Immunität von Verfolgung, Ermittlung oder Beschlagnahme für sich beanspruchen. Hierin liegt auch einer der Hauptgründe, warum das schweizerische SRVG erst dann für Sicherstellung und Einziehung zur Anwendung kommen kann, wenn ein Kleptokrat gestürzt wurde. Es soll

63 Vgl. den Fall Alekseew, Sonntagsblick, 21.3.2021, S. 34, ferner „Schweizer Justiz sperrt Gelder von Nawalny-Unterstützer – Helvetia im Würgegriff des Kremls", Blick, 18.1.2021. Ferner stellte die Bundesanwaltschaft der Schweiz 2021 ein Verfahren wegen Geldwäsche an veruntreuten Geldern der russischen Staatskasse, die mutmaßlich im Zusammenhang mit der Ermordung von Sergei Magnitsky stehen, wegen russischer Obstruktion und nach dubioser eigener Verfahrensführung ein und gab beschlagnahmte Vermögenswerte frei; https://www.admin.ch/gov/de/start/dokumentation/medienmitteilungen.msg-id-84542.html.

sogar vorkommen, dass Immunitäten sogar „erworben“ werden können, indem interessierten Personen gegen Entgelt immunitätsfähige Positionen in der diplomatischen oder konsularischen Vertretung eines Landes oder einer internationalen Organisation verschafft werden.[64]

Auch wenn bzw. gerade wenn Rechtshilfe erfolgt, gilt es wachsam gegenüber den lokalen Verhältnissen zu bleiben. Das Einziehungs- und Rechtshilferecht ist alles andere als immun gegen einen Missbrauch zur Ausschaltung von politischen Gegnern oder wirtschaftlichen Rivalen. Derartige Zusammenhänge können im Einzelfall schwer durchschaubar sein, sollten als Möglichkeit aber reflektiert werden.

Nicht zu unterschätzen sind auch die Gefahren für Ermittler und Informanten; zumindest dann, wenn sie in den Herkunftsstaaten oder in Transferstaaten mit starken kriminellen Netzwerken operieren. Grand Corruption-Täter sind nicht selten fest in den lokalen Machtstrukturen etabliert, vielleicht sogar unantastbar, und verfügen damit über Zugänge sowohl zu legalen Mitteln des lokalen Rechtssystems als auch illegalen, unsanktionierten Mitteln, um zu behindern, auszubremsen, einzuschüchtern oder gar Gefälligkeitsurteile zu erwirken, um inländische oder ausländische Ermittlungen auszubremsen.

Für Grand Corruption tritt als weitere Erschwernis zum ohnehin fragilen Rechtsrahmen hinzu, dass man es mit einer besonders vermögenden und in der Regel sowohl politisch gut vernetzten als auch rechtlich vorzüglich beratenen Tätergruppe zu tun bekommt. Das Repertoire, sich gegen Einziehungsversuche zu wehren, ist groß und reicht von der kunstvollen Verschleierung über die Nutzung politischer Kontakte bis hin zu Verleumdungsklagen und physischen Bedrohungen. Dies gilt nicht allein für die Heimatländer, wo diese Tätergruppe oft von einer Kooptierung von Justizsystem und Polizei profitiert, sondern auch im westlichen Ausland. Kleptokraten zeigen keinerlei Scham, liberale Rechtssysteme, deren Standards im eigenen Land nicht einmal ansatzweise beachtet oder gewährt würden, maximal für eigene Zwecke auszureizen. Überraschend ist das nicht. Verblüffend ist allenfalls, dass betroffene Staaten bestimmte begünstigende Eigentümlichkeiten ihrer Rechtssysteme nicht hinterfragen. Es mag schlicht sein, dass man solche Missbräuche als ungewünschte Nebenwirkungen akzeptiert, solange die Regelungen der jeweiligen eigenen politischen und wirtschaftlichen Klientel nützen. Wenn Rechtsstaaten wie die Schweiz in Art. 47 Abs. 1 lit. c des Bankengesetzes sogar diejenigen, einschließlich

64 https://www.sueddeutsche.de/projekte/artikel/politik/honorarkonsuln-shadow-diplomats-e937998/ (letzter Abruf: 25.2.2023).

Journalisten und Whistleblowern, die schwarze Konten mit Kleptokratengeld, Compliance-Versagen oder gar Hinweise auf Verstricktsein der Finanzbranche offenlegen, mit Strafe bedrohen, wenn sie damit ein Geheimnis, das ihnen von einem zur Wahrung des Bankgeheimnisses verpflichteten Organ, Angestellten, Beauftragten oder Liquidator einer Bank offenbart wurde, weiteren Personen offenbaren oder für sich oder einen anderen ausnützen, dann ist das nur mit harter, selbstbezogener Klientelpolitik zu erklären. Mit Art. 10 EMRK erscheint die Vorschrift in dieser Strenge nicht vereinbar.

Zivilgesellschaftliche oder investigativ-journalistische Bemühungen um Aufklärung gelangen daher zu häufig nicht über ein öffentliches Shaming hinaus, wenn sich eine korrupte Nomenklatura im Herkunftsstaat wechselseitig stützt und an den Fundorten Mittel oder Wille fehlen, den Informationen nachzugehen. Auch dies wird dadurch begünstigt, dass korrupte Herkunftsstaaten kein Interesse daran haben, das Geld zurückzubekommen, solange die wirtschaftlich Berechtigten nicht in Ungnade fallen.

2. *Einziehung*

Die Einziehung ist mit ähnlichen Schwierigkeiten belastet. Sie produziert wegen der intensiven Gegenwehr nach Auskünften von Insidern extrem hohe Kosten und nimmt eine erhebliche zeitliche Dauer in Anspruch.[65] Im Vergleich zu OK-Verfahren können Tätern bei Grand Corruption wie gerade ausgeführt besondere juristische Eigenschaften zukommen, welche die Komplexität des Verfahrens um eine Größenordnung steigern. So hat sich beispielsweise Äquatorialguinea in einem französischen Fall auf multiplen Immunitätsschutz berufen. Der Präsidentensohn beanspruchte als amtierender Vizepräsident persönliche Immunität und seine private Residenz wurde kurzerhand zur Botschaft des Landes in Frankreich umgewid-

65 Teilweise sind diese Unwuchten systembedingt. Durch den Economic-Crime Act hat das Vereinigte Königreich Kappungsgrenzen für die Erstattungsfähigkeit von Anwaltskosten für den Fall des Obsiegens eingeführt. Diese Deckelung soll verhindern, dass Strafverfolgungsbehörden aus Furcht vor budgetverschlingenden Kostenrechnungen fremder Anwälte von der Rechtsdurchsetzung abgehalten werden. So musste die NCA in einem jüngeren UWO-Fall eine Anwaltsrechnung über 1.5 Mio. £ begleichen.

met.[66] Auch wenn sich die Einziehung damit nicht verhindern ließ, war Frankreich dennoch gezwungen, über Jahre vor dem IGH zu prozessieren, um dort klären zu lassen, welche Immunitäten unter welchen Umständen dazu führen können, dass gewisse Vermögenswerte dem Zugriff des Gaststaates rechtlich entzogen sind. Garniert werden solche Verfahren nahezu zwangsläufig mit politischen Spannungen. Denn eine erfolgreiche Einziehung verlangt, dass dem Führungspersonal des Herkunftsstaats systemisch-korruptes Verhalten attestiert wird. Dieser kontert dann womöglich mit Imperialismus- und Kolonialismus-Vorwürfen, um vom eigenen Systemversagen oder flagranter Verstricktheit abzulenken. Derartige Einziehungsverfahren haben mithin einen hohen ökonomischen und politischen Preis. Korrupte Eliten in Staaten mit geopolitischer oder energiestrategischer Bedeutung dürfen daher auf Verschonung hoffen.

Die potenziell systemischen Verflechtungen aller Gewalten bei Grand Corruption können sich in Einziehungsverfahren auch darin niederschlagen, dass vermeintliche Legitimationsdokumente mit öffentlichem Siegel auf Zuruf zur Vorlage in ausländischen Verfahren fabriziert werden können. Die dortigen Instanzen stellt dies vor die Herausforderung, die inhaltliche Richtigkeit offizieller Dokumente in Frage zu stellen und faktisch zu überprüfen.

Die Beschwerlichkeit von Einziehungsverfahren kann gleichfalls zur Folge haben, dass einvernehmliche Lösungen im Vergleichsweg gesucht werden.[67] Konsensuelle Verfahren sind allerdings ein ambivalentes Mittel; weil nicht auszuschließen ist, dass zwielichtige Personen wegen eines Macht- und Ressourcengefälles in den Genuss vorteilhafter Regelungen kommen und ihnen Teile des „zusammengeraubten" Vermögens belassen werden müssen, um überhaupt zu einer Einigung zu kommen. Es fehlt an Transparenz und rechtsstaatlicher Kontrolle.

Umgekehrt kann es auch auf Einziehungsebene zu missbräuchlichen Verfahren unter dem Vorwand der Korruptionsbekämpfung kommen, wenn z.B. eine Anti-Korruptionsbehörde nicht unabhängig ist. Kommen Einziehungsinstrumente zur Begleitung von Lustrationsprozessen oder zur Absicherung von politischen Transitionsperioden zum Einsatz, ist besondere Aufmerksamkeit geboten, um zu verhindern, dass generell zulässi-

66 IGH, Urteil v. 11. Dezember 2020, Immunities and Criminal Proceedings (Equatorial Guinea v. France); Cour de Cassation, Chambre criminelle, Urteil v. 28. Juli 2021, n° 20-81.553, ECLI:FR:CCASS:2021:CR00918.

67 *Á. Clancy*, A Better Deal? Negotiated Responses to the Proceeds of Grand Corruption, Criminal Law Forum 33 (2022), 149 (162, 170 ff.); dort wird explizit auf die Settlements in den Fällen Hussain, 1 MDB und alQubaisi Bezug genommen.

ge Verfahren von politischen Gegnern instrumentalisiert werden, um verdeckt alte Rechnung zu begleichen.

3. *Rückführung*

Die Rückführung illegalen Vermögens ist zunächst durch die Zulässigkeit und praktische Durchführbarkeit von Vollstreckungshilfe (und ggf. Ausweichmechanismen) bedingt. Selbst wenn die Einziehung gelingt, ist nicht gesagt, dass die eingezogenen Vermögenswerte auch restituiert werden können. Klassischerweise bleiben eingezogene Vermögenswerte im Vollstreckungsstaat. Im hier behandelten Kontext erscheint es politisch inopportun, die Mittel dem eigenen Staatshaushalt einzuverleiben. Das gilt umso mehr, wenn die eigene Finanz- und Beraterbranche an Ausbeutung oder Verschleierung beteiligt war. Lösen lässt sich das Problem auf vielfältige Weise. Diverse Staaten und Abkommen arbeiten mit Sharing-Regeln, die als Elemente des allgemeinen Rechtshilferechts ausgestaltet sind. Daneben finden sich auch Spezialgesetze wie das schweizerische SRVG oder das französische loi du 4 août 2021 de programmation relative au développement solidaire et à la lutte contre les inégalités mondiales.[68] Mit Letzterem schuf Frankreich nicht zuletzt mit Blick auf laufende Verfahren eine solide Rechtsgrundlage für die sichere Rückführung von Vermögen. Denn eine direkte Restitution an Behörden des Herkunftsstaats ist oftmals wegen der dortigen Verhältnisse nicht gangbar. Die Vermögenswerte sollen nicht ein weiteres Mal der Zweckentfremdung ausgesetzt sein, sondern einem geordneten social re-use im Interesse der Zivilgesellschaft zugeführt werden. Auch social re-use muss bei Grand Corruption jedoch anders gedacht werden. Es geht nicht zuerst um sichtbare Rückeroberung des öffentlichen Raums von Verbrechersyndikaten und Wiederbegründung des staatlichen Gewaltmonopols. Vor allem bei state capture müssen Machtstrukturen im Wirtschaftssystem insgesamt überwunden werden, was social re-use nicht zu leisten vermag. Es bedarf daher eher spezifischer sozialer Förderprojekte (Armutsbekämpfung, Bildung, zivilgesellschaftliche Einrichtungen), die nicht von lokalen Eliten gekapert werden können.

Zu ihrer Verwirklichung sind besondere Vereinbarungen zu Empfänger, Kosten und Kontrollmechanismen unabdingbar. Für die instrumentelle Umsetzung wurde zuletzt bevorzugt auf völkerrechtliche Abkommen

68 https://www.legifrance.gouv.fr/jorf/id/JORFTEXT000043898536.

zurückgegriffen.[69] Die Vereinbarungen sind in der Regel maßgeschneidert für den Einzelfall.[70] Dieses Gesamtprocedere ist komplex, langwierig und mitunter teuer, weshalb es vorkommen kann, dass bis zu einem Drittel des Eingezogenen für Verwaltungs- und Umsetzungskosten verbraucht wird.

III. Eignung der bekannten Modelle

Vor dem Hintergrund der skizzierten Vorteile und Herausforderungen stellt sich mit Blick nach vorne die Frage, welches Verbesserungspotenzial ncbcs realistischerweise zugesprochen werden kann. Dazu sollen nachfolgend zwei Modelle genauer betrachtet werden, denen in der jüngeren Vergangenheit besondere Aufmerksamkeit zuteilwurde. Dabei erscheint es hilfreich, nach Einsatzzeitpunkten zu differenzieren, namentlich während der Fortdauer der Kleptokratie (Beispiel Obiang), zur Durchsetzung/Unterstützung politischen Wandels (Beispiel Dos Santos), nach einem Regimewechsel (Beispiel Duvalier). Zum Abschluss werden dann eine Bilanz und ein Ausblick gewagt.

---

69 Vgl. 17 f. SRVG; ein aktuelles Beispiel aus jüngerer Zeit ist das trilaterale Abkommen zwischen der Schweiz, Luxembourg und Peru vom 16.12.2020 zur Rückführung von illegal erworbenen Vermögenswerten i.H.v. 26 Mio; https://www.newsd.admin.ch/newsd/message/attachments/65250.pdf.

70 *G. F. Zinkernagel/K. Attisso*, Returning Stolen Assets – Learning from past practice: Selected case studies, Basel Institute on Governance, 2013, S. 3 ff. beschreiben Modelle und praktische Erfahrungen mit ihnen. *P. Veglio/P. Siegenthaler*, Monitoring the Restitution of Looted State Assets: the Role of Multilateral Development Banks (MDBs), in M. Pieth (Hrsg.), Recovering Stolen Assets, Bern 2008, S. 315, 322 f., stellen Herausforderungen beim Monitoring der Rückführung vor. In den Schweizer Fällen kamen die Weltbank oder die Bundesentwicklungshilfebehörde DEZA zum Einsatz. In Art. 17 f. SRVG setzt das Schweizer Recht allerdings einen klaren Rechtsrahmen und statuiert das Erfordernis eines völkerrechtlichen Rückführungsvertrags.

1. Beispiel Deutschland: § 76a Abs. 4 StGB[71]

Die selbständige Einziehung gem. § 76a Abs. 4 StGB ist subsidiär. Sie kommt nicht nach Ermessen neben Zivil- und Polizeirecht zum Einsatz. Strafverfolgung oder Verurteilung wegen einer Katalogtat müssen ausgeschlossen erscheinen. Zusätzlich zum Subsidiaritätserfordernis muss als weitere Voraussetzung ein Ermittlungsverfahren wegen einer Katalogtat laufen. Bedenklicherweise sind Korruptionsdelikte nicht aufgeführt. Sie lassen sich nur vermittelt über Geldwäschehandlungen einbeziehen.

Die Einziehung ist als quasi-kondiktionell-restitutives Instrument modelliert. Sie ist aber ins Strafverfahrensrecht eingebettet und erfolgt in einem objektiven Verfahren, für das § 439 StPO besondere Verfahrensregeln, insb. eine Beweiserleichterung, einführt. Nach h.M. rüttelt das Verfahren aber nicht am Erfordernis richterlicher Überzeugungsbildung gem. § 261 StPO und bleibt damit den Grundsätzen des Strafverfahrensrechts treu. Erfolgt die Einziehung, fließen die Mittel zunächst dem Staat zu und werden dann ggf. in einem komplizierten Verfahren an Berechtigte ausgekehrt. Der Fokus der Neuschöpfung liegt auf organisierter Inlandskriminalität und Vermögen unbekannter Herkunft. Grand Corruption hat im Gesetzgebungsverfahren keine Rolle gespielt, was sich schon darin offenbart, dass Bestechung ausländischer Amtsträger nicht zu den Katalogtaten gehört. Auch mit komplexen transnationalen Geldwäscheverfahren besteht in der Gerichtspraxis augenscheinlich kaum Erfahrung. Will man das neue Instrument wirksam nutzen, bedarf es also einer Fokus-Erweiterung und Schulung.

Rechtshilferechtlich fällt § 76a StGB in den Anwendungsbereich der EU-EinziehungsVO.[72] Damit würde Einziehungen im EU-Ausland anerkannt und vollstreckt, während umgekehrt Einziehungsersuchen nicht am

---

71 *M. Marstaller*, Grenzüberschreitende Einziehung (Fn. 25), S. 70 ff.; *dies./Zimmermann*, Non-conviction-based confiscation (Fn. 2), S. 110 ff.; *P. Hinderer/L. Bleckschmitt*, Die „erweiterte selbständige Einziehung“ nach § 76a Abs. 4 StGB i.V.m. § 437 StPO, NZWiSt 2018, 179 ff.; *M. Köhler*, Die Reform der strafrechtlichen Vermögensabschöpfung – Teil 1/2, NStZ 2017, 497 ff.; *F. Meyer*, Die selbstständige Einziehung nach § 76a StGB-E, oder: Don't bring a knife to a gunfight, StV 2017, 343 ff.; *C. Pelz*, Abschöpfung von Vermögen unklarer Herkunft in Deutschland, NZWiSt 2018, 251 ff.; *T. Rönnau/M. Begemeier*, Die Vermögensabschöpfung ist keine Strafe!? – Zur Rechtsnatur der §§ 73 ff. StGB anlässlich BVerfG, Beschl. v. 10.2.2021 – 2 BvL 8/19, NStZ 2021, 705 ff.; *dies.*, Die neue erweiterte Einziehung gem. § 73a Abs. 1 StGB-E: mit Kanonen auf Spatzen?, NZWiSt 2016, 260 ff.

72 Ausf. zur Vollstreckungshilfe bei Einziehungen *Marstaller*, Grenzüberschreitende Einziehung (Fn. 25), S. 196 ff., 247 ff.

Fehlen eines funktionellen Analogons in StGB oder StPO scheitern. Die mit der VO einhergehende Anwendbarkeit des Grundsatzes der gegenseitigen Anerkennung führt allerdings noch nicht ans Ziel. Zunächst gilt sie nur zwischen Unionsstaaten und nicht gegenüber den zu erwartenden Herkunftsländern. Die Verordnung löst auch nicht die Vielzahl technischer Probleme, unter denen die grenzüberschreitende Vollstreckung von ncbcs in der Praxis laboriert. Diese beginnen bei der Zulässigkeit der Unterstützung von ncbcs nach dem Recht des ersuchten Staates, vor allem bei Fehlen eigener ncbc-Instrumente oder zwischenstaatlicher Abkommen, betreffen die Überprüfbarkeit und Vertrauenswürdigkeit der ausländischen Einziehungsentscheidung, die Anforderungen an Beweis der Herkunftstat, den Nachweis eines hinreichenden paper trails und enden bei mit diesen Nachweisnotwendigkeiten verbundenen Übersetzungserfordernissen und Übersetzungskosten.

Hinderlich ist des Weiteren, dass sich für eine geordnete Rückführung in die Herkunftsstaaten keine geeignete Rechtsgrundlage findet. §§ 56a, 56b IRG sehen Teilungs- und Restitutionsmöglichkeiten für Kooperationspartner und Opfer vor, die in der Sache aber unzureichend sind. Sie mögen für allgemeine Vermögenskriminalität sachdienlich sein, sind den besonderen Anforderungen von Grand Corruption aber nicht gewachsen. Sie ermöglichen keine kontrollierte, vollständige Rückführung in den Herkunftsstaat. Ferner gibt es keine nennenswerte Erfahrung mit social re-use, um Vermögenswerte wieder den beraubten Gesellschaften zuzuführen. Vorhandener Erfahrungsschatz beschränkt sich auf die Einziehung und Umnutzung von Immobilien, die zuvor im Eigentum von Rocker-Gruppen und Rechtsradikalen standen und nach Vereins- und Polizeirecht entzogen wurden.

2. *Beispiel Schweiz: IRSG und SRVG*

Bei der Rückführung unrechtmäßig erworbener Vermögenswerte politisch exponierter Personen (PEP) verfügt die Schweiz über weitaus mehr Erfahrung.[73] Ihre Behörden beweisen Einfallsreichtum und Kooperationsbereitschaft, die aus rechtsstaatlichen Gründen aber immer wieder an Grenzen

73 *F. Meyer*, Restitution of Dirty Assets – A Swiss template for the International Community, in: Litegi/Simonato, Chasing (Fn. 51), S. 211 ff.; EDA: Strategie der Schweiz zur Sperrung, Einziehung und Rückführung von Potentatengeldern („Asset Recovery"); Dossier Transparency International Schweiz: Potentatengelder und die Schweiz, 2013; *F. Membrez/M. Hösli*, How to Return Stolen Assets:

stoßen, wenn ausländische Entscheide den nationalen Anforderungen nicht genügen. Der Schwerpunkt der Einziehungen für das Ausland liegt im Rechtshilferecht (Einziehungsverfahren nach IRSG mit spezieller Rechtsgrundlage Art. 74a IRSG ohne Exequatur),[74] das auch die Vollstreckung von non-conviction-based confiscations erlaubt. Durch geschickte Nutzung von Sharing-Regeln gelingt auch die gewünschte vollständige Rückführung. Wegen des regelmäßig ebenfalls vorliegenden Geldwäscheverdachts wird bei Bedarf auch eine Einziehung im Rahmen eigener Strafverfahren (wegen Geldwäsche) und späterem, individuell aushandelbarem Sharing (nach TEVG) erwogen. Ein solches Vorgehen setzt allerdings Erfahrung mit großen Geldwäscheverfahren voraus.

Nur subsidiär (bei Scheitern der Rechtshilfe) kommt seit dem 1.7.2016 das Bundesgesetz über die Sperrung und die Rückerstattung unrechtmäßig erworbener Vermögenswerte politisch exponierter Personen (SRVG) zur Anwendung, dass eine Einziehung durch das Bundesverwaltungsgericht auf Antrag des eidgenössischen Finanzdepartments vorsieht.[75] Das Gesetz stellt vor allem ein Sicherheitsnetz zur Verfügung, wenn die Einziehung im Rechtshilfeweg[76] oder im Strafverfahren scheitert. Gestützt auf ein verwaltungsrechtliches Modell soll dann eine Einziehung im Verwaltungsverfahren durch das Bundesverwaltungsgericht erfolgen.

Bereits zuvor galt mit dem RuVG eine strukturell ähnliche Regelung, die auch den bisher einzigen Anwendungsfall der Einziehung nach Verwaltungsrecht hervorgebracht hat.[77]

Das Rückerstattungsverfahren nach SRVG (Art. 3 ff. SRVG) erfasst gezielt Vermögenswerte in der Verfügungsmacht von PEPs oder ihnen nahe-

The Swiss policy pathway, Working Paper, Centre for Civil and Political Rights, 2020, S. 9 ff.

74 Vgl. zu Anzahl, Umfang und geografischer Verteilung internationalen Sharing; Bundesamt für Justiz, Tätigkeitsbericht 2020, S. 19 f.

75 *A. Chablais*, La nouvelle loi sur les valeurs patrimoniales d'origine illicite, Jusletter v. 11. Januar 2016, 1; *F. Meyer*, Das neue Bundesgesetz über die Sperrung und die Rückerstattung unrechtmässig erworbener Vermögenswerte ausländischer politisch exponierter Personen (SRVG), ZStrR 2016, 291.

76 Die Rechtshilfe muss aufgrund Zusammenbruchs oder Unverfügbarkeit des Justizsystems (oder) aufgrund ungenügender menschenrechtlicher und rechtsstaatlicher Standards gescheitert sein.

77 Bundesverwaltungsgericht, 24.09.2013, C-2528/2011, Erw. 6.4.3, 6.5. Zuletzt hat das BVerwG der Schweiz im Duvalier-Fall das restitutive *in rem*-Einziehungsverfahren des SRVG anhand der Engel-Kriterien des EGMR vermessen und dessen strafrechtliche Natur überzeugend verneint.

stehender Personen (Art. 2 lit. a und b SRVG).[78] Eine zentrale Rolle zur Erleichterung der Einziehung durch das Schweizer Bundesverwaltungsgericht ist der Vermutung der Unrechtmäßigkeit der Vermögenswerte gem. Art. 15 SRVG zugedacht. Gelingt dem Schweizer Finanzdepartment der Nachweis eines außerordentlichen Anstiegs des Vermögens einer politisch exponierten Person im Zusammenhang mit der Ausübung eines öffentlichen Amtes (Abs. 1 lit. a) in einem Land, das allgemein einen hohen Korruptionsgrad aufweist oder ist die konkrete PEP während ihrer Amtszeit als notorisch korrupt bekannt (Abs. 1 lit. b), wird die unrechtmäßige Erlangung des Vermögens vermutet. Scheitert die betroffene PEP in einem Verwaltungsverfahren mit dem Gegenbeweis (Nachweis der legalen Herkunft der Gelder, Art. 15 Abs. 3 SRVG), dürfen die Vermögenswerte eingezogen werden.

Man darf an der methodischen Belastbarkeit der avisierten Nachweistechniken für den Korruptionsgrad durchaus Zweifel hegen. Positiv ist aber die Justiziabilität des Einziehungsverfahrens. Es ist EMRK-konform ausgestaltet und bietet den Betroffenen hinreichenden Schutz. Mit Blick auf aktuelle UWO-Fälle in England wird allerdings auch der Preis dieses Arrangements deutlich. Sie demonstrieren eindrücklich, mit welchen Widerständen und Ausflüchten gerechnet werden muss, wenn man Einziehungsverfahren betreibt.

Dass diese Gefahr in der Schweiz womöglich geringer ist, hängt damit zusammen, dass das SRVG einen Machtverlust der betroffenen PEP voraussetzt. Sie ist kein Instrument gegen amtierende Kleptokraten. Dieser Vorbehalt ist absolut. Das SRVG operiert nicht nach einem Komplementaritätsprinzip, das eine Schweizer Notzuständigkeit aktiviert, wenn der Herkunftsstaat sich als unwilling oder unable zur Behandlung der Korruptionsvorwürfe erweist oder betroffene Amtsträger durch sham proceedings (als gravierenden Unterfall von unwillingness) sogar aktiv nach außen abzuschirmen versucht. Die am 15.2.2023 vom Bundesrat beschlossene und aktuell beim Eidgenössischen Finanzdepartment vorbereitete Einziehung von Oligarchengeldern im Kontext des Ukraine-Kriegs richtet sich denn auch nicht gegen Putin und seine Entourage, sondern haben den früheren ukrainischen Präsidenten Janukowitsch und einen engen Vertrauten, den

---

78 In Art. 2 lit. a SRVG werden ausländische politisch exponierte Personen als Personen definiert, die „im Ausland mit führenden öffentlichen Funktionen betraut sind oder waren, insbesondere Staats- und Regierungschefinnen und -chefs, hohe Politikerinnen und Politiker auf nationaler Ebene, hohe Funktionärinnen und Funktionäre in Verwaltung, Justiz, Militär und Parteien auf nationaler Ebene, die obersten Organe staatlicher Unternehmen von nationaler Bedeutung.“

früheren ukrainischen Abgeordneten Iwanjuschtschenkow, im Blick, deren Vermögenswerte seit längerem aufgrund der Ukraine-Sanktionen der Schweiz oder infolge von Rechtshilfeersuchen (und mittlerweile nach Art. 4 SRVG) blockiert sind. Ebenso problematisch wie interessant ist an diesem Verfahren die Bereitschaft, die Prüfung der Unfähigkeit zur Einziehung im Herkunftsstaat sicherheitspolitisch zu flexibilisieren. Denn eine die Ukraine betreffende SRVG-Einziehung setzt die Feststellung der Unfähigkeit oder Unwilligkeit des dortigen Justizsystems voraus. Die schwere Belastung durch die russische Aggression sowie die Fokussierung der Justiz auf Kriegsverbrechen sollen in Kombination hinreichen, um eine Unfähigkeit i.S.d. SRVG anzunehmen. Es ist also in besonders tragischer Weise die mörderische Invasion der Ukraine durch russische Truppen, welche eine Möglichkeit schafft, seit der demokratischen Selbstbehauptung im Euromaidan 2014 eingefrorene Kleptokratengelder zur Rückführung an die Ukraine einzuziehen.

Das SRVG leidet damit an einem grundsätzlichen Konstruktionsfehler, der zum Ausdruck bringt, dass der Finanzplatz nicht konsequent gereinigt werden soll. Die Einziehung nach SRVG droht nur solchen PEPs, die nicht mehr an den Schalthebeln der Macht sitzen. Aktive Despoten haben nichts zu befürchten, was die Nutzbarkeit des SRVG als internationales Vorbild einschränkt. Die Schweiz verweist erläuternd darauf, dass in autokratisch regierten oder hochgradig korruptionsanfälligen Staaten mit Strafverfahren gegen ein Regierungsmitglied oder ihm nahestehende Personen nicht zu rechnen sei, solange dieses noch an der Macht ist. Auch Rechtshilfe sei daher nicht erfolgsversprechend. Dies gilt umso mehr, weil die betroffenen PEPs, solange sie ein Amt ausüben, häufig durch eine mit ihm einhergehende Immunität geschützt sind.

Das SRVG ist damit kein Verbrechens- und Korruptionsbekämpfungsinstrument, sondern eher ein Rückabwicklungs- und Selbstentlastungsinstrument, nachdem Täter schon gestürzt wurden. Eine starke generalpräventive Wirkung darf man sich davon nicht versprechen.

Entfernte man diese Vorbehaltsklauseln, könnte das SRVG indessen ein potentes Mittel gegen Grand Corruption sein; vorausgesetzt, man ist gewillt, sich auf rechtliche und politische Folgestreitigkeiten einzulassen. Ein ähnliches Modell scheint auch in Kenia praktiziert zu werden.[79]

Durchaus beispielhaft sind dagegen die Regelungen zur Rückführung eingezogenen Vermögens in Art. 17 ff. SRVG. Nach dem Eigentumsübergang an die Schweiz per Einziehungsentscheid soll eine vollumfängliche

79 S. Fn. 58.

Rückerstattung erfolgen. Das SRVG sieht zu diesem Zweck ausdrücklich ein besonderes Kapitel für die Rückführung der Gelder vor. Detaillierte Vorgaben macht das Gesetz nicht. Die Rückführung hat auf der Grundlage internationaler Vereinbarungen mit dem Herkunftsstaat zu erfolgen. Der Verwendungszweck ist auf die Finanzierung von Programmen von öffentlichem Interesse begrenzt. Dies entspricht dem Vorgehen außerhalb des SRVG. Die Schweiz verfolgt für die Rückführung einen tailor-made-Ansatz, mit dem der Verschiedenartigkeit der Sachverhalte gebührend Rechnung getragen werden soll.[80] Allerdings müssen einige Grunderfordernisse erfüllt sein. Der Verwendungszweck muss hinreichend determiniert und Transparenz (meist unter Einbindung unabhängiger Akteure) bei der Verwaltung und Vergabe der Mittel gesichert sein.[81] Mit dieser Regelungsweise sichert sich die Schweiz ein Mitgestaltungsrecht bei der Rückführung und Nutzung der Vermögenswerte. Zu ihrer effektiven Umsetzung sind allerdings verlässliche Erkenntnisse über lokale Machtstrukturen vonnöten, die notfalls aus verlässlicher Quelle einzuholen sind.

Diese Vorgehensweise entspringt der Erfahrung, dass sich rein nationale Mechanismen als untauglich bzw. hochgradig missbrauchsanfällig erwiesen haben.[82] Falls es zu keiner Einigung kommt, kann sie allerdings einen Zustand langjähriger Rechtsunsicherheit erzeugen. Klar bleibt zwar, dass die Vermögenswerte zu irgendeinem Zeitpunkt zurückgeführt werden müssen. Wie der Fall Abacha zeigt, können bis dahin aber Jahrzehnte ins Land gehen.[83]

Unter dem Strich bleibt aber zu konstatieren, dass es sich beim SRVG um ein theoretisch und in Teilen praktisch erprobtes Modell handelt, das sich für die Reformdiskussion als sehr interessant erweisen kann, wenn man es von der Vorbedingung des Potentatensturzes befreit.

---

80 *Meyer*, Restitution (Fn. 73), in: Litegi/Simonato, Chasing (Fn. 51), S. 211, 224 ff.; *Zinkernagel/Attisso*, Assets (Fn. 70), S. 3 ff.; *Membrez/Hösli*, Assets (Fn. 73), S. 11 ff.

81 Art. 17–18 chSRVG.

82 Im Fall Montesinos richtete Peru einen nationalen Spezialfonds ein, der von nationalen Behörden verwaltet wurde. Internationale Monitore nahmen an diversen Zuteilungen und Ausgaben Anstoß. Im Fall Abacha flossen die Mittel in den nationalen Haushalt ohne weitere externe Aufsicht, *Zinkernagel/Attisso*, Assets (Fn. 70), S. 3.

83 Daher stellt sich die Frage, ob die Gelder in solchen Fällen Opfergruppen oder repräsentativen zivilgesellschaftlichen Gruppen zur Verfügung gestellt werden sollten, die für sich reklamieren dürfen, die Interessen der betroffenen Gesellschaften ernsthaft zu vertreten. Dass dies ein politisch äußerst heikles Unterfangen ist, versteht sich von selbst, weshalb Staaten bislang auch vor dieser Option zurückschrecken.

H. Bilanz und Ausblick

Rechtspolitisches Momentum kann der Expansion von ncbcs in den Bereich der Grand Corruption nicht abgesprochen werden. Sie sollen augenscheinlich besser als andere Einziehungswerkzeuge für einen Rückfluss illegaler Vermögenswerte in ausgebeutete Gesellschaften sorgen können. Demnächst sollen sie sogar zur Einziehung von Oligarchengeldern zum Einsatz kommen, um den Wiederaufbau der Ukraine zu finanzieren.[84]

Zugleich wohnt ncbcs ein expressives Element inne, weil mit der Genehmigung einer Einziehung implizit Missstände anerkannt und mit den erlangten Mitteln präventiv angegangen werden. Einziehungsverfahren erzeugen auch politische Aufmerksamkeit für Herkunft, Leid der Menschen und missbräuchlichen Einsatz der Mittel in den Zielstaaten. Die Zivilgesellschaften in den Ziel- und Enablerstaaten werden so auf greifbare Weise informiert und sensibilisiert. Im Idealfall wird damit ein Machtverlust unterstrichen oder politischer Wandel angeschoben. Indessen ist mit dem rechtspolitischen Begriff der ncbcs weder ein bestimmtes Konzept noch ein typischer Abschöpfungsumfang wesensmäßig oder denknotwendig verbunden. Es herrscht große Gestaltungsfreiheit, bei deren Ausübung vor allem darauf zu achten ist, dass die gewählte Variante sich friktionsfrei in das jeweilige nationale Zivil- oder Gefahrenabwehrrecht einfügt. Ncbcs

84 Die Einziehung solcher Gelder mit Mitteln des Strafrechts scheitert regelmäßig am Nachweis der strafbaren Herkunft. Als Ausweg will die EU ihre Mitgliedstaaten verpflichten, die Verletzung von EU-Sanktionen unter Strafe zu stellen. Umgehungsversuche könnten danach zur Strafbarkeit und Einziehung führen; krit. zu Begründung und möglichen Einziehungsobjekten *F. Meyer*, Russian Elites, Proxies, and Oligarchs – Make them Pay!, VerfBlog, 2022/6/24, https://verfassungsblog.de/make-them-pay/, DOI: 10.17176/20220624-162354-0. Wesentliche Schritte in diese Richtung sind bereits gemacht. Am 28.11.2023 beschloss der Rat, dass der Verstoß gegen restriktive Maßnahmen der Union „ein Kriminalitätsbereich im Sinne des Artikels 83 Absatz 1 Unterabsatz 2 AEUV ist", Council Decision (EU) 2022/2332 on identifying the violation of Union restrictive measures as an area of crime that meets the criteria specified in Article 83(1) TEU, ABl. L 308, 18. Mit dieser Erweiterung des Kompetenzbereichs von Art. 83 I AEUV existiert nun eine unionsrechtliche Befugnis zum Erlass einer Richtlinie zur Harmonisierung der Strafvorschriften in diesem Bereich. Der Kommissionsvorschlag vom 2.12.2022 Vorschlag für eine Richtlinie des Europäischen Parlaments und des Rates zur Definition von Straftatbeständen und Sanktionen bei Verstoß gegen restriktive Maßnahmen der Union, KOM(2022) 684 endg., wird aktuell in den Ratsgremien beraten. Abgerundet wird das Paket durch einen Vorschlag für eine Richtlinie des Europäischen Parlaments und des Rates über die Abschöpfung und Einziehung von Vermögenswerten, KOM(2022) 245 endg.

lassen sich sowohl parallel als auch alternativ zum Strafverfahren einsetzen. Wie gesehen gibt es dabei Instrumente, die als Vorlage für weitere Reformen besonders taugen, aber auch die Probleme aufscheinen lassen, die ncbcs begleiten. Ideallösungen existieren nicht. Zwar wurde vorliegend sehr selektiv vorgegangen. Diese These findet aber eine Stütze in früherer Forschung zum Thema.

Ein Wundermittel sind ncbcs nicht. Einerseits ist ihre Wirksamkeit empirisch noch nicht hinreichend belegt. Andererseits ist ihre praktische Schlagkraft durch das Vorhandensein eines funktional-komplementären Rechtsrahmens bedingt. Ohnehin wird gegen den Willen einer fest installierten Machtelite weder die Rückführung glücken noch ein Wandel initiiert werden können.

Wegen des defizitären äußeren Rahmens, der enormen Ermittlungs- und Verurteilungskosten, den Kosten der Verwaltung und Repatriierung sowie des Risikos der erneuten Veruntreuung dürfen daher bei aller ncbc-Euphorie keine durchschlagenden Erfolge erwartet werden.[85] Will man die Vermögensabschöpfung zu einem funktionierenden Instrument gegen Grand Corruption machen, müssen ncbcs und ihr rechtliches und politisches Umfeld integriert gedacht werden. Andernfalls verpuffen die Forderungen der UNCAC nach verstärkter Nutzung von ncbcs und bestmöglicher Kooperation. Der Einsatz von ncbcs ohne einschneidende Veränderungen von Rechtsrahmen und Verfolgungsinfrastruktur erscheint aussichtslos.

Grundvoraussetzung für einen solchen holistischen Ansatz ist ein ungeschminktes Bild vom Phänomen der Grand Corruption; und zwar sowohl bei rechtspolitischen Entscheidungsträgern als auch bei den juristischen Architekten des Rechtsrahmens. Vor allem der Globale Norden muss ein schärferes Verständnis für Grand Corruption entwickeln und erkennen, welche Delikte involviert sind, welche Begehungsweisen angetroffen und welche Schäden verursacht werden. Um die Komplexität von Grand Corruption zu verstehen und auch mögliche Ansatzpunkte für ncbcs zu identifizieren, müssen illegale Finanzflüsse besser verstanden und von ihrer Quelle (d.h. der Ursprungskriminalität)[86] über Transfer und

85 Vgl. zur Wirksamkeit des Anti-Kleptocracy Regimes; *Sharman*, Management (Fn. 12), S. 181 ff., 188 ff.

86 Abfallbeseitigung, Menschenhandel, Drogen- und Waffenhandel, illegaler Kulturgütertransfer und -handel, illegaler Wildtierhandel, illegales Fischen, illegales Abholzen, illegaler Abbau von Mineralien, Rohstoffdiebstahl.

Umwandlung[87] hin zur Mittelverwendung[88] aufgeschlüsselt werden. Bei einer solchen Betrachtung upstream und downstream wird ein Panorama möglicher Herkunftstaten sowie die Kanalisierung der Mittel über Nachtatdelikte zu legalen oder illegalen Verwendungsformen sichtbar. Dieser Längsschnitt bringt zugleich ans Licht, dass und wogegen ein tatförderndes Umfeld („Moneyland“) vorgegangen werden muss. Die Verfügbarkeit und regelmäßige Straflosigkeit von Enablern[89] gehört zu den zentralen Gründen, warum Grand Corruption funktioniert und auf wenig Widerstand in Service- und Zielstaaten stößt. Es ist nicht willful blindness bei Anwälten, Vermögensverwaltern oder Banken, die den Kern des Problems ausmacht, sondern die faktische Duldung oder gar Förderung illegaler Finanzflüsse aus Eigennutz durch den Globalen Norden, die sich in Missbrauch von Anwaltsgeheimnis und Schweigepflicht (als asset protection verklausuliert), der Zulassung und teils Förderung intransparenter Unternehmensformen, Golden Passport-Programmen sowie der Erschwerung oder Verweigerung von Rechtshilfe insbesondere bei Steuer- und anderen Fiskaldelikten ausdrückt. Damit sind die ersten notwendigen Reformen des Rechtsrahmens angesprochen.

Eine Generalüberholung der Geldwäscheprävention (insb. im Nichtfinanzsektor) und eine Verbesserung der transsstaatlichen regulatorischen Aufsicht in Gatekeeper-Branchen erscheinen hochgegriffen, aber letztlich unausweichlich, wenn man ernsthafte Fortschritte erzielen möchte.[90] In anderen Branchen gilt es aus präventiver Sicht, den Ausbau von supply chain compliance und sektorspezifischen Transparenzinitiativen zu forcieren. Auch eine strengere Regulierung von shell companies ist indiziert[91]

87 Steuerhinterziehung, Steuervermeidung, Transfer mispricing, Schuldenverlagerung und -finanzierung, Stellung falscher Rechnungen, Geldwäsche, Menschenhandel, Menschenschmuggel.

88 Korruption, finanzielle Unterstützung von bewaffneten Gruppen oder Terrorismus, Finanzierung von militärischen Umstürzen.

89 Anschaulich *Bullough*, Butler (Fn. 12), S. 81 ff., 137 ff., 199; *ders.*, Moneyland (Fn. 12), S. 77, 85 ff., 132 ff., 135 ff.; *E. van der Does de Willebois et al.*, The Puppet Masters, How the Corrupt Use Legal Structures to Hide Stolen Assets and What to Do About It, 2011.

90 Aktuell plant die EU-Kommission einen Vorschlag für eine Richtlinie des Rates zur Bekämpfung der Rolle von Vermittlern, die Steuerhinterziehung und aggressive Steuerplanung in der Europäischen Union erleichtern (Securing the Activity Framework of Enablers – SAFE). Er soll nach Abschluss des Konsultationsprozesses noch im 1. Quartal 2023 veröffentlicht werden.

91 Dazu aktuell Vorschlag für eine Richtlinie des Rates zur Festlegung von Vorschriften zur Verhinderung der missbräuchlichen Nutzung von Briefkastenfirmen für Steuerzwecke und zur Änderung der Richtlinie 2011/16/EU, KOM(2021)

und wird nach jedem neuen leak gefordert, nur um nach Abklingen der Empörung wegen der immensen Umsetzungshürden wieder von der Prioritätenliste zu verschwinden.

Gefordert werden mit diesen strukturellen Gestaltungen verbunden mehr Ressourcen für Finanzermittlungen und die Prüfung ihres proaktiven Einsatzes. Eine wichtige Rolle bei der Aufdeckung von Grand Corruption und der Nachverfolgung von Vermögenstransfers spielt auch der Hinweisgeberschutz. Das bedenkliche Verhalten von westlichen Staaten, die Informationspreisgabe als Verrat von Geschäftsgeheimnissen eigener Unternehmen und Whistleblower selbst dann für die Aufdeckung von Normbrüchen im eigenen Land verfolgen, wenn es um Straftaten von transnationaler Dimension geht, die in anderen Ländern intensiv verfolgt wird, zeigt, dass effektiver transstaatlicher Whistleblower-Schutz nach wie vor ein Desideratum bleibt. Transparenz- und Informationszugänge sind zentral für alle Bemühungen gegen Grand Corruption, in deren Wesen es liegt, Erwerb, Transfer und Nutzung illegaler Erträge zu verschleiern. Um diesen Schleier leichter lüften zu können, müssen Informationen gesammelt und vorgehalten werden, die im Zusammenhang mit Verdeckungshandlungen stehen. Genannt werden regelmäßig strengere und globale UBO-Register.[92] Inhaltlich müsste gewährleistet sein, dass mindestens eine Person mit significant control über die jeweilige Gesellschaft oder juristische Person angegeben wird, damit die Registrierungspflicht nicht durch Splittung der Anteile unter bestimmte Schwellenwerte unterlaufen wird, die eine Nennung der Unternehmensorgane anstelle der UBO gestatten. Es darf auch kein unüberprüftes Selbstreporting geduldet werden.[93] In die

565 endg.; Rat, Stellungnahme v. 16.12.2022, 15506/22; Europäisches Parlament, European Parliament legislative resolution of 17 January 2023 on the proposal for a Council directive laying down rules to prevent the misuse of shell entities for tax purposes and amending Directive 2011/16/EU (COM(2021)0565 – C9-0041/2022 – 2021/0434(CNS)), P9_TA(2023)0004.

92 Allerdings hat der EuGH jüngst zum Luxemburgischen Transparenzregisters befunden, dass ein uneingeschränkter Zugang für alle Mitglieder der Öffentlichkeit gegen die GRC verstößt und die zugrundeliegenden sekundärrechtlichen Vorgaben unwirksam sind; EuGH, Urt. v. 22.11.2022, verbundenen Rechtssachen C-37/20 und C-601/20, WM u. Sovim SA (C-601/20).

93 Grundsätzlich ist aber festzuhalten, dass die *in rem*-Abschöpfung kein Ersatz für Strafverfolgung ist. Die Existenz einer eigenständigen Abschöpfungsmöglichkeit dispensiert die Strafverfolgungsbehörden nicht von ihrer Kernaufgabe. Gleichwohl machen die Dynamik und Verflechtung des Geschehens Abstimmungsmechanismen zwischen Straf- und Einziehungsverfahren erforderlich; z.B. zu Fragen der Sperrwirkung einer Einstellung oder des Beweistransfers.

gleiche Kerbe schlagen Lobbyistenregister, Vermögensdeklarationspflichten für PEP und Transparenzregister in Schlüsselbranchen zu Bezugsquellen, Geschäftspartnern und Geschäftstätigkeiten. Derartige Daten können auch zur Aufdeckung von Strohmännern dienen.

Um effektive Zugänge zu diesen Informationen zu schaffen, ist der effektive grenzüberschreitende Informationsaustausch zwischen den potenziell betroffenen Behörden eindeutig und möglichst umfassend zu regeln. Dies ist kein leichtes Unterfangen, weil der praktische Bedarf quer zur üblichen Regelung des Informationsaustausches innerhalb von und abgegrenzt nach den klassischen juristischen Rechtsbereichen liegt. Dies gilt analog für andere Bereiche der grenzüberschreitenden Zusammenarbeit bei Ermittlung und Einziehung, der es an einem integrierten oder zumindest integrierungsfähigen Rechtsrahmen gebricht.

Zu guter Letzt steht zu vermuten, dass nur ein umfassender Repressions- und Präventionsansatz, der sich eines Bündels an Instrumenten bedient, zu sichtbaren Erfolgen führen kann. Grundsätzlich ist zunächst festhalten, dass die *in rem*-Abschöpfung kein Ersatz für Strafverfolgung ist. Die Existenz einer eigenständigen Abschöpfungsmöglichkeit dispensiert die Strafverfolgungsbehörden nicht von ihrer Kernaufgabe. Allerdings zeigt der Vergleich einzelner ncbc-Regelungen auch, dass Abstimmungsregelungen das Verhältnis von Straf- und Einziehungsverfahren und etwaige Sperrwirkungen klären müssen. Als weitere Instrumente neben Einziehung und Strafverfahren haben sog. Magnitsky Laws zuletzt einige Popularität erlangt.[94] Solche Gesetze autorisieren staatliche Sicherheitsbe-

---

94 S. z.B. USA Global Magnitsky Human Rights Accountability Act, Global Magnitsky Act, Title XII, Subtitle F of P.L. 114-328; 22 U.S.C. § 2656, implementiert durch Executive Order 13818, durchgeführt durch das Office of Foreign Assets Control (OFAC); EU Global Human Rights Sanctions Regime zur Listung von Personen und Entitäten, die in schwere Menschenrechtsverletzungen involviert sind, eingeführt durch Beschluss (GASP) 2020/1999 (EU Global Human Rights Sanctions Regime) und VO 2020/1998 über restriktive Maßnahmen gegen schwere Menschenrechtsverletzungen und -verstöße. Im Juni 2021 wurden beispielsweise gegen Bulgaren und ein Netzwerk aus 64 juristischen Personen, denen vorgeworfen wird, das Funktionieren des Wirtschaftslebens und demokratischer Institutionen in Bulgarien zu unterminieren, Sanktionen verhängt. Der sog. European Magnitsky Act wurde am mit Council Decision (CFSP) 2022/2376 amending Decision (CFSP) 2020/1999 concerning restrictive measures against serious human rights violations and abuses, ABl. L 314, 90, zuletzt im Dezember 2022 bezüglich betroffener Personen und Dauer aktualisiert. Anders als das US-Recht bezieht sich das EU-Sanktionsregime nicht auf Korruptionsdelikte, sondern nimmt Völkerrechtsverbrechen und schwere Menschenrechtsverletzungen direkt ins Visier. Werden Sie als Ausbeutungsmittel genutzt oder stellen sie sich als Folge korrup-

hörden, Personen und rechtliche Entitäten zu identifizieren, die mutmaßlich in schwere Menschenrechtsverletzungen verstrickt sind. Durch deren Listung werden Einreiseverbote und Vermögenssperren aktiviert, welche diese Kreise empfindlich treffen können.

Andere Rechtsordnungen sind dazu übergegangen anti-corruption litigation durch NGOs zu ermöglichen (z.B. Frankreich). Dieser Schritt erfordert zunächst Regelungen zur Prozessstandschaft (standing doctrine)[95] wie beispielsweise im Lieferkettensorgfaltspflichtengesetz. Auch Kostenfragen müssen dabei bedacht werden, um sicherzustellen, dass dieser Weg bei adäquater Risikoabwägung auch in der Realität gangbar ist. Bisweilen lässt sich sogar die internationale Schiedsgerichtsbarkeit kreativ nutzen, um Geschäftstransaktionen aus verdächtigen Quellen nachzugehen und rückabzuwickeln.[96]

Diese skizzierte Reformagenda mutet zugegebenermaßen wie ein Wunschkonzert der Korruptionsbekämpfung mit dreifacher Zugabe an, an deren Realisierung man eigentlich nur bei pathologischer Blauäugigkeit glauben kann. Für eine ehrliche Einschätzung der Erfolgsaussichten darf nicht vergessen werden, wie steinig der Weg zu den bisherigen Errungenschaften war. Nahezu jeder einzelne Schritt wurde von Lobby-Gruppen heftig bekämpft und erheblich verzögert. Zudem beschränken sich die Initiativen zumeist auf die EU und einige westliche Industrienationen, während einige der wichtigsten Jurisdiktionen für Briefkastenfirmen und andere Tarnstrukturen diesen Verpflichtungen nicht unterliegen und die Transparenz damit meist an der Unionsgrenze endet. Staaten, die ihre Souveränität als commodity verstehen, mit denen sie essenzielle Einnahmen generieren, werden sich nur sehr zurückhaltend zur Aufgabe ihres Geschäftsmodells bewegen lassen.

Der Widerstand in den Enabler- und Zielstaaten hängt wiederum nicht damit zusammen, dass Finanz- und Unternehmenslobbys insgeheim ein

---

ter politischer Strukturen ein, erfasst das Unionsrecht aber auch Grand Corruption. Lücken und Unklarheiten weisen Magnitsky Laws tendenziell auf, wenn die vorgeworfene Verletzung nicht ius cogens oder völkerstrafrechtliche Normen verletzt.

95 *M. C. Stephenson*, Standing Doctrine and Anticorruption Litigation: A Survey, in: Legal Remedies for Grand Corruption, Open Society Foundations, 2016, S. 2 ff.

96 Jüngstes Beispiel ist der Fall der Tochter des früheren angolanischen Präsidenten Dos Santos. Der Gerechtshof Amsterdam, 200.275.461/01 OK, ECLI:NL:GHAMS:2021:1837 ordnete die Rückabwicklung eines Anteilskaufs an, weil Anteilseigner der Erwerber-Holding (eine Gesellschaft, die vom Ehemann von Isabel Dos Santos kontrolliert wurde) ihre Beteiligung in Erfüllung eines Korruptionsakts not at arm's length erlangt hatten.

Herz für Kleptokraten haben. Die eigentliche Problematik liegt darin, dass die juristischen und wirtschaftlichen Instrumente, derer sich Kleptokraten bedienen, um Vermögen abzusaugen, zu verschleiern und zu transferieren, nicht eo ipso illegal sind. Im Gegenteil drängt sich vielmehr der Vergleich mit dual use-Gütern auf. Es gibt potenziell legal Nutzungsvarianten für Briefkastenfirmen, komplexe Inhaberstrukturen etc., die die betroffenen Branchen für ihre vermögende Klientel idealerweise unreguliert und unkontrolliert erhalten wollen, auch wenn ihnen ein erhebliches Missbrauchsrisiko eigen ist. Für wichtige Branchen und Jurisdiktionen zählt jedoch primär der mutmaßliche monetäre und wettbewerbstechnische Nutzen dieses Instrumentariums.

Weder die Staaten des Globalen Norden noch die Kaste der Enabler haben in der Regel nennenswerte Konsequenzen zu fürchten. Verbrechen im fernen Ausland scheinen abseits des Völkerstrafrechts rechtspolitisch nicht interessant zu sein; zumal die eigenen Volkswirtschaften vom direkten oder indirekten Vermögenszufluss profitieren.

Die Verknüpfung von Grand Corruption mit den SDGs und die Betonung menschenrechtlicher Schutzpflichten erweist sich damit als grundsätzlich kluger Schachzug, um eine gemeinsame Verantwortlichkeit zu begründen und die Tragweite von Grand Corruption zu betonen. Die potenziellen Ziel- und Enablerstaaten sollten sich nicht selbst aus der Verantwortung entlassen dürfen, indem sie auf die desolaten Verhältnisse und fest verwurzelten Strukturen in den Herkunftsstaaten verweisen. Ungeachtet der Lage im Herkunftsstaat müssen sie problembewusst und aufrichtig agieren und ggf. eigenes Profitinteresse zurückstellen. Leider zeichnen sich zahlreiche Kleptokratien durch einen Reichtum an Bodenschätzen, anderen natürlichen Ressourcen oder auch nur billigen Produktionskapazitäten aus, was ihre Politiker zu Rent-Seeking anstelle von solidem Wirtschaften verleitet. Nahm man früher Kleptokratien aus Sicherheitsinteressen hin, sind es heute zumeist ökonomische und industriepolitische Erwägungen. Ausländische Unternehmen und Regierungen sollten sich jedoch keinen Illusionen darüber hingeben dürfen, welche Folgen ihr Engagement haben kann, sondern müssen kritisch hinterfragen, wie weit Profitinteresse und strategische Bedürfnisse gehen dürfen.

Verzeichnis der Autor:innen

Prof. Dr. Stefanie Bock: Inhaberin der Professur für Strafrecht, Strafprozessrecht, Internationales Strafrecht und Rechtsvergleichung an der Philipps-Universität Marburg und Geschäftsführende Direktorin des Internationalen Forschungs- und Dokumentationszentrums Kriegsverbrecherprozesse (ICWC)

Prof. Dr. Dr. h.c. Lothar Kuhlen: Seniorprofessor für Strafrecht an der Universität Mannheim

Dr. Oliver Landwehr, LL.M. Eur.: Europäischer Auswärtiger Dienst, Vereinte Nationen Wien

Prof. Dr. Frank Meyer, LL.M. (Yale): Inhaber des Lehrstuhls für Strafrecht und Strafprozessrecht unter besonderer Berücksichtigung europäischer und internationaler Bezüge an der Universität Heidelberg

Dr. Kristina Peters, M.A.: Akademische Rätin a.Z. und Habilitandin am Lehrstuhl für Strafrecht, Strafprozessrecht, Rechtsphilosophie und Rechtssoziologie (Prof. Dr. Armin Engländer) an der Ludwig-Maximilians-Universität München

Dr. Martin Stricker: Univ.-Ass. am Institut für Strafrecht und Kriminologie der Universität Wien

Prof. Dr. Frank Zimmermann: Inhaber der Professur für Strafrecht, Strafverfahrensrecht, Europäisches und Internationales Strafrecht sowie strafrechtliche Herausforderungen der Digitalisierung an der Westfälischen Wilhelms-Universität Münster

Prof. Dr. Till Zimmermann: Inhaber der Professur für Strafrecht und Strafprozessrecht an der Heinrich-Heine-Universität Düsseldorf und Fellow des Trierer Instituts für Geldwäsche- und Korruptions-Strafrecht (TrIGeKo)

FSC
www.fsc.org
MIX
Papier | Fördert gute Waldnutzung
FSC® C083411

Kolibri 360 GmbH
Ferdinand-Jühlke-Straße 7
99095 Erfurt, Deutschland
produktsicherheit@kolibri360.de